THE MAGIC OF
THINKING BIG

크게 생각할수록 크게 이룬다

The Magic of Thinking Big

All right sreserved in cluding the right of
reproduction in wholeor inpart in any form.
This edition published by arrangement with Tarcher Perigee, animprint of
Penguin Publishing Group, adivision of Penguin Random House LLC

This Korean translation published by arrangement with David Schwartzincare
of Penguin Random House LCC through Milkwood Agency.

이 책의 한국어판 저작권은 밀크우드 에이전시를 통해 Tarcher Perigee,
Penguin Random House와 독점계약한 나라출판이 소유합니다.
저작권법에 의하여 한국 내에서 보호를 받는 저작물이므로
무단전재 및 복제를 금합니다.

THE MAGIC OF THINKING BIG

리더의 자기 암시법

크게 생각할수록 크게 이룬다

데이비드 슈워츠 지음 | 서민수 옮김

옮긴이 서 민 수

1963년 서울에서 태어났다. 감리교 신학대학을 졸업했고 전문 번역가로 활동했다. 역서로는 『커밍백』, 『빛과 사랑의 영혼 엠마뉴엘』, 『아루나찰라의 노래』, 『자기가 사랑한 강아지를 죽이려 한 남자』, 『수냐타』, 『삶 이후의 삶』, 『영혼의 탐구』, 『위험한 특종』, 『산이 움직여주길 기다리는 사람들』, 『나를 찾아가는 여행』 등이 있다.

크게 생각할수록 크게 이룬다.

초판1쇄일 2000년 11월 23일
4판 2쇄 2018년 10월 25일
개정판 2쇄 2024년 11월 30일
지은이 데이비드 슈워츠
옮긴이 서민수
발행처 도서출판 나라
발행인 김명선
주소 경기도 성남시 분당구 탄천상로 151번길 20
전화 02-415-3121
팩스 02-415-0096
등록번호 제 11-227 호
e-mail narabooks@hanmail.net
ISBN 979-11-87367-09-3

값   19,000원

6살 난 나의 아들 데이빗이 유치원을 졸업했을 때,
나는 그 애에게 물었다.
"커서 뭐가 될래?"
데이빗은 잠시 나를 뚫어지게 쳐다보더니 이렇게 대답했다.
"아빠, 난 교수가 되고 싶어요."
"교수? 무슨 교수?"
"저…, 나는 행복의 교수가 될 생각이에요."
행복의 교수라니! 참으로 멋진 야망 아닌가?
그처럼 웅장한 목표를 가진 훌륭한 소년 데이빗 3세와
그 애의 어머니에게 이 책을 바친다.

Cotents

서 문 · 8

이 책이 당신을 위해 해줄 수 있는 것 · 12

Chapter 01   당신은 성공할 수 있다. 그것을 믿어라! · 18

Chapter 02   실패 질환인 '핑계병'을 치료하라 · 38

Chapter 03   자신감을 기르고 두려움을 없애라 · 70

Chapter 04   크게 생각하는 법 · 102

Chapter 05   창조적으로 생각하고 꿈꾸는 법 · 132

Chapter 06   당신은 당신이 생각하는 크기 만큼 대접을 받는다 · 164

Chapter 07   주변 환경을 관리하라 · 188

Chapter 08 당신의 태도를 당신의 편으로 만들어라 · 210

Chapter 09 사람들에 대해 올바르게 생각하라 · 240

Chapter 10 행동을 습관화하라 · 264

Chapter 11 패배를 승리로 바꾸는 법 · 292

Chapter 12 자기 성장에 도움이 되도록 목표를 이용하라 · 314

Chapter 13 리더의 자기 암시법 · 342

서문

"크게 생각할수록 크게 이룬다!"

이 당연한 법칙에 대해 본격적으로 논하고자 해마다 수 만권 쏟아져 나오는 책 속에 또 이 한 권을 보태는 데에는 그만한 이유가 있기 때문이다.

몇 년 전, 나는 매우 인상적인 영업 회의 장면을 목격하게 되었다. 당시 그 회의를 주관하던 마케팅 담당 부사장은 몹시 흥분한 목소리로 사람들에게 뭔가를 이해시키고자 무진 애쓰고 있었다. 그리고 그의 곁에는 지극히 평범한 인상을 풍기는 한 남자가 담담한 표정으로 서 있었는데 그가 바로 전년도에 거의 6만 달러에 달하는 수입을 벌어들인 주인공이었다. 그의 수입이 유난히 빛을 발하는 이유는 다른 영업자들의 수입이 평균 12,000달러에 지나지 않았기 때문이다.

"자, 해리를 잘 보십시오. 여러분과 해리의 차이점은 과연 무엇일까요? 해리가 여러분보다 5배나 똑똑해서 5배가 넘는 수입을 올린 것일까요?" 부사장은 흥분하여 외쳤다.

그러나 그 자리에 모인 영업자들은 열변을 토하는 부사장의 말에 아무런 반응을 보이지 않았다. 좌우를 한 번 둘러본 부사장은 더욱더 기세를 몰아 힘주어 말했다.

"해리와 여러분의 단 한 가지 차이점은 바로 '해리가 여러분보다 5배는 더 크게 생각한다'는 점입니다!"

그런 다음, 부사장은 계속해서 '성공은 지능의 크기보다 생각의 크기로 결정된다'는 흥미로운 개념을 들려주었다.

"성공은 지능의 크기보다 생각의 크기로 결정된다!"

부사장의 이 말은 나에게 강한 인상을 주었고 그 후, 더 많은 사람과 대화를 나누고 그들을 관찰하며 성공의 이면을 더 깊이 파헤칠수록 그 개념이 더욱더 분명하게 다가왔다. 대부분의 사람은 은행 계정, 행복 계정 그리고 일반적인 만족 계정의 규모에 있어서 모든 것이 생각의 크기에 달려 있다는 사실을 입증해 주었다. 다시 말해 '크게 생각하는 것'이 곧 '마술'이었던 것이다.

그리고 나는 지금까지 이러한 질문을 수없이 많이 받아왔다.

"많은 일에 있어서 생각의 크기가 그처럼 강한 영향을 미친다면 어찌하여 모든 사람이 생각의 크기를 키우지 않는 것일까요?"

우리는 알게 모르게 주변의 환경에 의해 많은 영향을 받는다. 이것은 생각도 마찬가지이며 실제로 우리에게 영향을 미치는 생각들의 상당수는 작고 사소한 것들이다.

혹시 이런 말을 들어본 적이 있는가? "추장은 많고 인디언은 별로 없다!"

이것은 지도자가 될 기회가 더 이상 존재하지 않을 만큼 추장들이 많아서 평범한 인간으로 살아가는 데 만족해야 한다는 뜻으로 한마디로 말해 '기회의 문이 닫혀 버렸다'는 의미를 내포하고 있다.

그러나 이 말은 진실이 아니다. 실제로 어떤 분야에서든 다른 사람들을 이끌어본 사람은 인디언이 너무 많고 추장은 별로 없다는 사실에 공감한다.

'크게 생각하는 것의 마술'을 뒷받침하는 기본적인 원리와 개념들은 역사상 가장 훌륭하고 커다란 생각을 품었던 위인들에 의해 비롯된 것이다. 예를 들면 "사람은 생각하는 바와 같이 된다"고 예언한 다윗, "위대한 사람은 생각이 세상을 다스린다는 사실을 안다"고 말한 에머슨, 자신의 저서 『실낙원』에서 "마음은 지옥을 천국으로 혹은 천국을 지옥으로 만들 수 있다"고 기술한 밀턴 같은 사람들이 있다. 물론 "선과 악을 만드는 마음이 없다면 선악은 존재하지 않는다"라고 말한 놀라운 통찰력의 소유자, 셰익스피어도 그러한 위인의 대열에서 빼놓을 수 없다.

그렇다면 그것을 어떻게 증명할 수 있을까? 그 위대한 사상가들의 생각이 옳다는 것은 어떻게 알 수 있을까?

그것은 바로 성공, 승리, 행복을 쟁취함으로써 크게 생각하는 것이 마술을 부린다는 사실을 보여주는 우리 주변의 선택받은 사람들의 삶이 증명한다.

이 책에서 주장하는 방법들은 절대 검증되지 않은 이론들이 아니며 한사람의 추측이나 주장에서 비롯된 것도 아니다. 이것은 믿기 어려울 정도로 마술 같은 작용을 하지만, 삶의 상황들에 대한 검증된 접근법이자 보편적으로 적용 할 수 있는 방식들이다.

분명 당신은 더 큰 성공에 관심이 있다. 당신이 이 글을 읽고 있다는 사실

자체가 그것을 증명하는 것이다.

당신은 당신의 욕망을 충족시키고 싶어 한다. 멋진 삶을 즐기며 당신이 원하는 모든 것을 누리고 싶어 한다. 이처럼 성공에 관심이 있다는 것 자체가 훌륭한 자질이다. 물론 당신에게는 이 밖에도 여러 가지 훌륭한 자질이 있을 것이다.

특히 당신이 이 책을 손에 들고 있다는 것은 당신이 원하는 목적지로 가는 데 있어서 도움이 될만한 도구를 찾을 줄 아는 지성을 갖추었다는 것을 의미한다.

이 책을 들고 있는 당신은 도구를 발견해낸 것이고 이 책으로부터 진정한 이익을 끌어내는데 필요한 두 가지 기본적인 자질을 갖추고 있는 셈이다. 그것은 바로 더 큰 성공에 대한 욕망과 그 욕망을 달성하는데 도움이 될만한 도구를 찾는 지성이다.

"크게 생각하라!"

그러면 당신은 더 큰 삶을 살게 될 것이다. 그것은 바로 행복, 성취, 수입, 친구, 존경 등 모든 것이 더욱더 커지는 삶을 말한다.

이 정도라면 기대해 볼 만하지 않은가!

지금 당장 시작하라. 당신의 생각으로 인생에 마술을 일으키는 방법을 발견해야 한다. 마지막으로 위대한 철학자 디즈레일리가 전해주는 명언을 생각해 보자.

"삶은 시시하게 살기엔 너무 짧다."

이 책이 당신을 위해 해줄 수 있는 것

당신은 이 책의 각 장을 통해 '큰 생각'의 엄청난 힘을 이용하여 성공, 행복, 만족을 얻게 해줄 수십 가지의 재치 있고 실제적인 개념, 기법, 원리들을 발견할 것이다. 더불어 그 각각의 기법마다 실증적인 사례가 곁들여져 보다 빠른 이해를 돕고 있다.

그 밖에도 이 책에는 당신이 지켜야 할 원칙과 실질적인 문제점에 대해 그 각각의 원리를 적용하는 방식들이 들어 있다.

다음은 이 책이 당신을 위해 해줄 수 있는 것, 즉 당신이 해낼 수 있는 일들이다.

- 믿음의 힘으로 성공을 향해 나아간다.
- 성공할 수 있다고 믿음으로써 성공을 이룬다.
- 불신과 그것이 만들어내는 부정적 힘을 패배시킨다.
- 크게 믿음으로써 큰 결과를 얻어낸다.
- 긍정적인 생각을 생산한다.
- 확실한 성공 프로그램을 계획한다.
- 실패 질환인 '핑계병'에 대해 예방 접종한다.
- 긍정적인 마음가짐에 담긴 건강의 비밀을 배운다.
- 4가지 긍정적인 단계로 건강 핑계증을 고친다.
- 사고력이 단순한 지능보다 더 중요한 이유를 발견한다.
- 마음을 단순한 사실 창고로 쓰지 않고 생각을 위해 활용한다.
- 지능 핑계증을 치료하는 세 가지 손쉬운 길을 마스터한다.
- '너무 젊다'라거나 '너무 늙었다'는 나이 문제를 극복한다.
- 운수 핑계증을 극복하고 행운을 자신에게 끌어당긴다.
- 행동 기법을 이용하여 두려움을 치료하고 자신감을 기른다.
- 기억을 관리하여 자신감을 쌓는다.
- 타인에 대한 두려움을 극복한다.
- 자신의 양심을 만족시킴으로써 자신감을 늘린다.

- 자신 있게 행동하고 자신 있게 생각한다.
- 두려움을 없애는 5가지 긍정적인 단계를 배운다.
- 성공 여부는 생각의 크기에 달려 있다는 사실을 안다.
- 진정한 생각의 크기를 가늠하고 자신의 자산을 발견한다.
- 진정한 자기 자신을 깨닫고 그만큼 크게 생각한다.
- 4가지 특별한 단계로 크게 생각하는 어휘력을 개발한다.
- 미래의 꿈을 그림으로 시각화한다.
- 사물, 사람 그리고 당신 자신에게 가치를 더한다.
- '크게 생각하는 관점'으로 자신의 직업을 생각한다.
- 사소한 것을 무시하고 중요한 것에 집중한다.
- 당신의 생각 크기를 테스트해 본다.
- 창조적인 생각으로 더 새롭고 더 나은 길을 발견한다.
- 이루어질 수 있다고 믿음으로써 창조력을 개발한다.
- 마음의 문을 닫게 하는 인습적인 사고방식과 싸운다.
- 창조력을 발휘하여 더 많이 더 잘 해낸다.
- 3가지 비결을 통해 귀와 마음을 열고 창조성을 강화한다.
- 정신운동으로 마음에 자극을 준다.
- 생각의 결실인 아이디어를 통제하고 개발한다.

- 중요한 생각을 하기 위해 자신을 중요하게 여긴다.
- 자기 일을 중요하게 생각함으로써 중요하게 만든다.
- 자기 자신을 위한 광고 CM송을 만든다.
- 생각을 업그레이드하여 중요한 사람처럼 사고한다.
- 자기 자신에게 이로운 주변 환경을 만든다.
- 소심한 사람들이 당신의 발목을 잡지 못하게 한다.
- 당신의 업무환경을 관리한다.
- 자유시간에 심리적인 햇살을 듬뿍 쬔다.
- 당신의 환경에서 정신적인 독소를 몰아낸다.
- 매사에 일류급으로 행동한다.
- 원하는 것을 얻는 데 도움이 될만한 태도를 기른다.
- 활기차게 열정을 갖고 산다.
- 진정한 열정의 힘을 개발한다.
- '나는 중요하다'는 생각과 태도를 기른다.
- '서비스 제일주의'의 태도를 가짐으로써 돈을 더 많이 번다.
- 사람들에 대한 긍정적인 생각으로 그들의 지지를 끌어낸다.
- 다른 사람들의 호감을 받는 품성을 기른다.
- 주도적으로 우정을 쌓는다.

- 사람들에 대해 좋은 생각만 하는 기술을 마스터한다.
- 대화에 아량을 베풂으로써 친구를 얻는다.
- 패배나 역경에 마주쳤을 때조차 크게 생각한다.
- 조건이 완벽해질 때까지 기다리지 말고 행동을 습관화한다.
- 아이디어를 실행에 옮기겠다고 결심한다.
- 행동으로써 두려움을 치료하고 자신감을 얻는다.
- 마음 작용의 비밀을 발견한다.
- '지금 당장'의 마법을 활용한다.
- 당당히 말하는 습관을 길러 당신 자신을 강화한다.
- 진취성을 개발한다.
- 패배는 마음 상태에 지나지 않는다는 것을 안다.
- 모든 역경에서 뭔가를 얻어낸다.
- 건설적인 자기비판의 힘을 활용한다.
- 끈기와 실험을 통해 긍정적인 결과를 얻어낸다.
- 매사에 좋은 면을 발견함으로써 좌절감을 몰아낸다.
- 인생에서 자신이 가고자 하는 곳을 분명히 파악한다.
- 계획을 활용하여 10년 후의 목표를 세운다.
- 성공을 파괴하는 다섯 가지 무기를 피한다.

- 분명한 목표를 세워 자신의 에너지를 높인다.
- 일을 성취하고 생명을 연장하는 데 도움이 되는 목표를 세운다.
- 30일 개선 지침에 따라 목표를 성취한다.
- 미래의 수익을 위해 자기 자신에게 투자한다.
- 리더십의 4가지 원칙을 배운다.
- 자기 자신을 위해 인간적인 접근 방식을 실행한다.
- 진보를 생각하고 진보를 믿고 진보를 추구한다.
- 최상의 사고력을 개발한다.
- 인생의 가장 결정적인 상황에서 큰 생각의 마술을 활용한다.

Chapter

당신은 성공할 수 있다.
그것을 믿어라!

성공할 수 있다고 믿으면 성공한다

성공의 의미

성공의 개념은 사람마다 다르지만 보편적으로 훌륭하고 긍정적인 것들을 의미한다. 흔히 개인적인 번영으로는 좋은 집, 휴가, 여행, 새로운 물건, 재정적 안정, 자녀에게 주는 최대한의 혜택이 여기에 속하며 직장과 사회생활 속에서는 감탄과 존경의 대상 혹은 지도자가 되는 것을 말한다.

또한 성공은 자유를 의미한다.

즉, 근심이나 걱정, 두려움, 좌절, 실패로부터 자유로운 것으로 그것은 승리를 의미한다. 성공, 즉 성취는 삶의 목적이다!

사람은 누구나 성공을 원한다. 다시 말해 삶이 줄 수 있는 최고의 것을 기대하는 것이다.

그 누구도 평범하고 지루한 삶을 원치 않는다. 어떤 사람도 이류 인생과 그렇게 살 수밖에 없다는 자조 섞인 정서를 좋아하지 않는 것이다.

성공의 지혜

이처럼 누구나 원하는 성공의 지혜는 '믿음으로 산을 옮길 수 있다'는 성서의 한 구절에서 발견할 수 있다. 그러나 성서에서 말하는 것처럼 자신이 산을 옮길 수 있다는 것을 진심으로 믿는 사람은 그리 많지 않다. 그래서 실제로 산을 옮기는 사람이 많지 않은 것이다. 물론 혹자는 이렇게 말할 수도 있다.

"단순히 '산이 저쪽으로 옮겨갈 것이다'라는 믿음을 갖는다고 하여 산이 움직일 것이라고 생각하는 것은 터무니없는 짓이다. 그건 불가능한 일이다."

이렇게 생각하는 사람들은 '믿음'과 '소망'을 혼동하고 있다. 당연한 말이지만, 단순하게 소망하는 것으로는 산을 움직일 수 없다. 당신이 막연하게 소망한다고 해서 어느 날 갑자기 욕실 3개와 침실이 5개나 있는 으리으리한 저택에서 살거나 고소득층이 되는 것은 아니며 그저 소망한다고 해서 지도자의 자리에 오르거나 성공한 삶을 살 수 있는 것도 아니다.

하지만 진정으로 믿음이 있다면 산을 옮길 수 있다. 즉, 자신이 성공할 수 있다고 믿으면 실제로 성공할 수 있는 것이다.

신념의 힘

그렇다고 믿음의 힘에 마술적이거나 신비한 무엇인가가 있는 것은 아니다. 믿음은 이렇게 작용한다.

믿음, 즉 '나는 할 수 있다'는 긍정적인 마음가짐은 목표를 성취하는데 필요한 힘, 기술, 에너지를 생산해 낸다. 다시 말해 '나는 할 수 있다'고 믿으면 '어떻게 해내느냐'는 자연히 개발되는 것이다. 날마다 많은 사람이 자신의 일터로 뛰어든다. 그리고 그들은 언젠가는 정상의 자리에 올라서서 성공을 누릴 수 있기를 '소망'한다. 하지만 그들 중 대다수는 최고의 단계에 도달하는데 필요한 강한 믿음을 갖고 있지 못하다. 그렇기 때문에 그들은 최고가 되지 못하는 것이다.

좀 더 현실적으로 말하자면 그들은 자신이 그렇게 높이 올라갈 수 있을 것이라고 믿지 않음으로써 높은 곳까지 이어지는 계단을 발견하지 못한다. 그리하여 그들의 행동은 그저 '평범함'의 범주에 머물고 마는 것이다. 하지만 그들 중의 소수는 자신이 성공하리라는 것을 진심으로 믿는다. 그리고 '나는 최고가 될 거야'라는 마음가짐으로 열심히 일하여 마침내 그 엄청난 믿음으로 정상에 우뚝 서게 된다.

그들은 '성공할 수 있으며 그것이 절대 불가능하지 않다'는 믿음으로 성공한 사람들의 행동을 연구하고 관찰한다. 그리하여 성공적인 사람들이 문제에 접근하고 결정을 내리는 방식을 배운다. 이처럼 그들은 성공적인 사람들의 태도를 관찰하여 배울 점을 찾아내고 그것을 받아들이는 것이다.

'어떻게 해내느냐?'의 문제는 '해낼 수 있다'고 믿는 사람 앞에서 언제나 그 해답이 드러나게 마련이다.

2년 전, 내가 알던 어떤 여성이 이동식주택을 파는 부동산업체를 설립하였다. 그런데 그 당시 그녀의 주변 사람들은 그 분야에 뛰어들어서는 안 되며 그녀의 능력으로는 불가능한 일이라고 충고하였다. 우선 그녀에게는 3,000달러밖에 없었는데, 그 정도의 자금으로는 초기 투자 비용으로 턱없이 부족하다는 것이었다.

그리고 또 다른 충고자는 이렇게 덧붙였다.

"그 업계가 얼마나 경쟁이 치열한데! 더욱이 당신은 사업체를 운영해본 경험은 고사하고 이동식주택 판매업과 관련하여 아무런 실무경험이 없잖아?"

하지만 그 여성은 자기 자신과 자신의 능력을 믿었다. 비록 자본도 부족하고 그 업계의 경쟁이 치열하며 경험이 부족하다는 것을 잘 알고 있었지만, 자신을 믿고 최선을 다하겠다는 마음자세를 굳힌 것이다.

"내가 수집한 자료에 의하면 앞으로 이동식주택 시장은 갈수록 커질 거예요. 그러므로 경쟁업체들을 철저히 연구하면 승산이 있어요. 그리고 나는 이 도시 내에서 그 누구보다 트레일러의 머천다이징[1]을 잘 해낼 자신이 있습니다. 물론 실수도 저지르겠지만 결국에는 정상의 자리에 설 것입니다."

실제로 그녀는 정상의 자리에 우뚝 섰다.

반드시 성공할 것이라는 절대적인 믿음으로 두 투자가의 신뢰를 얻어 낸 그녀는 마침내 '불가능한 일'을 성취해냈다.

강한 믿음은 수단과 방법을 찾아내도록 만들어주며, 특히 성공할 수 있다는 믿음은 다른 사람들의 신뢰를 끌어낸다. 그럼에도 불구하고 대부분의 사람은 믿음의 힘을 믿으려 하지 않는다. 하지만 일부 성공자들은 예외에 속한다!

성공한다는 믿음

'산을 옮길 수 있다'고 믿는 사람들은 실제로 그렇게 한다. 하지만 할 수 없다고 믿는 사람들은 결국 해내지 못한다. 왜냐하면 믿음은 해낼 수 있는 힘을 발동시키지만, 믿음이 없다면 그 힘을 발휘할 수 없기 때문이다. 사실, 오늘날에는 믿음이 단순히 산을 옮기는 것보다 훨씬 더 위대한 일을 성취해 내고 있다. 예를 들어 우주탐사의 가장 핵심적인 요소는 '우주가 정복될 수 있다'는 믿음이다. 만약 인간이 우주여행을 할 수 있다는 확고부동한 믿음이

---

[1] 머천다이징은 시장조사와 같은 과학적 방법에 의거하여, 수요내용에 적합한 상품 또는 서비스를 알맞은 시기와 장소에서 적정가격으로 유통하기 위한 일련의 시책을 마련하는 일이다.

없었다면 과학자들은 그 일을 성취해 낼 만한 용기, 관심, 열정을 가질 수 없었을 것이다. 또한 암이 치유될 수 있다는 믿음이 있기에 암 치료제가 세상에 선을 보이고 있는 것이다.

위대한 결과에 대한 믿음은 모든 위대한 서적, 위대한 과학적 발견과 발명의 배후에 있는 추진력이다. 성공에 대한 믿음이야말로 성공적인 사람들의 기본적이고 절대적이며 핵심적인 구성요소이다.

성공할 수 있다고 진정으로 믿어 보라. 그러면 성공할 것이다.

나는 지금까지 여러 분야의 벤처 업체를 비롯하여 다양한 직종에서 실패를 경험한 수많은 사람과 대화를 나눠보았다.

그들은 대화 도중에 무심코 이런 말들을 내뱉곤 했던 것이다.

"솔직히 말해 그것이 되리라고 생각지 않았습니다." "시작하기 전부터 걱정했죠." "사실, 실패에 대해 어느 정도 예상은 하고 있었습니다."

결국 '좋아 한 번 해보겠지만, 기대한 대로 되진 않을 거야'라는 식의 마음가짐이 실패를 낳았던 것이다.

불신은 부정적인 힘이다. 그리고 마음속으로 불신하고 의심한다면, 마음은 그 불신을 뒷받침해 줄 '이유'들을 끌어모으게 된다. 따라서 우리가 겪는 대부분의 실패는 의심, 불신, 잠재 의식적인 실패 의지, 성공을 원치 않는 마음가짐이 낳은 결과이다. 의심과 불신은 실패를 낳는다.

반면, 성공을 생각하면 성공을 낳는다.

일류인생

최근, 어느 젊은 여류작가와 창작에 관해 대화를 나누다가 잘 나가고 있는 일류 작가에 대해 이야기를 하게 되었다.

"그 사람은 매우 훌륭한 작가이죠. 아마도 나는 그 사람처럼 성공할 수 없을 거예요."

나는 그녀의 태도에 무척 실망하였다. 왜냐하면 나는 개인적으로 그녀가 훌륭하다고 언급한 작가를 잘 알고 있었기 때문이다. 사실, 그는 남보다 우월한 지성이나 통찰력을 지닌 사람이 아니었지만 자신감만큼은 대단했다. 그리하여 그는 자신이 최고의 집단에 속한다고 믿고 최고답게 행동해 왔던 것이다.

지도자를 존경하는 것은 올바른 자세이다.

그를 관찰하고 그에게서 배우며 그를 연구해 보라. 하지만 숭배하지는 말라. 당신이 그를 능가할 수 있다는 것을 믿어라. 그보다 더 멀리 전진할 수 있다는 것을 믿어라. 이류의 마음가짐을 고집하는 사람은 평생 이류 인생에서 벗어날 수 없다.

사람은 자신이 생각하는 대로 된다.

믿음은 우리가 인생에서 성취하는 것들을 통제하는 일종의 조절 장치이다.

그저 평범하게 되는 대로 살아가는 친구를 관찰해 보라. 그는 자신을 두고 시시한 인간이라고 믿기 때문에 인생에서 받는 것도 그만큼 적다. 자신이 큰일을 성취할 수 없다고 믿기 때문에 실제로 큰일을 성취하지 못한다. 스스로를 중요치 않은 사람이라고 믿기 때문에 모든 행동에서 별다른 주목을 받지 못한다. 그리고 시간이 지날수록 말하고 걷고 행동하는 모든 방식에서 자신감이 결여된 모습이 역력히 드러난다.

아마도 그가 믿음의 통제장치를 재조정하지 않는 한, 그의 그러한 이미지는 더욱더 움츠러들고 작아질 것이다. 그리하여 자기 자신은 물론이고 주변 사람들 역시 그 이미지를 보고 그를 평가 절하할 것이다.

반대로 발전적인 방식으로 살아가는 사람을 관찰해 보라.

그는 자신이 많은 가치를 지녔다고 믿기 때문에 인생에서 많은 것을 받아낸다. 스스로 크고 어려운 일을 할 수 있다고 믿기 때문에 실제로 그렇게 된다. 그의 행동, 대인관계, 성격, 생각, 관점 등 모든 것이 '이 사람은 프로다. 그는 아주 중요한 사람이다'라고 말하고 있다.

사람은 자신이 생각하는 대로 된다.

크게 생각하고 그것을 믿어라. 믿음이라는 조절 장치를 전진에 맞춰 놓아라. 성공할 수 있다는 진실한 믿음으로 당신의 성공호를 발진시켜라.

크게 믿고 크게 성장하라!

여러 해 전, 디트로이트시에서 비즈니스맨들을 상대로 한 강연을 끝냈을 때, 그들 중의 한 사람이 다가와 이렇게 물었다.

"매우 흥미로운 강연이었습니다. 잠시 시간을 내주실 수 있습니까? 제 개인적인 체험담을 들려드리고 싶군요."

그리하여 우리는 어느 커피숍에 들어가 대화를 나누게 되었다.

"제가 겪은 일은 '긍정적인 마음가짐이 자신에게 미치는 영향'에 관한 선생님의 강연 내용과 완벽하게 일치합니다. 지금까지 제가 평범함의 수준을 뛰어넘은 과정을 그 누구에게도 얘기하지 않았는데, 선생님께는 기꺼이 말씀드리고 싶군요."

"좋습니다."

"5년 전, 저는 공구업계에서 일하고 있었는데 평범함의 기준에서 본다면 남부럽지 않게 사는 축에 속했죠. 하지만 그것은 제 이상과는 거리가 먼 삶이었습니다. 집도 작았고 돈이 없었기에 원하는 일을 할 수도 없었죠. 아내는 그다지 불평하지 않았지만, 행복하다기보다는 그냥 체념하고 운명처럼 받아들이는 것 같았습니다. 하지만 지금은 우리의 삶이 완전히 바뀌었습니다. 우리는 현재 이곳으로부터 2백 마일 정도 떨어진 곳에 위치한 아름다운 집에서 살고 있고, 그 집에는 2에이커의 부지와 작은 오두막까지 딸려 있답니다. 그리고 더 이상 아이들을 좋은 대학에 보내는 문제로 걱정하거나 아내의 새 옷을 구입하는데 망설일 필요가 없어졌죠. 내년 여름에는 가족 모두가 한 달 동안 유럽 여행을 다녀올 계획입니다. 그야말로 인생을 즐기며 살고 있습니다."

"어떻게 된 거죠?"

"그 모든 변화는 '믿음의 힘'을 이용하면서부터 시작되었습니다. 5년 전, 저는 이곳 디트로이트에 있는 공구업체에 일자리가 있다는 것을 알게 되었습니다. 그 당시 우리 가족은 클리블랜드에 살고 있었는데, 저는 돈을 더 벌 생각으로 그 일자리를 알아보기로 했습니다. 그리하여 월요일에 있을 면접을 위해 일요일 저녁에 디트로이트에 도착한 저는 호텔 방에 앉아 스스로 자문해 보았습니다. '나는 왜 중류층의 낙오자 신세를 면치 못하는 것일까? 왜 좀 더 발전적인 직업을 구하려 노력하지 않는 것일까?' 그리고 호텔 방에 비치된 종이에 제가 여러 해 동안 알고 지냈던 사람 중에서 저보다 훨씬 더 높은 지위와 힘을 누리는 다섯 명의 이름을 적어보았습니다. 그중에서 두 명은 좋은 지부로 발령받아 이사를 가버린 이웃 사람들이고 다른 두 명은 나의 직장 상사들이었으며 나머지 한 사람은 매형이었습니다. 일단, 이름을 적고 난 다음 역시 왜 그렇게 했는지 지금도 모르겠지만, 저는 그들이 저보다 더 좋은 직장을 가진 것 이외에 어떤 장점을 가졌는지 곰곰이 생각해 보았습니다. 그들이 저보다 더 똑똑한 것인지 자문해 보았지만, 그들의 IQ가 결코 저보다 우월하다고 볼 수는 없었습니다. 또한 그들은 교육 수준, 성실성 혹은 개인적인 습관에서도 저보다 나을게 없었습니다. 마지막으로 우리가 성공 요소로써 귀에 못이 박히도록 들어온 진취성에 대해 생각해 보았죠. 그 점은 정말로 인정하기 싫었지만 인정할 수밖에 없었습니다. 저는 그들보다 훨씬 더 진취적이지 못한 자세로 살아왔던 것입니다. 그것을 깨달은 저는 새벽 3시가 다가오고 있었는데도 의식은 더욱더 또렷해지고 있었습니다. 난생처음으로 저의 약점을 되돌아보게 된 것입니다. 저는 저 자신이 가치 있는 존재임을 믿지 않았고 언제나 작은 막대기를 갖고 다니며 매사를 그 작은 막대기의 잣대로 재면서 진취적이지 못한 구실을 찾아내곤 했던 것입니다. 다시 말해 저는 기회를 보고도 늘 망설이기만 했습니다. 그렇게 저는 밤을 새워 가며 제 인생을 통틀어 자신감의 결여가 악영향을 미쳐온 과정 그리고 마음을 부정적으로 사용해온 과정을 곰곰이 되짚어 보았습니다. 그리하여 제가 앞으로 전진할 수 있는 이유 대신 그렇지 못한 이유를 저 자신에게 가르쳐왔다는 것을 깨닫게 되었습니다. 그리고 자신을 믿기 전까지는 그 누구도 저를 믿어주지 않을 것이라는 사실을 알게 되었습니다. 그때, 저는 이렇게 결심했습니다. '나는 지금까지 이류 인생을 살 수밖에 없는 마음가짐으로 살아왔다. 그러나 이제부터는 더 이상 나를 값싸게 팔지 않겠다.' 다음 날 아침, 저는 그러한 자신감으로 단단히 무장하고 면접에 임했습니다. 애초에 저는 면접을 볼 때, 기존의 직장보다 750달러에서 1,000달러를 더 달라고 요청할 생각이었는데 저 자신의 가치를 깨달은 이후 그 액수를 3,500달러로 올렸고 결국 그 수준에서 타협이 이루어졌습니다. 그것은 하룻밤 동안 저 자신을 철저히 분석하여 저에게서 훨씬 더 큰 상품 가치를 발견한 덕분에 얻게 된 결과였습니다. 그리고 그 직장에서 2년여의 세월을 보내는 동안, 저는 일을 제대로 할 줄 아는 사람으로서 명성을 얻게 되었죠. 저는 그 업계에서 최고의 일꾼이라는 평판을 얻었기에 그만큼 가치가 높아졌고 회사가 조직을 개편했을 때 많은 연봉과 함께 상당량의 주식을 받게 되었습니다."

이처럼 당신 자신을 믿으면 좋은 일이 벌어지기 시작한다.

'생각의 공장'을 감독하는 두 관리자

당신의 마음은 '생각의 공장'이다.

그 공장은 아주 바쁜 곳으로 하루 동안에도 무수한 생각들을 만들어낸다. 생각의 공장에서는 생각들이 생산될 때마다 두 명의 감독을 받는데, 그 중한 명은 '승리'이고 다른 한 명은 '패배'이다. 승리는 긍정적인 생각의 생산 공정을 책임지고 있으며 '해낼 수 있는 이유'와 '자격이 있는 이유' 그리고 '성사 가능성에 대한 이유'를 만들어내는 데 전문화되어 있다.

반면, 패배는 부정적이며 자기 비하적인 생각들을 만들어내며 '해낼 수 없는 이유'와 '약해질 수밖에 없는 이유' 그리고 '부적격한 이유'를 만들어내는 데 있어서 전문가이다. 주특기는 '왜 실패하는가'에 대해 연쇄적인 생각을 만들어내는 것이다.

무엇보다 중요한 것은 '승리'나 '패배' 모두 당신의 말을 아주 잘 듣는다는 점이다. 그들은 언제나 당신의 명령에 복종하기 때문에 지시를 내리기 위해서는 아주 살짝 정신적 신호를 보내기만 하면 된다. 이때, 신호가 긍정적인 것이면 승리가 나와서 일을 할 것이고, 부정적인 것이라면 패배가 전면에 나설 것이다.

그러면 그들이 일하는 과정을 살펴보기 위해 한 가지 사례를 살펴보기로 하자.

우선, 자기 자신에게 "오늘은 정말 형편없는 날이야"라고 말해 보라. 그러면 그것을 신호로 받아들인 패배는 즉시 행동으로 들어가 당신의 생각이 옳다는 것을 증명해줄 몇 가지 사실을 만들어낸다. 날씨가 너무 덥거나 추우며 일이 잘 안 풀리고 매상이 떨어지며 사람들의 신경이 곤두서 있고 몸이 아프며 아내의 신경이 예민하다는 것을 알려올지도 모른다.

패배는 아주 능률적이기 때문에 그는 순식간에 당신을 속여넘긴다. 그리하여 결국 그날은 일진이 안 좋은 날이 되어 버린다. 당신이 미처 깨닫기도 전에 엄청 재수 없는 날이 되고 마는 것이다.

이번에는 반대로 스스로에게 "오늘은 아주 좋은 날이다"라고 말해보라. 그러면 승리가 전면에 나서서 이렇게 말할 것이다. "맞아요. 오늘은 아주 멋진 날이군요. 날씨도 정말 좋아요. 살아있다는 건 정말 좋은 거예요. 오늘 당신에게는 몇 가지 좋은 일이 생길 것이고 모든 일이 순조롭게 진행될 거예요."

그러면 실제로 그날은 좋은 날이 되어 버린다.

자꾸만 '할 수 없다', '감당할 수 없다', '실패할 것이다'와 같은 부정적인 잔소리로 마음속에 일거리를 제공하지 말라. 패배는 당신의 목표 달성에 하등의 도움이 되지 못하므로 쫓아내는 게 상책이다.

그 대신, 승리를 100% 활용하라.

어떤 생각이든 그 처리를 승리에게 맡겨라. 어쨌든 그는 당신에게 성공할 수 있는 방식을 알려줄 것이다.

물론 앞으로 경기가 아무리 좋아진다고 할지라도 모든 개개인의 성공까지 보장되는 것은 아니다. 실제로 지금까지 대다수의 사람은 열심히 노력했지만, 모든 사람이 성공의 열매를 맛본 것은 아니었다.

지난 오랜 시간 사회적으로 놀라운 기회가 주어졌음에도 불구하고 그들 중 대다수는 평범한 인생의 부류에서 벗어나지 못한 것이다. 그리고 앞으로도 대다수의 사람은 걱정하고 두려워하며 또한 자신을 시시하고 무가치한 존재로 여기며 결국 원하는 일을 이루지 못할 게 뻔하다. 그런 사람들은 자신이 한 일을 통해 시시한 대가를 얻고 보잘것없는 행복에 만족할 수밖에 없다.

반면, 주어진 기회를 제대로 활용하는 사람들은 지혜롭게 성공하는 쪽으로 생각하는 법을 터득할 것이다.

그 성공의 문으로 걸어 들어가라. 그 문은 지금 그 어느 때보다 활짝 열려 있다. 이제부터 당신은 인생에서 원하는 것을 얻는 선택받은 무리에 합류할 것이라고 당당히 선언하라.

성공을 향한 첫 번째 단계는 아주 기초적인 것이지만 결코 회피할 수 없는 것이다. 그 첫 번째 단계는 바로 '나 자신을 믿고 나는 성공하리라'고 믿는 것이다.

 믿음의 힘을 개발하는 방법

믿음을 강화시키는 방법

다음은 믿음의 힘을 얻고 강화시키는 세 가지 방법이다.

> **1. 성공을 생각하고 절대로 실패를 생각지 말라.**
>
> 늘 성공의 생각으로 실패의 생각을 대신하라. 어려운 상황에 부딪치면 '나는 반드시 성공할 거야'라고 생각하는 것이다. 다른 사람과 경쟁 관계에 놓여 있다면 '나는 최고이다'라고 생각하라. 기회가 생기면 '나

는 그걸 해낼 수 있다'라고 생각해야 한다.

'나는 성공할 것이다'라는 생각이 당신의 모든 사고 과정을 지배하게 하라. 그러면 그 조건반사로 당신의 마음은 성공을 초래할 만한 계획을 세우게 된다. 반면, 실패의 생각은 그 정반대의 결과를 낳게 한다. 다시 말해 실패의 생각에 대한 조건반사로 실패를 초래할 계획을 만들어내는 것이다.

2. 당신은 생각보다 **훌륭**하다.

성공하는 사람들은 슈퍼맨이 아니다. 성공의 비결에는 그 어떤 신비한 비밀도 숨어 있지 않다. 성공은 운에 의한 것이 아니며 성공하는 사람들은 자신이 하는 일에 대한 믿음이 있는 평범한 사람들에 지나지 않는다.

결코, 자신을 헐값에 팔지 말라!

3. 크게 믿어라.

성공의 규모는 믿음의 크기에 좌우된다. 작은 목표를 세우면 얻는 것이 작지만, 큰 목표를 세우면 커다란 성공을 거두게 된다.

성공을 위한 훈련 프로그램

제너럴일렉트릭의 회장인 랄프 J. 코디너 Cordiner는 어떤 지도자 모임에서 이런 말을 남겼다.

"지도자의 위치에 서길 열망하는 모든 사람은 자신과 회사를 위해 자기계발 프로그램을 실행할 수 있는 결단력이 필요하다. 자기계발은 그 누구에게 명령받을 수 있는 것이 아니기 때문이다. 그가 자신의 성공가도에서 꾸물거리느냐 앞으로 달려가느냐 하는 것은 전적으로 그 자신에게 달린 문제이다. 더불어 그것은 시간, 노력, 희생이 필요한 일이다. 어느 누구도 여러분을 위해 그 일을 대신 해줄 수 없다."

코디너의 충고를 받아들여 실천해 보라.

경영자나 영업직, 기술직 아니면 종교, 제작, 연예 분야에서 정상의 자리에 오른 사람들은 자기계발과 성장의 계획을 성실하게 지속적으로 실행함으로써 그러한 성공을 거둔 것이다.

어떠한 것이든 성공을 위한 훈련 프로그램은 반드시 세 가지를 포함하고 있어야 한다.

첫째, 행해야 할 바를 제시해야 하며 둘째, 행할 수 있는 방법이 수반되어야 하고 셋째, 시험에 통과해야 한다. 즉, 결과를 볼 수 있어야 하는 것이다.

특히 성공을 위한 개인적인 훈련 프로그램은 성공자의 마음자세와 테크닉에 토대를 두어야 한다. 다시 말해 어떻게 자신을 관리하는지, 장애를 어떻게 극복하는지, 다른 사람의 존경을 받는 이유는 무엇인지, 어떤 점에서 평범한 사람들과 다른지, 어떤 생각을 하며 어떻게 행동하는지에 초점이 맞춰져야 하는 것이다.

자기계발과 성장 프로그램에 관련된 이러한 내용들은 계획과 실천을 위한 확실한 지침들로 이 책의 각 장에 걸쳐 자세하게 설명되어 있다. 그러한 지침들은 분명히 효과가 있다. 그러므로 당신 스스로 그것을 응용해 보고 성과를 지켜보도록 하라.

그렇다면 훈련 프로그램 중에서 가장 중요한 부분인 '성과'는 어떻게 나올까?

이 책에 제시된 프로그램 중에서 간략하면서도 세심하게 다루고 있는 응용 부분은 당신에게 비록 지금은 불가능해 보일지라도 결과적으로 성공을 가져다줄 것이다.

특히 개인적인 훈련 프로그램은 보통 가족으로부터의 신망과 존경, 친구와 동료들로부터의 감탄과 칭송, 사회적 신분, 수입 증가, 생활 수준 향상 등의 이익을 가져다준다.

중요한 것은 이러한 훈련 프로그램은 스스로 실행해야 한다는 점이다. 그 누구도 당신에게 명령을 내리거나 대신 실천해 줄 수가 없다. 이 책 역시 당신의 안내자가 되어 줄 수는 있지만 당신의 길을 걸어갈 수 있는 사람은 오직 당신뿐이다.

오로지 당신만이 이러한 훈련을 응용하도록 자신에게 명령을 내릴 수 있다. 그리고 당신만이 훈련의 진척 상황을 평가하고 실수를 고칠 수 있다. 쉽게 말해 더 크고 더 나은 성공을 이루기 위해 당신 스스로 자신을 훈련해야 하는 것이다.

인생의 실험실

당신은 이미 작업을 진행하고 연구해 나갈 수 있도록 완벽한 시설을 갖춘 연구실을 갖고 있다. 그것은 바로 당신이 몸담고 있는 이 사회이다. 그곳은 당신에게 인간 세상에서 벌어지는 온갖 사례들을 제공해 준다.

우리는 평생 다른 사람들에게 둘러싸여 살아가는데도 불구하고 대부분 다른 사람들의 행동을 이해하지 못한다는 사실이 놀랍지 않은가! 이처럼 대부분의 사람들은 숙련된 관찰자가 아니다. 따라서 이 책의 주요 목적 중의 하나는 당신 스스로 이러한 관찰 훈련을 해나가고 인간 행위에 대한 깊은 통찰력을 개발하는데 도움을 주고자 하는 것이다.

당신 자신에게 이러한 질문을 던져 보라.

"왜 '갑'은 그처럼 성공을 누리는데, '을'은 그저 그런 인생에서 헤어나오지 못하는 것일까?"

"왜 어떤 사람들은 친구가 많은 데 비해 또 다른 사람들은 친구가 별로 없는 것일까?"

"왜 사람들은 어떤 사람이 하는 말은 기꺼이 받아들이면서도 또 다른 사람이 똑같은 말을 할 때는 무시해 버리는 것일까?"

일단, 훈련을 쌓게 되면 '관찰'이라는 단순한 과정을 통해 귀중한 교훈을 배우게 된다.

숙련된 관찰자가 되는 법

다음은 당신이 숙련된 관찰자가 되는 데 도움이 될만한 두 가지의 특별한 제안이다.

　당신이 아는 사람 중에서 가장 성공적인 사람 두 명과 가장 성공적이지 못한 사람 두 명을 선택하라. 그리고 당신의 성공적인 친구가 얼마나 충실하게 성공원리들을 지키고 있는지 이 책에서 제시하는 내용대로 살펴 보라. 이처럼 서로 정반대의 사례를 연구해 본다면, 이 책에서 제시하는 진리를 실천하는 것이 참으로 지혜로운 행동이라는 사실을 알게 될 것이다. 더불어 당신은 다른 사람과 접촉할 때마다 실생활에서 성공 개발 원리가 어떻게 작용하는지 그 방식을 직접 목격할 수 있다.

　또한 자기 훈련의 목적은 성공적인 행동 습관을 몸에 익히는 데 있다. 성공원리를 연습하면 할수록 바람직한 행동양식을 더욱더 빠르게 제2의 천성으로 삼을 수 있는 것이다.

　생각 관리 프로그램에 반응하고 변화하는 자기 모습을 지켜보는 것은 그보다 10배는 더 매혹적인 체험이다. 즉, 날마다 달마다 더 자신감에 넘치고 더 능률적이며 더 성공적으로 성장하는 자신을 느끼는 것은 참으로 재미있고 신나는 일인 것이다. 이 세상에 자기 자신이 성공 가도를 달리고 있음을 깨닫는 것보다 더 만족스러운 체험은 없다. 그리고 자신을 훌륭하게 성공적으로 만드는 것보다 더 큰 도전은 존재하지 않는다.

Chapter 02

실패 질환인 '핑계병'을 치료하라

성공하지 못하는 이유 - 핑계의 습관

성공하지 못 한 사람들의 정신적 특징

당신이 성공을 생각할 때, 연구해야 할 대상은 바로 사람들이다. 성공 원리를 발견하고 그것을 자신의 삶 속에 적용하기 위해서는 사람들을 주의 깊게 관찰해야 하는 것이다. 그것도 지금 당장 시작해야 한다.

사람들을 깊이 연구해 보면 실패하는 사람들은 '마음을 멍들게 하는 생각의 병'으로 고통받고 있다는 것을 알게 된다. 그것은 소위 '핑계병'이라 불리는 질환이다. 모든 실패자는 이 병을 앓고 있는데 그것도 대단히 중증이다. 그리고 대다수의 '평범한' 사람들도 비록 가볍기는 하지만 이 증세를 보이고 있다.

이러한 핑계병은 성공한 사람들과 그렇지 못 한 사람들의 차이를 분명하게 보여준다. 즉, 성공하는 사람일수록 핑계를 대지 않는다.

하지만 아무런 계획도 목표도 없는 사람일수록 으레 자기 행동에 대해 수만 가지 이유가 있다. 다시 말해 별 볼 일 없는 사람일수록 자신이 '갖지 못한 이유', '하지 않은 이유', '할 수 없는 이유', '그렇지 않은 이유'를 열심히 갖다 붙이는 것이다.

반면, 성공한 사람들의 삶을 연구해 보면 비록 핑계를 댈 수 있는 상황일지라도 절대로 핑계를 대지 않는다는 것을 알 수 있다. 어떤 전문가이든 자기 분야에서 성공을 거두는 사람치고 그럴듯한 한 두 가지의 핑곗거리를 갖지 못할 사람은 결코 없었다.

　루즈벨트는 다리가 불구자였다는 사실을 트루먼은 대학의 문턱을 밟아 보지도 못했다는 점을 또한 케네디는 대통령이 되기에 너무 젊다는 것을 존슨과 아이젠하워는 심장마비의 병력을 각각 패배의 구실로 삼을 수도 있었을 것이다.

　어쨌든 다른 질병과 마찬가지로 핑계병도 제대로 치료하지 않으면 악화되고 만다.

　이처럼 핑계병이라는 '생각의 병'에 걸린 사람은 다음과 같은 사고 과정을 거치게 된다.

　"나는 지금 일을 제대로 해내지 못하고 있다. 나의 체면을 살려줄 적당한 구실이 없을까? 한번 생각해 보자. 몸이 아프다고 할까? 학력 부족은 어떨까? 너무 늙었다고? 너무 젊다고? 운이 없었다고? 개인적인 불행을 겪었다고? 아내를 잘못 만났다고? 어린 시절의 불우한 성장 배경은 어떨까?" 이러한 과정에서 '그럴듯한' 구실을 찾아낸 실패 질환 환자는 그것으로 자신과 다른 사람들에게 자신이 성공하지 못하는 것을 변명하게 된다. 그리고 이 환자가 핑계를 만들어낼 때마다 그 핑계는 점점 그의 잠재의식 속에 깊이 각인되어 버린다.

　문제는 긍정적인 것이든 부정적인 것이든 생각은 끊임없는 반복을 통해 강화된다는 점이다. 핑계병 환자도 처음에는 자신의 알리바이가 거짓이라는 사실을 어느 정도 알고 있다. 하지만 거짓말도 자주 하면 스스로 자신의 핑계가 완벽한 사실이라고 믿게 되며 그것이 성공을 가로막는 진정한 이유라고 확신하게 된다.

성공을 생각하기 위한 프로그램의 첫 단계

성공으로 나아가는 사고훈련 프로그램의 첫 단계는 실패 질환인 핑계병에 대해 백신주사를 맞는 것이어야 한다. 이러한 핑계병은 광범위한 형태로 나타나며 그중에서 가장 흔한 질환은 건강 핑계병, 지능 핑계병, 나이 핑계병, 운수 핑계병이다.

그러면 이제 이들 질환으로부터 우리를 보호할 방법을 알아보기로 하자.

 ## 가장 흔한 4가지 형태의 핑계병 - 건강

건강이 좋지 않아요

건강 핑계병은 단순히 '기분이 좋지 않다'에서부터 보다 구체적으로 '이러이러한 건강상의 문제를 안고 있다'는 것에 이르기까지 다양한 형태로 나타난다.

수천 가지 형태로 나타나는 '안 좋은 건강'은 하고 싶은 일을 못 하게 하거나 더 큰 책무를 떠맡지 못하게 하고 혹은 더 많은 돈을 벌어들이지 못하게 하거나 성공을 이루지 못하게 하는 핑곗거리로 활용된다. 그리고 지금 이 순간에도 수백만의 사람들이 건강 핑계병으로 고통을 겪고 있다. 그렇다면 대부분의 경우, 그것이 과연 실패의 합당한 사유가 될 수 있을까?

　잠시, 당신이 알고 있는 성공적인 사람들을 생각해 보라. 건강상의 핑계를 댈 수 있지만 결코 그렇게 하지 않는 사람들을 말이다. 언젠가 나의 의사 친구는 성인들 중에서 완벽한 건강을 가진 사람은 존재하지 않는다고 단언한 바 있다. 모든 사람은 비록 정도의 차이는 있겠지만 나름대로 육체적인 문제점을 안고 있는 것이다. 그런데도 많은 사람이 건강 핑계증에 완전히 혹은 부분적으로 빠져 지내고 있다. 그러나 성공을 생각하는 사람들은 그렇게 하지 않는다.

　어느 날 오후, 클리블랜드에서 막 강연을 마치고 계단을 내려오는데 30세 정도 되어 보이는 어떤 청년이 다가와 잠시 시간 좀 내달라고 부탁하였다. 그리고 그날의 강연에 대해 잠시 인사치레하더니 이렇게 말했다. "유감스럽게도 선생님의 아이디어는 제게 별로 도움이 되지 않을 것 같군요. 저는 심장이 안 좋은 편이라 늘 제 몸의 상태를 점검해야만 합니다." 그러더니 유명하다는 의사를 4명이나 만나보았지만, 자신의 병명을 뚜렷하게 알아내지 못했다고 설명한 다음, 자신이 앞으로 어떻게 처신하는 것이 좋겠느냐고 물었다.

　"글쎄요. 나는 심장에 대해 아는 게 없지만, 내가 당신이라면 이렇게 할 것 같군요. 우선, 내가 알아낼 수 있는 최고의 심장병 전문의를 찾아가 그의 진단을 최종 진단으로 받아들일 겁니다. 이미 당신이 만난 4명의 유능한 의사들은 한결같이 당신의 심장에서 뚜렷한 증세를 발견하지 못했잖아요. 그러니 다섯 번째 의사도 그러한 진단을 내린다면 그것을 마지막 건강진단으로 받아들이고 건강한 심장을 가졌다고 생각하는 편이 훨씬 더 바람직할 겁니다. 두 번째로 나는 쉰들러 박사가 지은 『1년 365일을 어떻게 살아갈 것인가? How to Live 365 Days a Year』를 읽을 것입니다. 쉰들러 박사는 그 책에서 4명의 입원환자 중에서 3명은 EII, 즉 감정적으로 유발되는 질병 Emotionally Induced Illness에 걸린 사람들이라고 밝히고 있습니다. 'EII 증세'란 환자 스스로 자신의 감정을 처리하는 법을 터득하기만 하면 당장에 병이 나을 수 있는 상태를 뜻합니다. 쉰들러 박사의 책을 읽고 자신의 감정관리를 위한 프로그램을 개발해 보십시오. 세 번째로 나는 죽을 때까지 열심히 살겠다고 결심할 것입니다."

그리고 나는 결핵에 걸린 적이 있는 나의 변호사 친구에게서 전해 들은 충고를 덧붙여 들려주었다. 그 변호사 친구는 결핵 때문에 자기 삶에 많은 제약이 따를 수밖에 없다는 것을 잘 알고 있었다. 그런데도 그는 열심히 자신의 직업에 충실했고 가족과 더불어 삶을 진정으로 즐겼다. 덕분에 78세의 나이에도 건강하게 살아있는 그 친구는 자신의 인생철학을 이렇게 표현하고 있다.

"나는 죽을 때까지 열심히 살아갈 거야. 결코 삶과 죽음을 혼동하고 싶지 않아. 이 지상에 발을 내딛고 있는 동안, 나는 분명히 살아있는 것일세. 그렇다면 그 시간에 왜 반쪽짜리 삶을 살아야 한단 말인가? 우리가 죽음을 걱정하는 순간은 사실상 죽어있는 것과 마찬가지인 시간이라고 할 수 있지."

나는 그 청년과의 대화를 그쯤에서 끝맺을 수밖에 없었다. 왜냐하면 정해진 시각에 디트로이트행 비행기를 타야 했기 때문이다.

그런데 비행기 안에서 나는 그 청년과의 만남보다 훨씬 더 즐거운 일을 경험하게 되었다. 비행기가 이륙한 이후, 규칙적으로 재깍거리는 소리를 들은 나는 반사적으로 옆 사람에게 고개를 돌렸다. 물론 크게 놀란 것은 아니었지만, 바로 곁에서 이상한 소리가 들리기에 옆 사람을 살펴본 것이었다.

그러자 그는 환한 미소를 지으며 말했다.

"오, 폭탄은 아니니 안심하십시오. 내 심장에서 나는 소리죠."

내가 깜짝 놀라는 듯한 표정을 짓자, 그는 자신이 겪은 일을 들려주었다. 불과 21일 전, 그는 자기 심장에 플라스틱 판막을 이식하는 외과수술을 받았다고 했다. 그리고 그 재깍거리는 소리는 새로운 조직이 인공판막 위로 자라나기 전까지 앞으로도 여러 개월에 걸쳐 지속될 것이라고 하였다.

나는 그에게 앞으로 무슨 일을 할 것이냐고 물었다.

"의사들은 몇 개월 동안 안정을 취하라고 하더군요. 하지만 나에게는 커다란 계획이 있습니다. 우선 미네소타로 돌아가 법학을 공부할 겁니다. 그래서 언젠가는 정계에 나설 생각입니다."

여기서 우리는 건강상의 문제에 대해 두 가지의 상반된 대응 방식을 보게 된다.

첫 번째의 청년은 자신의 몸에 정확히 어떤 문제가 있는 것인지도 모르면서 걱정과 우울 속에서 실패를 향해 걸어가는 동시에 건설적이지 못한 자신의 마음자세를 누군가가 지지해 주기를 기대하고 있었다.

하지만 두 번째 사람은 이미 고통스럽게 대수술을 받았음에도 불구하고 낙천적인 마음자세로 뭔가를 해보기 위해 열심히 노력하는 중이었다.

건강에 대한 두 사람의 사고방식은 너무나 다른 것이다!

나 역시 건강 핑계병을 직접 경험한 바 있다.

나는 당뇨병 환자로 그 질병에 걸린 것으로 진단받은 이후, 이러한 경고를 받았다.

"당뇨병은 분명 육체적인 증상이지만 그로 인한 최대의 손해는 오히려 그것에 대한 부정적인 마음가짐에서 비롯됩니다. 즉, 당뇨병에 대해 걱정하면 할수록 정말로 커다란 문제에 봉착하게 될 것입니다."

당뇨병으로 진단받은 이후, 나는 자연스럽게 수많은 당뇨병 환자들을 알게 되었다. 그중에서 서로 극과 극의 모습을 보여준 두 사람을 소개하고자 한다.

한 사람은 아주 경미한 증세를 갖고 있었음에도 불구하고 마치 죽을병에 걸린 듯한 환자처럼 행동하였다. 특히 그는 기온의 변화에 편집증적인 두려움을 갖고 있었기 때문에 늘 우스꽝스러울 정도로 옷을 껴입고 다녔다. 더욱이 세균감염을 몹시 두려워하여 약간이라도 코를 훌쩍거리는 사람이 있으면 멀리하였다. 또한 어떤 사람을 만나든 자신의 문제가 '얼마나 끔찍한지 모르겠다'는 얘기를 장황하게 늘어놓아 상대방을 질리게 만들었다. 이쯤 되면 그의 진정한 질환은 당뇨가 아닌 게 분명했다.

사실, 그는 건강 핑계증 환자였다. 그는 스스로 자신을 병약한 사람으로만 드는 것에서 자기연민을 느꼈던 것이다.

반면, 또 다른 사람은 대형 출판사의 부서장으로 중증의 환자였기에 앞서 언급한 사람보다 30배나 더 많은 인슐린 주사를 맞아야만 했다. 그러나 그는 결코 환자로 살아가지 않았다. 그는 자신의 일과 더불어 인생을 즐겼던 것이다.

어느 날, 그는 나에게 이렇게 말했다.

"질병과 함께 살아간다는 것은 불편한 일이지만, 죽음을 면했다는게 어디인가! 그리고 나는 병상에 누워있고 싶은 마음이 눈곱만큼도 없다네. 인슐린 주사를 맞을 때마다 나는 인슐린을 발견한 사람들에게 찬사를 보내곤 하지."

저명한 대학교수인 나의 친구는 팔 하나를 잃은 모습으로 유럽에서 돌아왔다. 그는 불구의 몸이 되었으면서도 언제나 미소를 잃지 않았고 늘 다른 사람들을 도와주었다. 그는 내가 아는 그 어떤 사람보다 낙천적인 성격의 소유자로 어느 날, 나는 그와 함께 신체적 장애에 대해 긴 대화를 나누게 되었다. 그는 이렇게 말했다.

"겨우 팔 하나를 잃은 건데 뭘 그래. 하긴 둘이 하나보다 낫긴 하지. 하지만 잘려 나간 것은 팔 하나에 불과하다네. 내 용기는 100% 완벽하게 보존되어 있지. 난 진실로 그 점에 감사하고 있다네."

나의 또 다른 친구 역시 팔 하나가 없는데, 그는 훌륭한 골퍼이다. 어느 날, 나는 그에게 하나밖에 없는 팔로 어쩌면 그렇게 완벽에 가까운 솜씨를 보여줄 수 있느냐고 물어보았다. 그리고 두 팔을 온전하게 가진 대부분의 골퍼들도 그처럼 근사한 플레이를 보여주지 못한다는 점을 지적하였다.

나의 물음에 대한 그의 대답은 많은 의미를 던져주고 있다.

"글쎄, 나는 올바른 마음자세와 팔 하나를 갖춘다면 잘못된 마음자세와 팔 둘을 가진 사람들을 언제나 이길 수 있다는 것을 체험으로 알고 있지!"

올바른 마음자세와 팔 하나는 언제나 잘못된 마음자세와 팔 둘을 이기게 되어 있다. 잠시 이 사실을 생각해 보라. 그것은 골프장에서뿐만 아니라 삶의 전 분야에 걸쳐 어김없이 적용되는 진실이다.

건강 핑계병을 고칠 수 있는 4가지 방법

건강 핑계병에 대한 최상의 백신은 다음의 4가지로 구성된다.

◆ 당신의 건강에 관해 얘기하지 말라.

특정 질병, 심지어 흔한 감기에 관해 얘기하는 것조차 당신의 시각을 더욱 더 암울하게 만들 수 있다. 좋지 않은 몸 상태에 관해 얘기하는 것은 마치 잡초에 비료를 뿌려주는 것과 같다. 더욱이 당신의 건강에 관해 이야기하는 것 자체가 악습관이다. 그것은 다른 사람들을 지겹게 만든다. 긍정적이고 성공적인 사고방식을 지닌 사람은 자신의 좋지 않은 건강에 관해 얘기하고자 하는 성향을 스스로 억제할 줄 안다. 물론 좋지 않은 건강에 관해 늘어놓으면 약간의 동정을 얻을 수도 있겠지만, 만성적인 불평은 상대방에게서 존경과 의리를 얻어낼 수 없다.

◆ 당신의 건강에 대해 걱정하지 말라.

세계적으로 유명한 메이요 클리닉 Mayo Clinic의 명예 컨설턴트인 월터 알바레즈 Walter Alvarez 박사는 최근 이런 글을 남겼다.

"나는 늘 걱정병 환자들에게 자제력을 발휘해 달라고 부탁한다. 예를 들면 8차례의 X-레이 검사 결과가 모두 정상으로 나왔는데도 불구하고 자신이 담낭질환을 갖고 있다고 확신하는 사람에게 제발 더 이상 담낭 X-레이를 찍지 말라고 부탁하였다. 그 밖에도 심장병을 걱정하는 수백 명의 사람에게 심전도 측정을 하지 말라고 부탁해왔다."

◆ 자신의 건강이 현재 상태를 유지하고 있는 것에 진실로 감사하라.

"발이 없는 사람을 만나기 전까지 떨어진 신발을 신었다고 크게 낙담하고 있었다"는 옛말을 기억하라. 몸이 찌뿌드드한 것에 대해 불평하기보다는 현재의 건강한 몸 상태에 대해 감사하는 것이 훨씬 더 바람직하다. 이처럼 자신의 현재 건강 상태에 대해 감사하는 자세야말로 새로운 통증, 고통, 질병에 대한 강력한 예방책이다.

◆ '묵혀 없애느니 써서 없애는 게 낫다'는 사실을 상기하라.

인생을 즐겨라. 낭비하지 말라. 스스로 병을 끌어안는 사고방식으로 인생을 포기하지 말라.

가장 흔한 4가지 형태의 핑계병 - 지능

당신은 성공하는데 필요한 능력을 갖추고 있다

'머리가 나쁘다'는 것 역시 아주 흔한 지능 핑계증으로 비록 정도의 차이는 있지만, 우리 주변 사람들의 95%가 이 증세를 갖고 있다. 그리고 이 핑계증을 앓고 있는 사람은 다른 유형과 달리 침묵 속에서 홀로 고통받는다. 스스로를 똑똑지 못하다고 공공연히 말하고 싶어 하는 사람은 별로 없기 때문이다. 따라서 대부분의 사람은 그러한 감정을 마음속 깊이 묻어 둔다.

우리들 대부분은 지능에 대해 두 가지의 기초적인 실수를 저지르며 살아간다.

첫째, 우리는 자기 지능을 과소평가한다.

둘째, 우리는 다른 사람들의 지능을 과대평가한다.

이러한 실수 때문에 대부분의 사람은 자신을 헐값에 팔고 있다. 그리고 그들은 단순히 '머리가 좋아야 한다'는 이유 때문에 특정한 상황에 과감히 도전하지 못한다. 하지만 지능에 대해 걱정하지 않는 사람은 기꺼이 그 일을 떠맡는다.

중요한 것은 '지능을 어떻게 사용하느냐'이다

중요한 것은 '당신이 얼마나 높은 지능을 가졌느냐'가 아니라, '당신의 지능을 어떻게 인도하느냐'이다. 다시 말해 지능을 인도하는 생각이 지능의 수준보다 훨씬 더 중요한 것이다. 이것은 매우 중요한 것이므로 다시 한번 반복해서 강조할 필요가 있다.

"지능을 인도하는 생각이 지능의 수준보다 훨씬 더 중요하다." 미국 최고의 물리학자 중의 한 사람인 에드워드 텔러 박사는 "당신의 자녀도 과학자로 키우겠는가?"라는 질문을 받고 이렇게 대답하였다. "아이가 과학자가 되기 위해서는 번개처럼 빨리 돌아가는 머리도 기적적인 기억력도 학교에서의 높은 점수도 필요치 않습니다. 중요한 것은 아이가 과학에 관해 관심이 있느냐 하는 점뿐이죠." 관심이나 열정은 핵심적인 요소이다!

실제로 아이큐가 100밖에 안 되더라도 긍정적이고 낙관적이며 협조적인 마음가짐을 가진 사람이 아이큐가 120이나 되지만 부정적이고 염세적이며 비협조적인 마음가짐을 가진 사람보다 더 많은 돈을 벌고 더 많은 존경을 받으며 더 많은 성공을 이룰 수 있다.

끈기 있게 매달리는 자세야말로 지능, 심지어 천재적인 지성을 수반한 게으른 태도보다 훨씬 더 많은 이익을 가져다주는 것이다.

끈기는 능력의 95%를 차지한다!

지난해, 나는 동창 모임에서 지난 10년 동안이나 만나보지 못했던 대학 친구를 만날 수 있었다. 그 친구의 이름은 처크인데, 우등상을 받으며 학교를 졸업한 그는 네브래스카 서부에서 자신의 사업체를 차리겠다는 꿈을 갖고 있었다.

나는 그를 만나자마자 어떤 업체를 경영하느냐고 물었다.

"사실, 나는 사업을 하고 있지 않아. 물론 5년 전에는 아니, 1년 전만 해도 그 사실을 아무에게도 말하지 않았지만, 지금은 그것을 솔직히 말할 준비가 되어 있어. 대학 시절에 배운 것을 되돌아보면 내가 왜 사업에서 실패하게 되었는지 그 이유를 쉽게 알 수 있다네. 학창 시절, 나는 경제계의 온갖 함정들, 중소업체가 도산하게 되는 이유 등을 모두 배웠지. '충분한 자산을 갖춰야 한다', '비즈니스 주기를 제대로 맞춰라', '상품에 대한 수요가 많은가?', '지역 경제가 안정되어 있는가?' 등 정말이지 체크해야 할 것이 수천 가지는 되었다네. 그런데 무엇보다 충격적인 건 별 볼 일 없었고 대학에도 들어가지 못했던 고교 시절의 친구들이 지금 자신의 사업체를 성공적으로 꾸려가고 있다는 것이네. 반면, 나는 사업에서 실패하고 지금은 화물 선적 감사일을 보는 평범한 샐러리맨이라네. 차라리 학창 시절에 중소업체가 성공할 수 있는 이유에 대해 좀 더 많이 배워두었더라면 오늘날 여러 면에서 훨씬 더 나은 삶을 살고 있었을 것일세."

이 사례에서 보다시피 체크에게는 지능의 수준보다 지능을 활용하려는 생각이 훨씬 더 중요한 것이었다.

그렇다면 왜 똑똑한 사람들이 실패하는 것일까?

나는 오랜 세월 동안, 아주 높은 지능을 가졌고 파이 베타 카파 클럽[1]의 회원으로서 가히 천재라 불릴만한 사람과 가까이 지내왔다. 그런데 그는 그처럼 엄청난 지능을 타고났음에도 불구하고 내가 아는 사람중에서 가장 성공적이지 못한 존재로 남아 있다.

---

1) 성적이 우수한 대학생들로 조직된 모임

우선 그는 아주 평범한 직업을 갖고 있으며 결혼도 하지 않았다. 또한 친구도 별로 없었고 어떠한 종류의 투자도 하지 않았다. 한마디로 말해 그는 성공할 수 있는 길을 찾기보다 일이 안 풀리는 이유를 증명하는데 자신의 뛰어난 지능을 사용해온 것이다. 그의 높은 지능은 부정적인 생각의 인도를 받았기에 사회에 별다른 기여를 하지 못하고 또한 아무런 업적도 이루지 못했다. 그러나 만약 그가 생각을 바꿨다면 그는 위대한 일을 성취할 수 있었을지도 모른다.

당신의 지능을 인도하는 생각이 지능의 수준보다 훨씬 더 중요하다는 사실을 다시 한번 가슴 깊이 되새겨 보라. 박사학위도 이러한 기초적인 성공원리를 무효화시킬 수 없는 것이다!

여러 해 전, 나는 어느 일류 광고회사의 고위 간부인 필과 절친한 사이가 되었는데, 그는 그 회사의 시장연구 담당 이사로서 일을 아주 잘 해내는 친구였다.

그렇다면 필은 과연 뛰어난 두뇌의 소유자였을까? 결코 아니었다. 그는 연구기법에 대해 아는 게 거의 없었으며 심지어 대학 교육도 받지 않았다. 또한 그는 자신의 연구 활동과 관련된 기술적인 부분에 대해 아는 척을 하지 않았다. 그렇다면 대체 무엇이 그를 연봉 3만 달러의 능력자로 만들어놓은 것일까? 해답은 그가 '인간적인' 기술자였다는 데 있다. 그는 100% 긍정적인 사고의 소유자로 사람들이 의기소침해 있을 때 그들을 격려하며 영감을 불어넣어 주었다. 또한 그는 열정적인 사람으로서 스스로 열정을 만들어냈다. 더불어 사람들을 이해하고 그들이 어떤 동기로 인해 움직이는지 알고 있었기에 진심으로 그들을 좋아했다.

즉, 필은 자신 두뇌는 그대로 두고 다른 사람들의 두뇌를 잘 관리함으로써 회사의 입장에서 볼 때, 그보다 더 높은 아이큐의 소유자들보다 3배나 더 귀중한 존재로 여겨졌던 것이다.

미국의 대학에서는 흔히 100명의 학생이 입학한다면 그중에서 졸업을 하는 학생은 채 50명도 되지 않는다고 한다. 그 점에 대해 의문을 느낀 나는 모 대학교의 입학 담당 이사에게 그 이유를 물어보았다.

"지능이 부족해서 그런 것은 아닙니다. 애당초 능력이 부족했다면 입학자체가 불허되었겠죠. 또한 돈이 문제가 되는 것도 아닙니다. 누구든 대학에서 학자금을 벌고자 하는 사람은 그렇게 할 수 있습니다. 진정한 이유는 바로 마음가짐이죠. 놀라운 일이지만, 수많은 젊은이가 학업을 중도에 포기하는 이유는 자신이 선택한 학문, 교수 그리고 동료들을 싫어하기 때문입니다."

이와 같은 부정적 사고방식은 걸림돌이 되기도 한다. 즉, 부족한 지능보다는 심술궂고 부정적이며 비관적이고 자기 비하적인 마음가짐이 자기 발목을 부여잡는 것이다.

물론 선천적인 능력의 수준을 바꾼다는 것은 어려운 일이지만 그 능력의 활용 방식을 바꾸는 것은 누구나 행할 수 있는 일이다. 사실, 자신이 알고 있는 지식을 건설적으로 사용한다면 아는 것은 분명히 힘이 될 수 있다.

지식은 건설적으로 사용될 때만 힘이 된다

지식에 대한 그릇된 시각은 지능 핑계병과 같은 부류의 문제에 속한다. 우리는 흔히 '아는 게 힘이다'라는 말을 하지만 이 말은 반쪽짜리 진실에 지나지 않는다. 아는 것은 어디까지나 잠재적인 힘일 뿐이다. 지식은 활용될 때에만 그것도 건설적으로 활용될 때만 힘이 되는 것이다.

위대한 과학자 아인슈타인은 1마일을 피트로 환산하면 얼마나 되겠느냐는 질문을 받았을 때 이렇게 대답했다.

"책을 보면 금방 알아낼 수 있는 사실로 왜 내 머릿속을 채워야 한단 말입니까?"

아인슈타인은 이 말을 통해 우리에게 위대한 교훈을 가르쳐주고 있다. 즉, 그는 온갖 사실들을 기억해두기보다는 지혜로운 생각이 훨씬 더 중요하다고 보았던 것이다.

언젠가 헨리 포드는 시카고 트리뷴지와 명예훼손 소송에서 맞붙은 적이 있다. 트리뷴지는 포드를 무지한 사람이라 불렀고 명망 높은 포드는 "어디 한 번 그것을 증명해 보라"고 주문했다.

법정에서 트리뷴지는 그에게 "베네딕트 아놀드[2]가 누구인가?", "미국 독립전쟁은 언제 발발했는가?" 등 지극히 간단한 질문을 던졌지만, 정규교육을 거의 받지 못한 포드는 제대로 답변할 수 없었다. 그리고 계속 그러한 질문이 이어지자 포드는 마침내 격분하여 이렇게 외쳤다.

---

[2] 베네딕트 아놀드는 원래 미국의 독립을 위해 싸운 애국 장교였다. 그러나 1779년 영국 쪽으로 변절했고 그 뒤 그의 이름은 미국에서 '반역자'를 뜻하는 별명이 되었다

"난 그 질문들에 대해 정답을 알지 못하지만, 그것을 알고 있는 사람들을 5분 내에 찾아낼 수 있소."

헨리 포드는 시시한 정보에는 관심이 없었다. 다만, 그는 일류 경영자가 알아야 할 사실을 알고 있었을 뿐이다. 다시 말해 그는 정보를 얻는 방법을 아는 능력이 온갖 잡다한 정보를 알아두는 것보다 훨씬 더 중요하다는 사실을 알았던 것이다.

그렇다면 온갖 잡다한 지식을 갖춘 인물은 어느 정도의 가치를 지니고 있을까?

최근, 나는 신규 제조업체를 경영하는 나의 친구와 함께 흥미로운 저녁 시간을 보낸 적이 있다. 우리가 함께 앉아 있을 때, 마침 TV에서 퀴즈 프로그램이 방영되고 있었는데 퀴즈쇼의 출연자는 이미 그 프로에 여러 주에 걸쳐 출연하면서 퀴즈를 풀어온 친구였다. 그는 온갖 분야의 질문에 막힘없이 대답했지만, 그중 상당수가 정말로 무의미한 것들이었다.

그 출연자가 아르헨티나의 산에 대한 문제를 맞히자 친구가 나를 보며 물었다.

"내가 저 친구를 고용하기 위해 얼마를 지불할 것이라고 생각하나?"

"글쎄, 얼마지?"

"300달러 이상은 줄 수 없네. 그것도 주급이나 월급이 아닌 평생 급여로 말일세. 내가 볼 때, 저런 '전문가'들은 사고를 할 수 없다네. 그는 단순히 인간 백과사전이라고 할 수 있지. 그래서 나는 좋은 백과사전 한 질을 사는 가격인 300달러 정도를 지불할 생각일세. 사실 그 정도도 많이 쳐주는 셈이지."

저 친구가 아는 지식의 90%는 2달러짜리 연감에서도 찾아볼 수 있는 내용이니 말일세. 내가 함께 일하고 싶은 사람은 스스로 문제를 해결하고 아이디어를 생각해낼 수 있으며 꿈을 꾸고 그 꿈을 실현해낼 수 있는 부류야. 아이디어맨은 나에게 돈을 벌어다 주지만 지식 맨은 그렇게 하지 못한다네."

지능 핑계병을 고칠 수 있는 3가지 방법

지능 핑계병을 고칠 수 있는 3가지 방법은 다음과 같다.

◆ 자신의 지능을 과소평가하지 말고 타인의 지능을 과대평가하지 말라.
당신 자신을 결코 헐값에 팔지 말라. 당신의 자산에 집중하라. 당신의 장점과 재능을 발견하라. 중요한 것은 당신의 지능 수준이 아니라 그 지능을 활용하는 방법이라는 사실을 명심하라. 당신의 아이큐에 대해 걱정하는 대신 그것을 관리하는데 전력해야 할 것이다.

◆ 하루에도 수차례에 걸쳐 다음과 같은 사실을 상기하라.
"나의 지능보다 마음가짐이 훨씬 더 중요하다."
직장에서든 가정에서든 긍정적인 마음가짐을 기르는 데 주력하라. 할 수 없는 이유보다는 할 수 있는 이유를 찾아라. '나는 승리한다'는 마음자세를 개발하라. 당신의 지능을 창의적이고 긍정적으로 활용하라. 자신의 지능을 이용하여 실패 가능성을 입증하기보다는 승리하는 길을 찾아야 할 것이다.

◆ 사고능력이 기억 능력보다 훨씬 더 가치 있다는 사실을 명심하라.
아이디어를 생각해 내고 개발하며 새롭고 더 나은 일 처리 방식을 발견하기 위해 마음의 능력을 활용하라.
당신 자신에게 물어보라.
"나는 스스로 역사를 만들어 가는데 나의 정신적 능력을 활용하고 있는가?, 아니면 단순히 남이 만든 역사를 기록하는 데 그치고 있는가?"

 가장 흔한 4가지 형태의 핑계병 - 나이

소용없어. 난 너무 늙었거든 (혹은 너무 젊거든)

　나이 핑계병, 즉 나이 때문에 못 하겠다는 정신질환은 '난 너무 늙었어'와 '난 너무 젊어'라는 두 종류로 나뉜다.
　연령대와 상관없이 사람들은 보통 자신의 저조한 업적에 대해 이렇게 변명을 늘어놓는다.
　"나는 너무 늙어서(혹은 너무 젊어서) 그 일을 하지 못해. 나이라는 핸디캡 때문에 하고 싶어도 못 한다니까."

스스로 '내 나이는 이런 일을 하기에 딱 맞다'고 생각하는 사람은 놀라울 정도로 소수에 지나지 않는다. 그리고 안타깝게도 그러한 핑계는 수천 명의 사람들에게 기회의 문을 닫아버린다. 사람들은 나이가 맞지 않다는 핑계로 시도해볼 생각조차 하지 않는 것이다.

"난 너무 늙었어"의 증세는 나이 핑계병의 가장 흔한 유형으로 이 질환은 미묘한 방식으로 전염된다.

예를 들어 기업의 합병으로 일자리에서 쫓겨난 후, 다른 직장을 구하지 못한 전직 대기업 임원이 있다고 하자. 그 전직 중역은 직장을 구하기 위해 수개월 동안이나 애쓰다가 결국 목적을 이루지 못하고 한동안 자살을 생각하기도 한다. 그러다가 실업자의 생활에 익숙해지면 무직 상태로 지내는 것도 멋진 일이라고 자신을 합리화하고 만다.

사실, 한동안 40대에 명퇴당하는 실업자들을 주제로 한 연극이나 영화, 드라마 등이 주목받기도 하였다. 왜 그러한 주제가 사람들의 관심을 끄는 것일까? 그 이유는 그것이 참된 진실을 알려주기 때문이 아니라, 근심과 걱정에 휩싸여 핑곗거리를 찾는 수많은 사람의 구미를 당기는 소재이기 때문이다.

나이 핑계병을 처리하는 법

나이 핑계병은 치료 가능한 질환이다. 몇 해 전, 나는 세일즈 연수 프로그램을 진행하던 중 그 병을 치료할 뿐만 아니라 예방할 수도 있는 좋은 '혈청'을 발견하였다.

그 당시 연수생 중에는 세실이라는 사람이 있었는데, 그는 40세에 인생의 방향을 바꿔 제조업체의 대표가 되고 싶어 했지만, 그러기엔 자신이 너무 늙었다고 생각하였다.

그는 이렇게 말했다.

"밑바닥에서부터 다시 시작해야 하는데, 그러기엔 너무 늙은 것 같아요. 벌써 나이가 마흔인데!"

나는 그가 문제로 삼고 있는 '나이'에 관해 여러 차례 대화를 나눠보았다. 우선 가장 전통적인 방법으로 '사람은 누구나 자신이 느끼는 만큼 나이를 먹게 되어 있다'는 충고해보았지만, 별다른 효과가 없었다.

그러다가 마침내 좋은 방법을 발견한 나는 어느 날, 연수가 끝난 뒤 세실을 불러 이렇게 말했다.

"세실, 인간의 생산적인 삶이 언제부터 시작되는지 알아요?"

그는 잠시 생각해 보더니 이렇게 대답했다.

"아마도 20세 때부터일 겁니다."

"좋아요. 그러면 인간의 생산적인 삶은 언제 끝나는 것일까요?"

"글쎄요. 몸이 건강하고 자기 일을 사랑한다면 70세가 넘더라도 여전히 사회에 유익한 존재가 될 수 있다고 생각합니다."

"맞아요. 그래서 수많은 사람이 70세를 넘긴 후에도 생산적인 삶을 살아가고 있죠. 결국 당신의 말은 인간이 생산적으로 활동할 수 있는 기간은 20세에서 70세라는 의미로군요. 그것은 대략 50년이니 반세기가 되는 셈입니다. 세실, 당신은 현재 40세입니다. 당신이 지금까지 생산적으로 살아온 삶은 몇 년이죠?"

"20년입니다."

"그럼 앞으로 몇 년이 남은 거죠?" "30년이군요."

"세실, 다시 말해 당신은 아직 그 생산적인 기간의 절반에도 미치지 못한 것입니다. 당신은 지금까지 생산적인 기간의 40% 정도만 살아온 것이죠."

세실의 표정을 보니 내 말의 뜻을 이해하는 눈치였다. 그는 마침내 나이 핑계병을 고치게 된 것이다. 그는 자신에게 아직도 많은 기회가 남아있다는 것을 깨달았고 '난 이미 너무 늙었어'라는 생각을 '난 아직 젊어'라는 생각으로 바꾸었다.

기회의 문을 스스로 열어라

나이가 축복이 되느냐 장애가 되느냐는 전적으로 마음가짐에 달린 문제이다. 그리고 나이 핑계병을 고치면 지금까지 자기 생각으로 단단히 잠가놓았던 기회의 문이 활짝 열리게 된다.

내 친척 중의 한 사람은 여러 가지 직업, 즉 판매업, 사업체 운영, 은행 업무 등을 두루 해보았지만, 진정으로 하고 싶은 일을 발견하지 못했다. 그러다가 마침내 자신이 이 세상에서 가장 하고 싶은 일은 목사가 되는 것이라는 결론을 내렸다. 하지만 그때 그는 자신의 나이가 너무 많다는 사실을 발견했다. 나이 45세에 세 명의 자녀가 있고 돈은 별로 없는 상황이 그의 발목을 잡았던 것이다. 하지만 다행스럽게도 그는 자신의 모든 장점을 생각하며 이렇게 결심했다.

"나이에 상관없이 난 목사가 되고 말 거야."

그리고 그는 순전히 믿음 하나로 위스콘신에 있는 5년제 목사 연수 프로그램에 등록하였다. 그리하여 5년 후 목사로 임명받아 일리노이즈주의 근사한 교회로 부임해 갔다.

나이가 많다고? 절대 그렇지 않다. 그에게는 아직도 20년이라는 생산적인 활동 시간이 남아 있는 것이다.

얼마 전, 그를 만났는데 그는 이렇게 말했다.

"만약 45세에 그런 결정을 내리지 않았다면 아마도 나는 남은 생애 동안 계속 우울하게 살아가고 있었을 것일세. 하지만 나는 지금 모든 면에서 25년 전으로 되돌아간 것처럼 젊은 기분으로 살아가고 있지."

실제로 그는 20대의 풍모를 지니고 있었다.

나이 핑계병을 고치면 젊은이다운 기분과 낙천성을 얻게 되어 있다. 즉, 나이의 한계에 대한 두려움을 내버릴 때, 성공뿐만 아니라 젊음도 얻을 수 있는 것이다.

나의 대학 동창인 빌은 나이 핑계병의 치료 방법에 대해 흥미로운 사례를 보여주고 있다. 빌은 20대에 하버드대를 졸업하고 24년 동안 주식중개업 분야에서 적지 않은 재산을 모은 다음 대학교수가 되겠다는 결심을 하였다.

그때, 친구들은 그 나이에 힘든 공부를 다시 시작한다는 것은 무리라고 경고했다. 하지만 빌은 단호하게 자신의 결심을 실천에 옮겼고 나이 51세에 일리노이즈 대학에 입학하였다. 그리하여 그는 55세에 학위를 따게 되었는데, 지금은 근사하고 자유로운 어느 예술대학의 경제학과에서 학과장으로 활동하고 있다.

입가에 늘 행복한 미소가 떠나지 않는 그는 이렇게 말한다.

"내 전성기는 아직도 ⅓이나 남아 있다네."

나이 핑계증은 실패병의 일종이다. 그것이 당신의 발목을 붙잡지 못하게 하라.

'너무 어리다'는 핑계증

그러면 '너무 젊다는 것'은 언제를 의미하는가?

'난 너무 젊어'의 나이 핑계증 역시 우리에게 큰 손해를 끼치고 있다.

1년 전, 23살이 된 제리가 나를 찾아와 자신의 문제를 토로하였다. 공수부대에서 군 복무를 마치고 대학에 입학한 그는 아주 훌륭한 젊은이였는데, 대학에 다니는 동안 아내와 아들을 먹여 살리기 위해 거대한 수송저장 업체에서 영업사원으로 일해야 했다. 그리고 그는 공부도 일도 아주 잘 해낸 우등생이었다.

그러한 제리가 근심스러운 표정으로 내 앞에 앉아 있었던 것이다.

"슈워츠 박사님, 저에게 한 가지 문제가 있습니다. 회사에서 저에게 영업실장 자리를 제시하고 있는데, 그것은 8명의 영업사원을 감독해야 하는 자리입니다."

"축하하네. 참 좋은 소식이군! 그런데 뭐가 문제란 말인가?"

"사실, 제가 감독해야 할 8명의 영업사원은 저보다 7살에서 21살이나 많은 사람입니다. 이런 상황에서 제가 어떻게 해야 한다고 생각하십니까? 제가 그 일을 감당할 수 있을까요?"

"제리, 자네 회사의 영업부장은 자네가 그 일을 감당할 만큼 충분히 나이를 먹었다고 생각하는 게 분명하네. 그렇지 않다면 애당초 그 일을 맡기려 하지도 않았겠지. 세 가지 사실만 명심한다면 모든 일이 잘 풀려나갈 걸세. 첫째, 나이를 의식하지 말게. 농장에서는 소년이 어른이 하는 일을 감당할 수 있을 때, 성인 남성으로 인정해 주지. 그곳에서는 소년의 나이를 전혀 따지지 않는다네. 그것은 자네에게도 마찬가지일세. 자네가 영업 실장으로서의 직무를 감당할 수 있다는 걸 입증한다면 자동으로 그만큼의 나이를 먹은 셈이 되는 것이지. 둘째, 자네의 새로운 지위를 이용하여 횡포를 부리지 말게. 오히려 부하 세일즈맨들에게 존경심을 표시하게나. 그들에게 조언과 제안을 들려달라고 해보게. 다시 말해 그들이 독재자가 아닌 팀의 주장을 위해 일한다는 느낌이 들게 하란 말일세. 그렇게 하면 그들은 자네에게 반발하지 않고 협조해줄 걸세. 셋째, 자네보다 나이 많은 사람들에게 일을 시키는 것에 익숙해지게나. 어떤 분야에서든 지도자는 자신보다 나이가 많은 사람들을 부리게 되어 있지. 그러니 나이 든 사람들에게 일을 시키는 것에 익숙해져야 한단 말일세. 그러한 자세는 앞으로 더 큰 기회를 얻었을 때 자네에게 많은 도움이 될 거야. 제리, 자네 스스로 나이를 핸디캡으로 만들지 않는 한, 그것은 전혀 장애가 될 수 없다는 사실을 명심하게나."

제리는 지금도 자신에게 주어진 일을 훌륭하게 잘 처리하고 있으며 몇 년 안에 자신의 사업체를 설립할 계획을 세우고 있다.

'젊음'은 젊은이 스스로 부담스럽게 생각할 때만 장애가 될 뿐이다. 우리는 흔히 특정 직업에 종사하려면 상당한 연륜과 한층 성숙한 이미지를 자아낼 수 있어야 한다고 생각한다. 예를 들어 증권과 보험상품을 파는 직종은 사람들에게 신뢰감을 주기 위해 연륜과 경험에서 우러나는 중후함이 배어 나와야 한다고 생각하는 것이다. 진정으로 중요한 것은 자신이 해당 업무에 대해 얼마나 잘 알고 있느냐 하는 것이다. 자신의 업무를 잘 파악하고 사람들을 이해한다면 그 일을 감당할 만큼 충분히 성숙한 것이라고 할 수 있다. 나이와 능력은 서로 아무런 관련이 없다. 그러므로 긍정적인 마음으로 자신의 능력을 유감없이 발휘한다면 당신의 젊음은 장점으로 평가받을 것이다.

나이를 이유로 한 핑계병을 치료하는 법

지금까지의 내용을 다시 요약하자면 나이 핑계병에 대한 치료 방법은 다음과 같다.

- ◆ **현재 나이를 긍정적으로 바라보라.**
  '난 이미 늙었어'라고 생각하기보다는 '난 아직도 젊어'라고 생각하라. 새로운 열정과 청춘의 기분을 되찾아라.

- ◆ **생산적인 활동기간이 얼마나 많이 남아 있는지 계산해 보라.**
  만약 당신이 30세라면 아직도 생산적인 활동기간의 80%가, 50세라면 40%의 기회가 남아 있다는 사실을 기억하라. 인생은 대부분 사람들이 생각하는 것보다 더 길다!

◆ 진정으로 하고 싶은 일을 행하는데 미래의 시간을 투자하라.
부정적인 생각으로 너무 늦었다고 생각한다면 진정으로 늦어버린다. '몇 년 전에 시작했어야 했는데'라고 생각하지 말라. 그것은 패배의 사고방식이다. 그 대신 '나는 지금 당장 시작할 것이다. 인생 최고의 시절이 나를 기다리고 있다'라고 생각하라. 그것이 바로 성공적인 사람들이 생각하는 방식이다.

 가장 흔한 4가지 형태의 핑계병 - 운수

내 경우는 다르다. 나는 불운만 끌어당긴다

　최근에 나는 교통전문가가 고속도로의 안전 문제에 대해 토로하는 내용을 들은 적이 있다. 그는 매년 교통사고로 4만 명 이상이 죽고 있다는 점을 지적하며 동시에 진정한 사고란 존재하지 않는다고 주장하였다.
　소위 '사고'라는 것은 인간의 실수나 기계적인 고장 혹은 그 두 가지가 조합 된 결과이다. 그 교통전문가의 주장은 예로부터 현자들이 설파해온 '모든 일에는 원인이 있다'는 말과 일맥상통한다. 모든 일에는 원인이 있게 마련이다. 그리고 인간의 일도 이러한 원리에서 벗어날 수 없다. 하지만 우리는 거의 매일 같이 자신의 문제를 불운 탓으로 돌리는 말을 듣게 된다. 또한 거의 매일 같이 누군가의 성공을 '행운'으로 돌리는 말도 듣는다.

사람들이 얼마나 쉽게 운수 핑계증에 걸리는지 한 가지 사례를 통해 살펴보자. 최근에 나는 3명의 젊은 간부들과 함께 점심을 먹은 적이 있다. 그날의 주요 화제는 동기생 중에서 먼저 높은 자리로 승진한 조지 C. 에 관한 것이었다.

조지 C.는 어떻게 하여 그 자리에 임명될 수 있었을까?

세 친구의 입에서는 운수, 인맥, 아첨 심지어 조지의 부인이 그의 상사에게 아첨을 했다는 둥 온갖 추측과 이유가 쏟아져 나왔지만 정작 진실은 단 한마디도 언급되지 않았다.

사실, 조지는 그들보다 더 충실한 자격을 갖춘 인물이었다. 그는 남보다 일을 더 잘했고 더 근면하며 더 유능한 사람이었다. 또한 나는 그 회사의 중역들이 함께 입사한 여러 명 중에서 한 명을 승진시키는 문제로 많은 시간 동안 고심했다는 것을 잘 알고 있었다. 따라서 승진에서 탈락한 나머지 3명의 사원은 경영진이 제비뽑기식으로 임원을 선출하지 않았다는 사실을 깨달아야 했다.

얼마 전, 나는 공작기계 생산업체의 영업이사와 운수 핑계 증의 심각성에 대해 대화를 나눈 적이 있다. 그는 이 문제와 관련하여 흥분하며 자신의 체험담을 들려주었다.

"어제 회사에서 우리의 영업사원 중에서 한 사람이 11만 2천달러짜리 주문을 수주하여 의기양양한 모습으로 회사에 돌아왔습니다. 그런데 그때 실적이 너무 저조한 영업사원이 사무실에 앉아 있었습니다. 그는 다른 영업사원의 성공 소식을 전해 듣고 그를 축하하면서 이렇게 말하더군요. '잘했네, 존. 역시 자넨 운이 좋아!' 영업사원은 존의 성공이 행운과 상관없다는 사실을 받아들이려 하지 않았죠. 사실, 존은 그 주문을 따내기 위해 고객을 상대로 몇 달간 작업을 해왔습니다. 그는 고객 회사의 직원들에게 똑같은 설명을 반복해서 들려주고 그들을 위한 최상의 제품 세트를 구상해내기 위해 밤늦게까지 일했습니다. 그런 다음 우리 회사의 설계사들을 시켜 그 장비의 예비 설계도를 만들게 했습니다. 존은 행운으로 그 주문을 따낸 게 아닙니다. 신중하게 세운 계획과 인내심 있는 일 처리를 행운이라고 부르는 게 아니라면 말입니다."

만약 회사의 경영진이 조직개편을 그저 운에 맡겨놓는다면 어떻게 될까? 누가 무엇을 맡고 어디에 배치될지가 모두 운에 따라 결정된다면, 그 회사는 곧바로 망해버리고 말 것이다.

예를 들어 회사의 조직개편을 그저 운에 맡겼다고 가정해 보자. 그리하여 조직개편을 실행하기 위해 직원들의 이름이 적힌 쪽지를 통 속에 집어넣고 첫 번째로 뽑힌 사람이 회장이 되고 두 번째로 뽑힌 사람이 부회장이 되는 식으로 일을 처리했다고 해보자.

참으로 우습지 않은가?

그게 바로 운에 따라 일을 처리하는 방식이다.

어떤 직업이든, 어떤 직종이든, 자기 분야에서 최고의 자리에 올라선 사람들은 남보다 훌륭한 마음자세를 갖고 탁월한 감각을 발휘하여 열심히 일했기에 성공을 거둔 것이다.

2가지 방식으로 운수 핑계증을 정복하는 법

◆ 원인과 결과의 법칙을 받아들여라.

언뜻 보기에 '행운'인 것처럼 보이는 다른 사람의 성공을 다시 한번 잘 살펴 보아라. 그러면 단순한 행운이 아니라 준비, 계획, 성공을 낳는 사고 과정이 선행되었다는 사실을 알 수 있을 것이다. 또한 언뜻 보기에 '불운'인 것처럼 보이는 다른 사람의 실패를 다시 한번 살펴 보라. 그러면 실패할 수밖에 없었던 특정한 이유를 발견하게 될 것이다.

성공하는 사람은 역경을 만났을 때 교훈과 이익을 얻지만, 패배하는 사람은 아무런 교훈도 얻지 못한다.

◆ 단순한 바람으로 끝나는 사람이 되지 말라.

아무런 노력도 기울이지 않고 단순히 성공을 꿈꾸기만 하는데 에너지를 낭비하지 말라. 단순히 운에 맡기는 것으로는 결코 성공자가 될 수 없다. 성공은 성공원리를 실천하고 통달하는 데서 비롯된다. 절대로 운에 따라 승진, 승리 그밖에 삶의 온갖 혜택을 얻고자 하지 말라. 그런 혜택을 가져다주는 것은 행운이 아니다. 자신 자질을 개발하는데 집중하는 자세야말로 당신을 승자로 만들어주는 것이다.

Chapter

자신감을 기르고 두려움을 없애라

 **자신감은 성공의 무기**

공포를 극복하라

"그것은 네 상상일 뿐이야. 걱정하지 마. 겁낼 건 하나도 없어."

두려움으로 망설이는 당신을 격려하고자 애쓰는 친구의 이러한 말은 좋은 의도에서 나온 것임이 틀림없다. 하지만 그러한 말이 사실상 아무런 효과가 없다는 것은 누구나 아는 일이다. 이런 말이 갖는 효과는 몇 분이거나 길어봐야 몇 시간 정도 우리를 안심시킬 뿐이다. 이처럼 '네 상상일 뿐이야' 치료법은 자신감을 쌓고 두려움을 없애는 데 별다른 도움이 되지 못한다. 두려움은 실제로 존재한다. 그리고 우리는 그것을 정복하기 이전에 그것이 존재한다는 것을 인정해야 한다.

흔히 걱정, 긴장, 당혹, 공황 등으로 대표되는 두려움은 그릇되고 부정적인 상상에서 나온다. 하지만 단순히 두려움의 온상을 아는 것만으로 그것을 치료할 수는 없다. 의사가 질병에 걸린 것을 발견하고 치료하지 않는가? 그렇지 않다. 질병의 원인을 찾아낸 의사는 계속해서 치료해 나간다. 마찬가지로 두려움의 근원을 밝혀내는 것에서 그치는 것이 아니라, 그것을 꾸준히 치료해 나가야 하는 것이다.

'네 마음 먹기에 달린 일이야'라는 식의 치료법은 두려움이 실제로 존재하지 않는다는 것을 전제로 한다. 하지만 두려움은 실제로 존재한다. 특히 두려움은 성공의 장애물 중에서 으뜸이다.

두려움은 그 종류와 크기에 상관없이 심리적인 전염병으로 우리는 육체적인 전염병을 치료하는 것과 마찬가지로 검증된 전문적 치료법으로 그것을 치료할 수 있다. 하지만 치료를 하기 전에 우선 준비작업으로 '모든 자신감은 스스로 몸에 익히고 개발하는 것'이라는 사실을 기억해야 한다.

자신감을 갖고 태어나는 사람은 없다.

자신감은 후천적으로 만들어진다

자신감을 발산하는 사람들, 걱정을 정복한 사람들, 언제 어디서나 편안한 마음 상태를 유지하는 사람들은 자신의 노력으로 그런 자신감을 몸에 익힌 것이다.

당신 역시 그렇게 할 수 있다. 이번 장에서는 바로 그 방법을 설명할 것이다.

2차 세계대전 당시, 미 해군은 모든 신병에게 수영을 가르치고자 애를 썼는데 그것은 바다에서 싸워야 하는 해병들의 생명을 지켜주기 위해서였다. 그리하여 수영할 줄 모르는 신병이 들어오면 수영 교습반에 들어가 수영을 배우도록 하였다.

그 당시 나는 그 훈련 장면을 지켜보곤 했는데, 젊고 건강한 젊은이들이 불과 1미터 정도의 수심에서 겁에 질린 표정으로 수영을 배우는 모습은 재미있는 광경이었다. 그리고 그 훈련과정에는 신병을 높이 2미터의 보드에서 수심 2.5미터 정도의 물속으로 뛰어들게 하는 연습도 있었는데, 그 옆에는 유사시를 대비하여 대여섯 명의 수영전문가들이 그들을 지켜보고 있었다.

사실, 그러한 광경을 지켜본다는 것은 슬픈 일이었다. 그 젊은이들이 보여주는 두려움은 실제로 존재하는 것이기 때문이다. 그들이 물에 대한 두려움을 퇴치하기 위해서는 물속으로 뛰어드는 수밖에 없다. 일단 물을 알면 물에 대한 두려움은 사라지게 되는 것이다.

해군에 복무해본 사람이라면 누구나 알고 있는 그 훈련과정은 '행동이 두려움을 치료해 준다'는 사실을 잘 보여주고 있다. 반면, 우유부단함과 뒤로 미루는 것은 두려움을 더욱더 커지게 만든다.

행동은 두려움을 치료한다!

몇 달 전, 대규모 소매업체의 구매담당자로 있는 40대 초반의 한 중역이 나를 찾아왔다. 그는 두려움에 가득 찬 모습으로 이렇게 말했다.

"일자리를 잃어버릴까 봐 두렵습니다. 제가 일할 수 있는 시간이 얼마 남지 않았다는 것을 직감하고 있습니다."

"왜 그렇게 생각하십니까?"

"지금 모든 상황이 저에게 불리하게 돌아가고 있습니다. 제가 담당하는 부서의 매출액이 1년 전에 비해 7%나 떨어졌거든요. 전체 매장의 매출액이 6%나 상승한 상황에서 이러한 실적은 그 자체만으로도 심각한 파장을 불러일으킬 수 있습니다. 게다가 저는 최근에 두 가지 현명치 못한 결정을 내림으로써 판촉 실장에게 여러 차례나 회사의 성장세를 제대로 따라오지 못한다고 지적당하기도 했습니다. 어떤 구매 담당자는 수석 구매담당자 회의에서 제 라인을 자신의 부서로 통합시켜야 한다고 말하면서 '그것이 백화점에 도움이 될 것'이라고 하더군요. 이것은 마치 제가 물에 빠져 허우적거리고 있는데 수많은 관중들이 몰려들어 저를 지켜보면서 제가 빠져 죽기를 기다리고 있는 꼴입니다." 그러면서 그는 계속하여 자신이 처한 곤경에 대해 장황하게 늘어놓았고 참다못한 나는 그의 말을 중간에 끊고 이렇게 물었다.

"그래서, 이제 어떻게 할 겁니까? 그 상황을 해결하기 위해 당신은 무엇을 할 생각이죠?"

"글쎄요. 제가 할 수 있는 일이 별로 없는 것 같습니다. 기도나 하는 수 밖에 없는 것 같군요."

그 말을 듣고 내가 다시 물었다.

"그렇다면 지금의 상황에서 기도만으로 충분할까요?"

"당신의 기도를 뒷받침하기 위한 행동을 하는 것은 어떨까요?"

그리고는 잠시 뜸을 들였다가 그가 대답할 기회도 주지 않고 두 번째 질문을 던지고, 말을 이어갔다.

"당신에게는 두 가지 행동이 필요할 것 같군요. 첫째, 오늘 이후부터 매출액을 올리기 위한 행동에 돌입하십시오. 그 문제를 해결하기 위해 정면으로 부딪쳐야 합니다. 그러면 당신은 분명 매출액이 떨어지는 이유를 발견할 수 있을 것입니다. 그것을 찾아내십시오. 아니면 당신의 판매원들에게 더 많은 열정이 필요한 것인지도 모릅니다. 이 자리에서 무엇이 당신의 매출액을 상승 시켜줄지 알 수 없지만, 분명 해결책이 있을 겁니다. 그것을 알아내기 위해 당신의 판촉 실장과 개인적으로 얘기를 나눠보는 것도 좋습니다. 물론 그는 당신을 마땅치 않게 생각하고 있을지도 모르지만 당신이 조언을 구해오면 좀 더 기회를 주어야겠다고 생각하게 될 것입니다. 그리고 구매 담당 대리들이 분발하도록 만드십시오. 진짜 물에 빠져 죽기 일보 직전의 사람처럼 행동하란 말입니다. 주변 사람들에게 당신이 아직도 살아있다는 걸 알려주십시오."

어느새, 그의 눈이 빛을 발하며 용기가 되살아났다.

"제가 취해야 할 행동이 두 가지가 있다고 하셨는데, 그렇다면 나머지 하나는 무엇입니까?"

"두 번째 행동은 보험증서와 같은 것이죠. 그것은 가장 가까운 업계의 친구 2, 3명에게 다른 백화점에서 지금보다 더 나은 조건으로 스카우트 제의가 들어오면 진지하게 고려해 보겠다고 넌지시 귀띔해 두는 것입니다. 만일의 경우에 대비하여 스카우트 제의를 한 두 개 정도 받아 두는 것도 좋습니다. 아무래도 무직 상태보다는 현직에 있으면서 다른 일자리를 구하는 것이 10배는 더 쉽기 마련이죠."

며칠 후, 그 간부에게서 전화가 걸려 왔다.

"지난번 대화 이후, 많은 변화가 일어났는데, 그중 가장 기본적인 변화는 제 판매원들과 관련된 것입니다. 지금까지 우리는 일주일에 한 번 정도 판매 회의를 가져왔지만, 지금은 매일 아침 회의를 하고 있습니다. 그러한 회의를 통해 판매원들은 더욱더 열정으로 가득 차게 되었죠. 그들은 저에게서 일에 대한 열정을 발견한 그 순간부터 다시금 힘차게 일할 준비를 하였던 것입니다. 그들은 지금까지 제가 다시 제대로 움직여주기를 기다리고 있었던 것이죠. 지금은 모든 상황이 술술 잘 풀리고 있습니다. 지난주 매출액은 1년 전의 수치를 훨씬 앞질렀고 백화점의 평균 매출액보다 더 많아졌습니다. 한 가지 더 좋은 소식은 지난번 대화 이후 두 군데서 스카우트 제의를 받았다는 점입니다. 솔직히 기쁘긴 했지만, 그 제안은 모두 거절했죠. 왜냐하면 지금의 직장 상황이 다시 정상으로 돌아왔기 때문입니다."

행동은 공포를 치료한다

어려운 문제에 직면했을 때, 우리가 행동을 취하기 전까지는 결코 그 수렁에서 빠져나올 수 없다. 모든 일에 있어서 희망은 그 출발점이지만, 승리를 거두려면 희망에 반드시 행동이 수반되어야 하는 것이다.

일단 행동으로 옮겨라. 그런 다음 크든 작든 두려움이 몰려올 때, 마음을 진정시키고 다음 질문에 대한 해답을 찾아라.

"이 두려움을 정복하려면 어떤 행동을 취해야 할까?"

자기 자신에게서 두려움을 떼어놓도록 하라. 그런 다음 적절한 행동을 취해야 한다. 다음은 몇 가지 두려움의 종류와 그에 대한 행동 치유책이다.

	두려움의 유형	행 동
1	외모로 인한 두려움	당신의 외모를 좀 더 좋게 바꿔 보라. 이발소나 미장원에 가서 머리를 손질하고 구두도 깨끗하게 손질하며 옷도 구김 없이 다림질해 보라. 이렇게 자기 자신을 부지런히 챙기다 보면 인상이 훨씬 더 좋아지게 마련이다.
2	중요한 고객을 잃을 가능성에 대한 두려움	더 나은 서비스를 제공하기 위해 두 배 더 열심히 일해 보라. 고객에게서 신뢰감을 잃어버릴만한 것을 고쳐나가라.
3	시험에서 떨어질 것에 대한 두려움	걱정할 시간에 더 열심히 공부해 보라.

두려움의 유형	행 동
4 당신이 손을 쓸 수 없는 것에 대한 두려움	당신이 하고자 하는 것이 올바른지 확인하라. 그리고 하고자 하는 바를 실행하라. 역사적으로 가치 있는 일을 하면서 비난받지 않은 사람은 없었다.
5 태풍, 비행기 고장 등과 같이 불가항력적인 것으로 인해 다칠 지도 모른다는 두려움	당신의 관심을 다른 이들의 두려움을 진정시키는 쪽으로 돌려 보라. 그리고 기도하라.
6 다른 사람들이 생각하고 말하는 것에 대한 두려움	당신의 관심을 전혀 다른 곳으로 돌리도록 하라. 집 뒤의 마당으로 가서 잡초라도 뽑아라. 아이들과 놀거나 영화 구경을 해 보라.
7 투자나 주택 구입에 대한 두려움	모든 요소를 분석하고 결정하라. 그리고 결정을 내린 후에는 그것을 고수하라. 자신의 판단을 믿어라.
8 사람들에 대한 두려움	그들을 올바른 시각으로 바라보라. 그리고 다른 사람들은 단지 당신과 매우 흡사한 또 다른 사람임을 기억하라.

다음의 2단계 과정을 이용하여 두려움을 치료하고 자신감을 얻도록 하라.

1. 두려움을 자신과 분리시켜라. 그것의 실체를 규명하라. 자신이 두려워하는 것을 정확히 판단하라.
2. 그런 다음 행동에 들어가라. 어떠한 두려움이 든 거기에 맞는 행동이 있게 마련이다. 그리고 망설임은 두려움을 확대하고 과장한다는 사실을 기억하라. 단호한 태도로 즉각 행동하라.

'기억 은행'의 기능

자신감 부족은 그릇된 기억으로 이어질 수 있다.

당신의 두뇌는 마치 은행과 같아서 날마다 당신은 '기억 은행'에 생각을 저축해 놓는다. 그리고 그렇게 저축된 생각들은 곧 당신의 기억이 된다. 그리하여 뭔가를 생각하거나 어떤 문제를 풀고자 할 때, 당신은 자신의 기억 은행에 이렇게 말한다.

"내가 그 문제에 대해 무엇을 알고 있지?"

그러면 당신의 기억 은행은 자동으로 지금까지 기억해둔 상황들과 관련된 정보의 단편들을 제공한다. 이때, 당신의 기억력은 새로운 생각의 원료 공급자가 된다.

기억 은행의 행원은 꽤 믿을만한 존재로 결코 당신을 배신하지 않는다. 그리하여 당신이 다가가 "행원 양반, 내가 지난번에 저축해둔 '나는 이 세상에서 가장 못난 사람이다'라는 생각을 인출해 주시오"라고 하면 그는 이렇게 말한다.

"알겠습니다, 손님. 이전에 실패로 돌아간 두 번의 시도를 기억해 보십시오. 또한 사람들이 당신의 무능력에 관해 했던 말을 생각해 보십시오. 기억해보십시오…"

반대로 당신이 그 행원에게 다음과 같은 요구를 했다고 가정해 보자.

"행원 양반, 난 지금 어려운 결정을 내려야 하오. 날 안심시켜줄 생각을 꺼내주시겠소?"

그러면 행원은 즉시 대답을 한 다음, 당신의 성공 가능성을 말해주는 생각의 자료들을 꺼내올 것이다.

"당신이 전에 이와 비슷한 상황에서 훌륭하게 처리해낸 일을 기억해 보십시오. 당신의 좋은 친구들이 당신에 대해 했던 말을 기억해 보십시오. 기억해 보십시오…"

기억 은행을 관리하는 법

기억 은행의 행원은 당신이 인출하고자 하는 생각을 정확히 꺼내 쓸 수 있도록 해준다. 왜냐하면 그것은 결국 당신 자신의 은행이기 때문이다.

1. 당신의 기억 은행에 긍정적인 생각들만 저축하라.

살다 보면 누구나 불쾌하고 당혹스러우며 절망스러운 상황과 수없이 부딪치게 되어 있다. 문제는 그러한 상황에 접했을 때, 성공적인 사람과 그렇지 못 한 사람이 정반대의 방식으로 대응한다는 점이다. 성공적이지 못 한 사람은 그 문제를 가슴에 담아둔다. 그들은 불쾌한 상황에 집착함으로써 그것들이 기억 은행에서 기선을 잡도록 만드는 것이다. 그리고 불쾌한 경험을 좀처럼 잊지 못한다. 그리하여 그들이 밤중에 잠들기 직전까지 기억하는 내용은 그렇듯 불쾌한 경험뿐이다.

반면, 자신감에 넘치는 성공적인 사람들은 '두 번 다시 그것을 생각하지 않는다.' 성공적인 사람들은 기억 은행에 긍정적인 생각만 저장하는 것이다.

기억 은행에 저장된 부정적이고 불쾌한 생각은 당신의 마음에 영향을 미친다. 부정적인 생각들은 당신의 정신적 모터를 불필요하게 마모시키는 것이다. 그러므로 혼자 생각에 잠겨 있는 순간, 이를테면 자동차를 몰거나 혼자 식사하는 시간에는 유쾌하고 긍정적인 체험만을 기억하라. 당신의 기억 은행에 좋은 생각들을 저축하라. 그것이 당신의 자신감을 급상승시켜줄 것이다. 또한 그것은 확실하게 당신의 기분을 좋게 만들어준다. 뿐만 아니라 당신의 육체가 제 기능을 유지하는 데에도 도움이 된다. 잠들기 전에 기억 은행에 좋은 생각들을 저축하라. 당신이 인생에서 받은 축복과 혜택을 계산해 보라.

오늘 당신이 목격한 다른 사람들의 선행을 기억해 보라. 작은 승리와 성취도 빼놓지 말라.

살아있다는 것에 대해 감사해야 할 이유를 곰곰이 되짚어 보라.

2. 당신의 기억 은행에서 긍정적인 생각들만 인출하라.

여러 해 전, 나는 시카고의 어느 심리상담 회사와 긴밀한 관계를 맺고 결혼문제나 심리적 적응 상황을 비롯하여 수많은 유형의 문제를 다루고 있었다.

그러던 어느 날, 그 회사의 사장과 함께 여러 가지 상황에 적응하지 못하는 사람들을 돕기 위한 그의 전문적 기법과 작업에 대해 대화를 나누게 되었다.

"만약 사람들이 한 가지만 실천한다면 나의 서비스를 필요로 하지 않을것 입니다."

"그게 뭐죠?"

나는 귀가 솔깃하여 얼른 물어보았다.

"그것은 바로 부정적인 생각들이 정신적인 괴물로 자라기 전에 없애버리는 것이죠. 내가 돕고 있는 사람들은 대부분 마음속에 정신적 괴물을 기르고 있습니다. 예를 들면 상당수의 결혼문제가 결혼에 대한 환상에 관련되어 있죠. 결혼생활에 대한 사람들의 기대감은 매우 크기 때문에 대부분 기대했던 것만큼 만족스럽지 못하게 마련입니다. 그런데 사람들은 그러한 경험을 기억의 저편에 묻어두기보다는 마음속에서 거듭거듭 되씹어 성공적인 결혼생활을 가로막는 엄청난 장애물로 만들어버립니다. 심지어 결혼한 지 5년이나 10년이 된 후에도 그 문제를 들고 나를 찾아오는 사람도 있습니다. 물론 대부분의 나의 환자들은 자신들의 진정한 문제가 무엇인지 알지 못합니다. 그러므로 나의 일은 그들에게 문제의 원인을 밝혀주고 설명하여 사실은 그것이 얼마나 사소하고 작은 것인지 깨닫도록 도와주는 것입니다. 어떤 것이든 불쾌한 사건은 정신적인 괴물을 만들어내는 토대가 될 수 있습니다. 직업에서의 실패, 깨진 로맨스, 잘못된 투자, 10대 자녀의 실망스러운 행동 등 그 모든 것이 내가 사람들을 도와 없애버려야 할 정신적인 괴물들이죠."

거대한 정신적 괴물을 기르지 말라

어떤 부정적인 생각일지라도 그것을 반복하여 상기한다면 거대한 정신적 괴물로 자라나 자신감을 무너뜨리고 심각한 심리적 문제를 초래할 수 있다.

앨리스 물카헤이는 『코스모폴리탄 매거진』에 실린 최근 사설 '자멸을 향한 질주'에서 매년 미국에서만 3만 명 이상이 자살하고 있으며 전 세계적으로 10만 명에 달하는 사람들이 스스로 목숨을 끊고 있다고 지적하고 있다.

그러면서 그녀는 이렇게 덧붙였다.

"수백만의 사람들이 은밀한 방식으로 서서히 자기 자신을 죽이고 있음을 입증하는 충격적인 증거도 있다. 그들은 비록 육체적인 자살을 하는 것은 아니지만 자신에게 창피를 주고 징벌하며 위신을 떨어뜨리는 길을 끊임없이 찾음으로써 영적인 자살을 하고 있는 것이다."

앞서 대화를 나눴던 심리상담 회사의 사장은 환자들이 '정신적이거나 영적인 자살'을 중단하도록 돕는 방식을 설명해 주었다.

다음은 그 부분에 대한 그의 설명이다.

"두 자녀가 있는 30대 후반의 어느 여성이 중증의 우울증에 걸려 있었습니다. 삶의 모든 상황을 불행한 체험으로 받아들였습니다. 그녀는 나에게 자신이 기억하기로 평생 진정으로 행복했던 적은 한 번도 없었노라고 털어놓았습니다. 과거의 부정적인 기억들이 현재의 시각에 영향을 미쳐 그녀는 현재의 삶 속에서도 염세주의와 막막함 밖에 볼 수 없었던 것이죠. 심리치료를 위해 내가 그림을 보여주면서 무엇이 보이느냐고 묻자, 그녀는 이렇게 대답하더군요. '밤중에 엄청난 폭풍우가 몰아칠 것 같은 그림이군요.' 그것은 그때까지 내가 들어본 것 중에서 가장 우울한 해석이었습니다. 그 그림은 십중팔구 해가 지는 모습이라고 하는 그림이었죠. 아무리 심리학자일지라도 이미 환자의 기억 속에 있는 것을 바꿀 수는 없습니다. 나는 그녀가 자신의 과거에서 환멸과 실망 대신 기쁨과 즐거움을 발견할 수 있도록 도와주었죠. 그리고 6개월의 치료 끝에 그녀는 서서히 나아지기 시작했습니다. 그 시점에서 나는 그녀에게 특별한 과제를 내주었습니다. 그것은 바로 날마다 자신이 행복해야 할 이유 세 가지를 노트에 기록하라는 것이었습니다. 물론 나는 그녀의 기록을 꼼꼼히 점검하였고 그러한 치료를 3개월간 지속하였습니다. 그리고 그녀의 정신적 회복은 만족스럽게 진행되어 지금 그녀는 자신의 상황에 잘 적응하고 있습니다. 적어도 이제는 대부분의 다른 사람들처럼 행복하게 긍정적으로 살아가고 있습니다."

그녀는 자신의 기억 은행에서 더 이상 부정적인 자료를 인출해 가지 않게 되었을 때, 정상으로 돌아오기 시작한 것이다.

정신적 괴물을 만들지 말라!

당신의 기억 은행에서 불쾌한 생각들을 끄집어내지 말라. 어떤 종류의 상황을 기억하든 과거 경험의 좋은 부분에만 집중하고 나쁜 부분은 잊어버려라. 나쁜 경험은 깊숙이 묻어버리도록 하라. 지금까지 부정적인 측면을 생각하고 있었다면 이제라도 그것에 대해 완전히 관심을 끊어라.

이제 좀 더 의미심장하고 힘이 되는 이야기를 해볼까 한다.

사실, 당신의 마음도 당신이 불쾌한 것들을 잊어버리기를 원하고 있다. 따라서 당신이 협조만 해준다면 불쾌한 기억들은 서서히 줄어들고 결국에는 기억 은행의 행원을 통해 완전히 지워질 것이다.

저명한 광고 전문 심리학자인 멜빈 S. 해트윅은 기억력에 관해 이렇게 말했다.

"광고가 유쾌한 감정을 유발시킬 수 있다면 광고의 내용이 기억될 가능성은 훨씬 더 커진다. 그러나 불쾌한 감정을 유발시킨다면 시청자나 청취자는 광고 내용을 곧 잊어버리는 경향이 있다. 불쾌한 기억은 우리가 원하는 바와 정면으로 상충하기 때문에 우리는 그것을 마음속에 담아두려 하지 않는 것이다."

쉽게 말해 본인이 일부러 기억하지 않는다면 불쾌한 과거는 쉽게 잊혀 지게 되어 있다. 당신의 기억 은행에서 긍정적인 생각들만 인출하라. 그밖에 다른 기억들은 모두 사라지게 하라. 그러면 당신의 자신감은 한층 더 높아질 것이다.

부정적이고 자기 비하적인 생각들을 더 이상 기억하지 않을 때, 두려움 정복을 위해 커다란 일보를 내딛는 셈이 된다.

대인공포를 극복하는 법

사람들은 어찌하여 다른 사람을 두려워하는 것일까?

다른 사람들이 주변에 있을 때 수줍어하는 사람이 왜 그토록 많은 것일까? 그러한 수줍음의 배후에는 무엇이 있을까? 우리는 그것에 대해 무엇을 할 수 있을까?

타인에 대한 두려움은 아주 강한 것이다. 하지만 우리에게는 그것을 정복할 방법이 있다. 타인을 '올바른 시각'으로 바라보는 법을 배운다면 타인에 대한 두려움을 극복할 수 있는 것이다.

어느 날, 목공예품 공장을 운영하는 나의 친구가 사람들을 올바른 시각으로 바라보게 된 사례를 들려준 적이 있다.

"2차 세계대전 당시, 군 입대를 앞두고 있던 나에게는 대인공포증이 있었다네. 자네는 그때 내가 얼마나 소심하고 숫기 없는 사람이었는지 모를 거야. 그런데 전쟁 중이라 신병들을 한꺼번에 모집해야 했는데, 나는 그 당시 커다란 징병센터에서 위생병으로 일하게 되었지. 그렇게 해서 날마다 젊은

이들을 검진하는 과정을 돕게 되었고 그들을 보면서 점점 대인공포증이 사라졌다네. 벌거벗은 채로 수백 명씩 줄지어 서 있는 젊은이들은 모두 비슷비슷 하게 보였지. 그들은 한결같이 뭔가 불안하고 외롭다는 표정이 역력하더군. 그들은 며칠 전만 하더라도 잘나가는 회사의 중역이었고, 어떤 사람은 농부 또 어떤 사람은 영업사원 그리고 또 다른 사람은 노동자 계층이었지. 그들은 사회 각계에서 여러 가지 일을 하던 사람들이었지만 징병 센터에서는 모두 비슷비슷한 모습을 보여 주고 있었다네. 그때 나는 인생의 기본적인 원리를 발견할 수 있었지. 즉, 사람은 각각 다른 면보다는 비슷한 면이 훨씬 더 많다는 것을 깨달은 것일세. 그리고 그들이 나와 아주 흡사하다는 것을 발견하게 되었지. 그들 역시 나처럼 가족과 친구들을 그리워하고 더불어 나름대로 문제를 안고 있었던 것이지. 이처럼 그들이 기본적으로 나와 비슷한 존재라면 그들을 두려워할 이유가 없었지."

참으로 좋은 깨달음이 아닌가!

다른 사람이 기본적으로 자신과 비슷하다면 그를 두려워할 필요가 없는 것이다.

사람들을 있는 그대로 보기 위한 두 가지 방법

다음은 사람들을 올바른 시각으로 바라보는 두 가지 방식이다.

1. 타인에 대한 균형 잡힌 시각을 가져라.

사람들을 상대할 때는 다음의 두 가지 사실을 유념하라.

첫째, 모든 인간은 중요한 존재이다. 하지만 이 사실도 기억하라! 당신 역시 중요하다. 그러므로 다른 사람을 만날 때는 다음과 같이 생각하라.

중요한 두 사람이 상호 관심사와 이익에 대해 함께 이야기하고자 한다.

2개월 전, 대기업의 중역으로 있는 나의 친구가 전화를 걸어와 내가 추천해 준 젊은이를 고용하게 된 사실을 알려왔다.

"그의 어떤 점이 마음에 들었는지 아나? 자기 자신을 대하는 방식이었다네. 구직자 대부분은 잔뜩 긴장한 채로 면접실에 들어오지. 그리고 그들은 내가 듣고자 하는 답변을 들려주기 위해 노심초사한다네. 그들 대부분은 취직하기 위해 무엇이든 받아들이려 하고 까다롭게 굴지 않지. 하지만 그는 다르더군. 물론 나를 존중해 주었지만, 마찬가지로 자기 자신 역시 존중하고 있었다네. 내가 묻는 것만큼이나 나에게 많은 질문을 던지더군. 그는 결코 겁쟁이가 아니었지. 대장부답게 일을 제대로 해낼 사람이란 확신이 들었다네."

이처럼 자기 자신과 상대방을 똑같이 중요하게 생각하는 태도는 주어진 상황을 균형 잡힌 시각으로 바라보게 해준다. 그리고 이러한 사고방식에서는 자기 자신 보다 상대방을 지나치게 중요시하는 일이 없다. 그 역시 기본적으로는 당신과 똑같은 관심사, 욕망, 문제를 가진 인간임을 잊지 말라.

2. 이해하는 마음자세를 길러라.

세상을 살다 보면 당신을 험담하거나 내려보는 사람들을 심심찮게 만나게 된다. 만약 당신이 그러한 사람들을 상대할 준비를 하지 못했다면, 그들은 당신의 자신감에 커다란 상처를 남기고 완벽한 패배감을 선사할 것이다. 그러므로 불량스러운 사람들을 상대할 만한 방어기제를 만들어둘 필요가 있다. 몇 달 전, 멤피스 호텔의 접수대에서 나는 그런 족속들을 다루는 올바른 방법에 대해 멋진 사례를 직접 목격할 수 있었다.

오후 5시가 조금 넘은 시각이라 그런지 호텔은 새로운 손님들을 맞이하기 위해 몹시 분주한 상태였다. 그런데 내 앞에 서 있던 어떤 남자가 호텔 직원에게 자신의 이름을 알리는 것부터 명령조의 태도로 일관하였다.

"네, 손님을 위해 멋진 싱글 방이 준비되어 있습니다."

그러자 사내는 냅다 소리를 질렀다.

"싱글이라고? 난 더블을 주문했단 말이야."

그 말을 들은 직원은 아주 공손한 어조로 "한 번 체크해 보죠, 손님"이라고 대답하더니 파일에서 그의 예약내용을 살펴보았다.

"죄송하지만 손님. 예약자 기록에는 분명 싱글이라고 적혀 있군요. 가능하다면 손님을 더블 방에 모시고 싶습니다만 불행하게도 지금 손님이 사용할 수 있는 더블 방은 없군요." 그러나 격분한 사내는 이렇게 말했다.

"그 망할 놈의 종잇조각에 뭐라고 적혀 있든 내가 알 바 아니야. 난 더블을 원한단 말이야." 그러더니 '너 내가 누군지 알고 이런 식으로 대하는 거야'라는 태도로 으름장을 놓으며 소리를 질렀다.

"너 이제 해고된 줄 알아. 내가 반드시 널 해고시키고 말겠어." "이제 여기에서 가장 좋은 방을 내놓는다 하더라도 투숙하지 않겠어. 이렇게 서비스가 엉망인 호텔에선 머물고 싶지 않다고." 한바탕 거세게 퍼부은 사내는 마침내 화가 머리끝까지 치민 상태에서 다시 한번 이렇게 소리를 지른 다음, 쿵쾅거리며 호텔 밖으로 나가 버렸다.

그다음 차례인 나는 온갖 막말을 들은 접수대 직원이 적잖이 흥분했을 거라는 생각을 하며 앞으로 다가섰다. 그런데 뜻밖에도 그는 내가 이제껏 들어본 말투 중에서 가장 상냥한 말로 "어서 오십시오, 손님"이라고 말했다.

다소 의아했던 나는 이렇게 말했다.

"당신이 조금 전, 손님을 대하는 방식을 보고 감탄했소. 참으로 자제력이 뛰어난 것 같군요."

"아닙니다, 손님. 저는 그런 분들에게 화를 낼 수 없죠. 사실 그분은 저에게 화를 냈던 것이 아닙니다. 전 단지 희생양이었을 뿐이죠. 그분은 어떤 어려움을 겪고 있거나 스스로 열등의식을 느끼다가 오래간만에 큰소리 쳐볼 수 있는 황금 같은 기회를 잡은 것뿐이죠. 전 잠시 그분에게 기분전환을 할 수 있는 기회를 제공했을 뿐입니다."

그러면서 이렇게 덧붙였다.

"그에 대해 좀 더 알고 나면 그가 멋진 사람이라는 것을 알게 될지도 모릅니다. 대부분 사람처럼 말이죠."

나는 엘리베이터를 향해 걸어가면서 그 직원의 말을 되풀이하여 곱씹어 보았다.

"그를 좀 더 알고 나면 멋진 사람이라는 것을 알게 될지도 모른다. 대부분의 사람들처럼..."

누군가가 당신에게 선전포고를 하면 당신 역시 이 문장을 기억하고 마음을 진정시켜라. 그러한 상황에서 이기는 법은 상대방이 화를 내도록 내버려 두고 잊는 길뿐이다.

몇 해 전, 학생들의 시험답안지를 채점하던 나는 특별히 걱정스러운 답안지를 발견하게 되었다. 사실, 나는 그 학생이 최고의 점수를 거둘 것이라고 기대하고 있었는데 답안지는 최하위권의 점수대에 속하였다. 나는 문제의 그 학생에게 연락하여 급한 일이 있으니 나의 사무실로 와달라고 하였다.

그는 금방 달려왔는데, 마치 조금 전에 매우 끔찍한 일을 당한 듯한 인상을 풍겼다. 그가 소파에 앉자 이렇게 물었다.

"폴, 대체 무슨 일인가? 이건 내가 자네에게 기대했던 수준의 답안지가 아닐세."

폴은 잠시 고통스러운 표정으로 자기 발을 내려다보다가 대답했다.

"교수님, 제가 부정행위를 저지르고 있다는 생각에 어떤 것에도 집중할 수가 없었습니다. 솔직히 그건 대학에 들어와 처음으로 했던 커닝이었죠. 저는 정말이지 A학점을 받고 싶어서 어떤 참고서 내용을 정리하여 사용했던 것입니다."

그는 무척 흥분한 상태였고 이왕 말문을 연 이상 끝까지 말을 할 기세였다.

"교수님이 저를 제적시켜도 할 말이 없다는 걸 알고 있습니다. 학교 규정상, 어떤 종류이든 부정행위가 발각되면 영구 제적당하게 되어 있으니까요."

그리고 그는 그 일이 가족에게 얼마나 수치감을 안겨줄지, 그 결과 그의 삶이 어떻게 파멸되며 어떤 종류의 파장이 미칠지 설명하기 시작했다. 그의 말이 끝없이 이어지자, 나는 어쩔 수 없이 중간에 말을 끊고 이렇게 말했다.

"이제 그만하게. 진정하게나. 내가 설명해줄 것이 있네. 난 자네가 커닝했다는 걸 알지 못했네. 자네가 이 사무실에 들어와 스스로 고백하기 전까지 나는 문제의 원인이 무엇이었는지 전혀 짐작하지 못한 상태였지. 유감이지만, 폴. 나에게 그걸 알려준 사람은 바로 자네 자신일세."

그리고 나서 나는 이렇게 물었다.

"폴, 자네가 대학 생활에서 얻고 싶은 것이 무엇인가?"

그는 아까보다 훨씬 진정된 모습으로 잠시 생각하더니 이렇게 대답했다.

"글쎄요, 교수님. 제 총체적인 목표는 사는 방법을 배우는 것이라고 생각하지만 아무래도 목표 달성과는 영 거리가 멀어진 것 같습니다."

"사람들은 모두 각기 다른 방식으로 배움을 얻지. 난 자네가 이번 경험을 통해 실질적인 성공 교훈을 배울 수 있다고 생각하네. 자네가 참고서를 사용했을 때 자네의 양심은 무척 괴로웠을 걸세. 그것은 죄책감을 일으켜 자신감에도 큰 상처를 주었겠지. 그래서 자네 스스로 표현했듯이 자네의 정신 상태는 완전히 엉망이 되었던 것이고. 폴, 사람들은 대부분 어떤 문제가 주어졌을 때, 도덕적이거나 종교적인 관점에서 접근하려 하지. 그렇다고 내가 자네에게 옳고 그름에 대해 설교하려는 것은 아니네. 보다 현실적인 관점에서 그 문제를 바라보게. 자네가 자신의 양심에 꺼리는 일을 저지를 때, 자네는 심한 죄책감을 느꼈고 그로 인해 자네의 사고 과정이 마비되어 버렸지? 자네의 마음이 '혹시 발각되지 않을까?'라고 외치는 탓에 자네는 제대로 정신을 집중할 수 없었던 것일세. 폴, 자넨 너무나 A학점을 받고 싶은 나머지 스스로 잘못임을 알면서도 부정행위를 했지. 앞으로도 인생을 살다보면 A학점을 받고 싶은 나머지 양심에 어긋나는 일을 저지르고 싶은 유혹을 받을 때가 수없이 닥치게 된다네. 이를테면 세일즈를 성사하고 싶은 마음에서 고객이 잘못 알도록 유도하는 방법을 생각할 수도 있지. 그렇게 하면 일단 세일즈를 성사할 수는 있겠지. 하지만 그다음엔 어떻게 될지 생각 해 보게. 죄책감에 사로잡혀 일을 제대로 할 수 없고 고객을 볼 때마다 마음이 불편해질 걸세. 아마도 자네는 이렇게 생각할 거야. '저 사람이 내가 중요한 정보를 빼놓았다는 사실을 발견할까?' 생각이 그런 곳에 미치고 있으니 일에 집중하지 못하는 것은 당연하고 자연히 일의 능률도 떨어지게 되지. 그리 하여 이후 두 번째, 세 번째, 네 번째 등 수많은 세일즈에서 성공할 가능성은 희박해진다네. 그러니 자네의 양심에 어긋나는 세일즈 방식은 장기적으로 볼 때, 자네에게 막대한 손해를 입히게 되지."

일단 걱정에 휩싸이면 자신감은 점점 사라지고 직장이나 집에서 제대로 일 처리를 할 수 없게 된다. 또한 아무런 단서도 남기지 않은 수많은 범죄자들이 순전히 죄책감과 자의식 때문에 붙잡히게 된다는 사실을 폴에게 상기시켰다. 그들은 죄책감 때문에 스스로 용의자 리스트에 들어가는 것이다.

우리의 내면에는 바르게 살고 생각하고 행동하고자 하는 욕망이 깃들어 있다. 따라서 이러한 욕망을 거스를 때, 우리의 양심은 암에 걸리게 된다. 그리고 그 암세포는 점점 자라면서 우리의 자신감을 좀먹어 들어간다. 그러므로 스스로 '내가 발각될까?', '이것이 밝혀질까?', '내가 벌을 받지 않고 빠져나갈 수 있을까?'라고 자문할 만한 상황을 초래하지 않도록 하라.

다행히도 폴은 내 말의 뜻을 이해하였고 바른 생활의 실질적인 가치를 배우게 되었다. 나는 그 자리에서 그가 재시험을 치르도록 하였다.

그리고 나는 『황금률과 보낸 50년 Fifty Years with the Golden Rule』이라는 책을 꺼내 들고 폴에게 말했다.

"폴, 이 책을 읽고 돌려주게. 그 책에는 J. C. 페니가 올바른 일을 행함으로써 미국의 최고 갑부 중의 하나가 된 과정이 나와 있지."

올바른 일을 행하면 당신의 양심이 만족하고 결과적으로 자신감이 더욱더 강해진다. 반면, 잘못된 일을 저지르면 두 가지 부정적인 결과가 발생한다.

첫째, 죄책감을 느끼며 그것이 자신감을 좀먹어 들어간다.

둘째, 다른 사람들이 조만간 그것을 알아차리고 당신은 신뢰감을 잃어버린다.

올바른 일을 행하고 자신감을 지켜라. 그것이 바로 성공으로 나아가는 사고 방식이다.

자신감을 갖는 방법

자신감 있는 행동은 자신감 있는 생각을 낳는다

위대한 심리학자인 조지 W. 크레인 박사는 자신의 유명한 저서 『응용 심리학 Applied Psychology』에서 이렇게 말하고 있다

"행동은 감정의 선봉임을 기억하라. 감정은 직접적인 통제가 불가능하며 오로지 행위나 동작의 선택을 통해서만 통제가 가능하다. 자신의 감정이 비극으로 이어지지 않도록 진정한 심리적 사실을 의식하라. 날마다 올바른 행동을 한다면 금방 그에 상응하는 감정을 느끼기 시작할 것이다! 상대방에 대해 헌신하는 감정 없이 그런 헌신적인 행동을 오래도록 유지할 수는 없으니 말이다."

심리학자들은 육체적인 행동을 변화시킴으로써 마음가짐을 변화시킬 수 있다고 말하고 있다. 예를 들어 억지로라도 미소를 지으면 마음은 한결 밝아진다. 또한 구부정하게 있을 때보다 허리를 펴고 서 있을 때 자신이 더 당당하게 느껴진다. 아니면 얼굴을 한껏 찡그려 보고 자신의 기분이 어두워지지 않는지 살펴보아라.

행동을 관리할 때, 감정의 변화가 가능하다는 것은 쉽게 입증할 수 있는 문제이다. 예를 들어 숫기가 없어 자신을 소개하는 데 애를 먹는 사람은 다음 세 가지 간단한 행동을 취함으로써 소심함을 자신감으로 바꿀 수 있다.

첫째, 상대방의 손을 잡고 따스하게 악수를 해 보라.

둘째, 상대방의 눈을 똑바로 바라보라.

셋째, "당신을 알게 되어 매우 반갑습니다"라고 말해 보라.

이 세 가지 간단한 행동은 수줍음을 단숨에 날려버린다. 왜냐하면 자신감이 배어 있는 행동이 자신감 있는 사고를 낳기 때문이다. 그러므로 자신감을 갖고 싶다면 일단 자신감 있게 행동하라. 자신이 원하는 느낌대로 일단 행동하고 보라.

'자신 있게 생각하고 자신 있게 행동하라'

자신감을 강화하는 다섯 가지 행동

다음은 자신감을 강화하는 5가지 행동 수칙이다. 이것을 주의 깊게 읽어보고 애써 실천함으로써 자신감을 키워 보라.

1. 앞좌석에 앉아 보라.

사람들이 모이는 자리, 즉 교회, 대학 강당, 그밖에 집회 장소에서 뒷자리부터 채워지는 광경에 주목해본 적이 있는가? 대부분의 사람은 '지나치게 튀지 않기' 위해 앞다투어 뒷좌석부터 앉는다. 그리고 그들이 튀는 걸 두려워하는 까닭은 자신감이 부족하기 때문이다.

앞좌석에 앉는 것은 자신감을 기르는 데 도움이 된다. 이 수칙을 실천에 옮겨 보라. 지금부터 가능한 한 앞에 앉는 것을 삶의 원칙으로 삼아라. 물론 앞에 앉으면 약간 튀기도 하겠지만 성공이란 원래 튀는 것임을 명심하라.

2. 눈을 맞추는 훈련을 하라.

사람의 눈이 움직이는 방식은 우리에게 많은 사실을 알려준다. 흔히 자신의 눈을 똑바로 바라보지 않는 사람을 보면 다음과 같은 의문을 품게 된다.

'대체 무엇을 숨기려는 걸까? 무엇을 두려워하는 걸까? 날 속이려는 게 아닐까? 뭔가를 감추고 있는 게 아닐까?'

타인과 눈을 맞추지 못한다면 자신에 대해 좋은 인상을 줄 수 없다. 그것은 마치 "난 두려워요. 난 자신감이 없어요"라고 말하는 것과 같다. 과감히 상대방의 눈을 들여다봄으로써 이러한 두려움을 극복하라. 상대방의 눈을 들여다 보는 행위는 상대방에게 "나는 정직하며 공명정대한 사람입니다. 나는 내가 당신에게 하는 말을 스스로 믿습니다. 나는 두려워하지 않습니다. 나는 자신감에 차 있습니다"라는 메시지를 준다. 상대방의 눈을 똑바로 바라보아라. 그것은 당신의 자신감을 길러줄 뿐만 아니라, 상대방의 신뢰를 얻게 해줄 것이다.

3. 25% 더 빨리 움직여라.

어린 시절, 나는 종종 어머니와 함께 다니곤 했는데 볼일을 끝낸 어머니는 나를 자동차 뒷좌석에 앉혀 놓고 이렇게 말씀하셨다. "데이빗, 여기 앉아 지나가는 사람들을 지켜보거라."

돌이켜보면 그것은 참으로 지혜로운 생각이었다.

"저 사람을 보렴. 저 사람에게 뭐가 문제인지 알겠니?" "넌 저 아줌마가 무엇을 하려 한다고 생각하니?" "저 사람 좀 봐. 무척 당혹스러운 것 같구나."

그렇게 지나가는 사람들의 움직임을 바라보는 것은 나에게 아주 즐거운 일이었다. 그것은 영화관에 가는 것보다 훨씬 비용이 저렴했으며 보다 더 교육적이었다.

나는 지금도 가끔 지나가는 사람들을 관찰하곤 한다. 복도, 로비, 보도를 지나가는 사람들을 단순히 관찰함으로써 인간 행위를 연구하는 것이다. 심리 학자들은 게으른 자세와 둔한 걸음걸이를 자기 자신과 일 그리고 주변 사람들에 대한 불쾌한 마음가짐으로 연결 짓는다. 하지만 그들은 또한 자세와 행동 속도를 바꿈으로써 마음가짐을 변화시킬 수 있다고 말한다. 결국 육체적 행동은 정신적 행동의 결과인 것이다.

평범한 사람들은 '평범한' 걸음걸이로 걷는다. 그들의 속도는 평범하다. 그들은 "나는 나에 대해 그다지 자부심이 있지 않습니다"라고 말하는 듯한 인상을 풍긴다.

그밖에 제3의 그룹에 속한 사람들이 있다. 그들은 엄청난 자신감을 발산하는데, 걷는 것도 매우 빠르기 때문에 단순한 보행이라기보다 마치 단거리 선수처럼 보일 정도이다. 그리하여 그들의 걸음걸이는 "나에게는 매우 중요한 일이 있어요. 지금부터 15분 이내에 해야 하는 일에서 반드시 성공할 겁니다"라고 선포하는 듯하다.

25% 빨리 걷는 기법을 사용하여 자신감을 기르도록 하라. 어깨를 펴고 고개를 세워 좀 더 빨리 움직이면서 자신감이 쑥쑥 커지는 것을 느껴 보라.

4. 당당하게 말하는 연습을 하라.

나는 예리한 지각력과 뛰어난 능력을 타고난 수많은 사람이 여러 사람 앞에서 이야기를 해야 할 때, 너무 긴장한 나머지 토론에 제대로 참여하지 못하는 모습을 많이 보아왔다. 물론 그들은 어울리며 함께 토론하는 것을 꺼리는 사람들이 아니었다. 단지 자신감이 부족한게 문제였을 뿐이다. 그들은 사람들이 많이 모인 자리에 부담을 느껴 이렇게 생각한다.

"내 주장은 별로 가치가 없을지도 몰라. 뭔가를 말했다가 괜히 바보처럼 보일 수도 있지. 차라리 아무 말 안 하는 게 낫겠어. 게다가 다른 사람들이 나보다 더 많이 알고 있는 것 같은데 그들에게 내가 얼마나 무식한지 알리고 싶지 않다고."

그렇게 여러 사람이 있는 자리에서 말을 하지 못하면 침묵자는 더욱더 자신이 초라하고 열등하게 느껴진다. 그리고 그들 대부분은 '다음번'에는 말을 하겠다고 자신에게 약속한다. 마음속 깊은 곳에서는 그 약속이 지켜 지지 않으리라는 것을 알면서 말이다.

이것은 아주 중요한 사실이다.

사람들이 모인 자리에서 말을 하지 못할 때마다 우리는 스스로 자신감을 죽이는 독약을 한 숟갈씩 퍼먹고 있는 셈이며 그럴수록 더욱더 자신감은 사라지고 만다. 반면, 스스로 당당하게 말을 할수록 더욱더 자신감이 붙고 다음 번에 말을 꺼내는 것이 더 쉬워진다. 당당하게 말을 하라. 그것은 일종의 자신감 강화제이다. 공개적인 모임에 참석하면 습관적으로 당당히 말문을 열어라. 사내 회의이든 위원회 모임이든 그밖에 어떤 공동체 모임 장소에 참석했든 자진해서 말해 보라. 그 어떤 예외도 두지 말라. 지적하고 제안하고 질문을 던지는 등 어떤 식으로든 말을 해 보라. 결코 제일 마지막에 말문을 여는 사람이 되지 말라. 오히려 그 어떤 말로든 스타트를 끊는 분위기 메이커가 되어 보라. 바보처럼 보이는 것에 대해서는 걱정하지 말라. 결코 그렇게 되지 않을 것이다. 당신의 말에 동의하지 않는 사람이 있다면 분명 동의하는 사람도 있게 마련이다. '내가 말을 해야 하나?'라고 자문하지 말라. 그 대신, 사회자의 시선을 끌어 발언권을 얻는 데 주력하라.

당당하게 발언하는 훈련을 하기 위해 수많은 사람이 계획적인 프로그램을 통해 타인에게 자연스럽게 말을 걸고 대화를 나누기 위한 자신감을 길러 왔다.

5. 크게 미소 지어라.

대부분의 사람은 미소가 사람들에게 커다란 힘이 된다는 것을 알고 있다. 특히 자신감 부족에 미소가 좋은 약이 된다는 것도 흔히 듣는 얘기이다. 그러나 아직도 많은 사람이 공포 앞에서 미소 지을 엄두를 내지 못한다는 점 때문에 이러한 사실을 믿지 못하고 있다. 그렇다면 작은 실험을 해보기로 하자.

패배감을 느끼면서 동시에 환하게 미소 지어 보라. 물론 잘되지 않을 것이다. 환하게 미소 짓는 순간 패배감보다는 자신감이 일어날 테니 말이다. 환한 미소는 두려움을 죽이고 근심 걱정을 몰아내며 의기소침을 없애 버린다.

진정한 미소는 우울한 기분을 전환하는 것 이상의 일을 해낸다. 즉, 진정한 미소는 다른 사람의 적대감을 순식간에 녹여버리는 것이다. 당신이 진심으로 환하게 미소 짓는다면 상대방은 더 이상 당신에게 화를 낼 수 없다.

언젠가 나에게 일어난 작은 사건이 이러한 진실을 극명하게 나타내준다. 그 당시, 나는 교차로에 서서 신호등이 바뀌길 기다리고 있었는데 누군가가 내 뒤로 와서 차를 박았다. 꽝! 그 운전자가 브레이크를 밟던 발에서 실수로 힘을 뺀 탓에 내 자동차 뒤쪽 범퍼가 수난을 겪은 것이다. 나는 차 밖으로 나오면서 머릿속에 저장한 행동 수칙을 잊어버리고 말싸움을 벌일 준비를 했다. 솔직히 실수를 저지른 운전자를 완전히 말로 난도질할 생각이었다.

하지만 다행히 내가 미처 포문을 열기도 전에 그가 다가와 미소를 지으며 지극히 진심 어린 어투로 말했다. "죄송합니다. 제가 실수했습니다."

그의 진심 어린 사과와 미소는 얼어붙은 내 마음을 순식간에 녹여버렸다. 나는 나도 모르게 이렇게 말하고 말았다.

"괜찮아요. 그럴 수 있는 일이죠."

나의 적대감이 눈 깜짝할 사이에 우정으로 변한 것이다.

환하게 미소를 지으면 저절로 행복한 기분이 든다. 이가 보일 정도로 환하게 미소 지어라. 커다란 미소야말로 확실한 보증수표이다.

미소 지으라고 사람들에게 말하면 흔히 이런 말을 듣는다. "뭔가가 두렵거나 화가 날 때, 어떻게 미소를 짓는단 말이오?" 물론 그렇게 하는 것은 힘든 일이다. 아니, 그럴 경우에는 그 누구도 미소 짓고 싶지 않으리라. 하지만 그런 상황에서도 미소를 지을 수 있는 비결은 스스로 '난 미소 지을 거야'라고 강력하게 다짐하는 데 있다. 그렇게 결심하고 나서 미소를 지어라. 미소의 힘을 다스리라는 말이다.

다음의 5가지 수칙을 당신 자신을 위해 지켜라

1. 행동은 두려움을 치료한다.

두려움을 날려버리고 건설적인 행동을 취하라. 어떤 상황에 대해 아무런 행동도 취하지 않는 것은 두려움을 강화시키고 자신감을 파괴할 뿐이다.

2. 당신의 기억 은행에 긍정적인 생각들만 저축하라.

　부정적이며 자기 비하적인 사념들이 정신적인 괴물로 자라지 않게 하라. 불쾌한 사건이나 상황들은 아예 기억 속에 떠올리지 말라.

3. 사람들을 올바른 시각으로 바라보라.

　사람들은 차이점보다는 유사점이 훨씬 더 많다는 사실을 기억하라. 그럼으로써 타인에 대해 균형 잡힌 시각을 갖도록 하라. 타인은 당신과 같은 또 다른 사람일 뿐이다. 그리고 상대방을 이해하는 자세를 기르도록 하라.

4. 당신의 양심이 명하는 올바른 일을 행하라.

　그러면 유해한 죄책감 콤플렉스가 자라는 걸 예방할 수 있다. 올바른 일을 행하는 것은 성공을 위한 매우 실질적인 행동 수칙이다.

5. 항상 자신감에 차 있고 진정으로 자신감이 넘친다는 자세로 행동하라.

　그러기 위해 일상생활 속에서 다음과 같은 기법들을 활용하라.

　- 앞좌석에 앉는다.

　- 대화할 때는 항상 상대방의 눈을 똑바로 바라본다.

　- 25% 더 빨리 걷는다.

　- 당당하게 말한다.

　- 진정으로 환하게 미소를 짓는다.

Chapter

크게 생각하는 법

 **마음을 크게 넓혀라**

작게 생각하는 사람들

최근, 나는 어느 대기업의 인사담당자로 있는 사람과 대화할 기회를 갖게 되었다. 그녀는 기업 연수프로그램에 참여할 사람들을 모집하기 위해 매년 4개월씩 대학들을 돌아다니곤 하는데, 그녀의 말을 듣다 보니 그녀가 수많은 예비취업자들의 태도에 무척 실망했다는 것을 알 수 있었다.

"면접 기간에는 거의 날마다 8명에서 12명의 예비취업자를 만나는데 그들은 모두 성적이 상위권에 속하고 우리 회사에 조금이라도 관심을 기울이는 사람들이죠. 우리는 그들이 앞으로 몇 년 안에 주요 프로젝트를 추진하며 지사나 공장을 관리하고 그 밖의 방식으로 회사에 실질적인 기여를 할 사람인지 알고 싶어합니다. 그런데 솔직히 저는 그들 대부분의 개인적인 목표에 대해 실망하는 경우가 많습니다. 그들은 회사의 그 어떤 조건보다 연금 계획에만 큰 관심을 기울이죠. 무엇보다 그들 대부분은 '성공'을 '안전'과 동의어로 규정하는 듯했습니다. 그런데도 우리가 과연 그들에게 회사를 맡길 수 있을까요? 제가 정말로 이해할 수 없는 점은 요즘 젊은이들의 미래관이 왜 그토록 보수적이고 편협한가 하는 것입니다."

많은 젊은이들이 미래에 대해 좁은 시각을 갖고 있다는 것은 당신이 성공하기 위해 치러야 할 경쟁이 당신의 생각보다 치열하지 않다는 것을 의미한다.

성공은 대학 졸업장이나 가문의 배경으로 잴 수 있는 것이 아니다. 그것은 생각의 크기로 가늠된다. 얼마나 크게 생각하느냐에 따라 당신이 얼마만큼 큰일을 이루느냐가 결정되는 것이다.

이제 우리가 어떻게 하면 자신의 생각을 크게 만들 수 있는지 알아보기로 하자.

최대의 약점은 자기 비하

당신 자신에게 늘 다음과 같이 자문해 보라.

"나의 최대 약점은 무엇인가?"

인간의 최대 약점은 자기 비하, 즉 자신을 헐값에 팔아넘기는 것이라고 할 수 있다. 그리고 이것은 매우 다양한 방식으로 나타난다.

어느 날, 존은 신문에서 마음에 쏙 드는 구인 광고를 발견하였다. 하지만 그는 '나는 그곳에 취직할 만한 능력을 갖추지 못했는데 쓸데없이 고생할 필요는 없겠지'라는 생각으로 아무런 노력도 기울이지 않았다. 또한 그는 조안과 데이트를 하고 싶었지만, 자신이 그녀에게 부족한 남자라는 생각에서 전화를 걸지 않았다.

톰은 리차드 씨가 유망한 예상 고객이라는 것을 알고 있었지만, 그가 워낙 거물이라 자신을 만나 주지 않을 것이라는 생각에 전화를 걸지 않았다.

피터는 구직 신청서를 작성하던 중, 다음과 같은 항목을 발견했다.

'당신은 얼마만큼의 연봉을 기대하는가?'

자신감이 없던 피터는 그곳에 얼마 되지 않는 액수를 적어 넣었다. 실제로 받고 싶은 액수는 따로 있었지만, 자신은 그 정도로 받을만한 존재가 못 된다고 생각하여 낮춰 적었다.

철학자들은 수 천 년에 걸쳐 인류를 위해 훌륭한 충고를 들려주었다. "너 자신을 알라!" 하지만 대부분의 사람은 그 말을 '너의 부정적인 부분만을 알라'로 받아들이고 있는 듯하다. 사람들은 흔히 자기 자신을 평가할 때, 자신의 잘못, 단점, 부적격, 무능함 등에 대해 장황하게 늘어놓으니 말이다.

물론 자신의 단점을 안다는 것은 그만큼 개선해 나갈 부분을 알고 노력할 수 있다는 점에서는 바람직한 일이다. 하지만 자신의 부정적인 부분에 대해서만 생각한다면 우리의 정신은 혼란에 빠지게 되어 있다. 그리고 그만큼 우리의 가치도 줄어든다.

자신의 참된 크기를 가늠하는 법

다음은 당신의 참된 크기를 가늠하는 데 도움이 되는 훈련법이다. 나는 이것을 기업의 간부나 세일즈맨 훈련에 사용해 왔다.

> 1. 당신 자신의 주요한 자산 다섯 가지를 꼽아 보라.
> 객관적인 시각을 가진 친구나 당신에게 솔직한 의견을 들려줄 수 있는 지적인 인물에게 도움을 청해 보라. 아마도 자주 열거되는 자산들은 학력, 경력, 소유 기술, 외모, 원만한 가정생활, 개성, 진취성 등일 것이다.

> 2. 각각의 자산 밑에 당신이 알고 있는 사람 중에서 당신만큼 그 자산을 갖고 있지 못해도 커다란 성공을 거둔 사람을 세 명만 적어 보라.
>
> 이 훈련법을 수행한다면 당신이 최소한 한 가지 자산에서 수많은 성공자들을 능가한다는 사실을 발견할 수 있다. 그리하여 당신은 솔직하게 한 가지 결론을 도출하게 된다. 그것은 바로 당신이 스스로 생각하는 것 이상의 존재라는 사실이다.
>
> 당신의 생각을 당신의 그릇에 맞도록 바꾸어라.
>
> 진정으로 당신의 크기만큼 크게 생각하라!

언어의 표현이 지니는 의미

'확실하다'는 말 대신 '확호불발(確乎不拔)'이라는 말을 쓴다거나 '바람둥이'라는 말 대신 굳이 '파락호'라고 하는 사람들은 물론 남보다 단어를 더 많이 알고 있을지도 모른다.

하지만 생각이 큰 사람들은 그런 단어를 사용하지 않는다. 남들이 잘 이해하지 못할 만큼 어렵고 거창한 단어나 표현을 사용하는 사람들은 대부분 거만한 마음가짐을 가진 모범생들이다.

어휘력을 재는 척도는 얼마나 많은 단어를 알고 있느냐가 아니라, 단어나 표현이 본인은 물론이고 타인들의 생각에 미치는 영향에 있다. 이것은 아주 기초적인 사실이다.

예를 들어 누군가가 당신에게 '짐이 이층집을 샀어'라고 말한다면, 당신의 마음속에 그에 상응하는 영상이 떠오를 것이다. 또한 '짐이 목장을 샀어'라는 말을 들으면 역시 그에 따른 영상이 떠오르게 된다. 이러한 정신적 영상들은 우리가 사물의 명칭과 표현을 위해 사용하는 단어의 종류에 따라 달라지게 된다.

그러면 정신적 영상에 대해 다음과 같은 방법으로 생각해 보자.

예를 들어 당신이 함께 일을 추진한 동료들에게 "미안하지만, 우리는 실패했습니다"라고 말했다고 하자. 그럴 경우 사람들은 마음속으로 무슨 영상을 보게 될까? 그들은 아마도 그 '실패'라는 단어가 가져다주는 패배, 실망, 슬픔을 보게 될 것이다. 반대로 당신이 "내가 이 문제를 해결할 만한 새로운 방식을 알고 있습니다"라고 말한다면 그들은 힘을 얻어 다시 열심히 노력할 것이다.

또한 당신이 동료들에게 "뭔가 문제가 생긴 것 같아"라고 말한다면, 사람들은 풀기 어려운 불쾌한 난제의 이미지를 떠올리게 될 것이다. 그러나 반대로 당신이 "우리에게 도전해 볼 만한 과제가 주어졌어"라고 말한다면 사람들은 뭔가 재미있고 신나는 일거리의 이미지를 떠올릴 것이다. 그리고 사람들에게 "우린 큰 대가를 치렀소"라고 말한다면 사람들은 절대 회수되지 않을 투자금의 이미지를 떠올릴 것이다. 그것은 결코 좋은 기분은 아니다. 반대로 "우리는 큰 투자를 했소"라고 한다면 사람들은 조만간 투자이익을 거둬 들이는 즐거운 이미지를 떠올릴 것이다.

이것은 참으로 간단한 원리이다.

크게 생각하는 사람들은 자신은 물론이고 타인의 마음속에 긍정적이고 진취적이며 낙관적인 영상이 떠오르도록 하는데 뛰어난 사람들이다. 실제로 크게 생각하기 위해서는 크고 긍정적인 정신적 이미지를 만들어낼 단어와 어구를 사용해야만 한다.

다음 도표의 왼쪽 내용은 작고 부정적이며 우울한 생각들을 만들어내는 문장들의 사례이다. 반면, 오른쪽 내용은 왼쪽과 똑같은 상황을 다루면서도 크고 긍정적인 시각에서 말한 문장들이다.

작고 부정적인 마음을 만드는 문장들	크고 긍정적인 마음을 만드는 문장들
아무 소용없어요. 우린 망했다고요.	우린 아직 망하지 않았습니다. 계속 노력 해 봅시다. 문제를 새로운 시각에서 바라볼 수도 있지요.
한때 그 일을 해봤지만 실패했습니다. 두 번 다시 하지 않을 겁니다.	그 일로 실패한 적이 있지만 그것은 내 잘못 때문이었습니다. 다시 노력해 보겠어요.
노력했지만 제품이 팔리지 않는군요. 사람들은 그걸 원치 않습니다.	지금까지는 제품이 잘 팔리지 않았어요. 하지만 나는 그 제품을 믿기 때문에 판매량을 올릴 방법을 찾아낼 겁니다.
시장이 포화상태입니다. 잠재고객 층의 75%가 이미 물건을 구입했다고요. 이제 이 일을 그만둬야 할 때가 된 것 같아요.	아직도 25%의 시장이 남아 있습니다. 나도 이 일에 끼워줘요. 정말 굉장한 기회 입니다!
그들은 주문량이 적으니 고객 리스트에서 삭제해 버려요.	그들의 주문량이 적군요. 그러니 그들의 수요를 더 충족시킬만한 계획을 세워봅시다.
당신의 회사에서 최고의 위치에 올라서기까지 5년이나 걸린다니! 그건 너무 긴 시간입니다. 나는 그만두겠어요.	5년은 사실 긴 시간이 아니지요. 내가 왕성하게 활동할 수 있는 시간이 앞으로 30년이나 남아있다는 사실을 생각해 보세요.

작고 부정적인 마음을 만드는 문장들	크고 긍정적인 마음을 만드는 문장들
경쟁사에 비해 형편없는 수준이군요. 당신은 내가 어떻게 그들을 능가하길 바라는 거죠?	경쟁사가 아주 강하군요. 그걸 부인할 생각은 없지만 그 누구도 완전히 유리한 입장을 차지할 수는 없죠. 우리 함께 머리를 모아 그들에게 한 방 먹일 전략을 구상해 봅시다.
아무도 그 제품을 원치 않을 겁니다.	현재로선 팔릴만한 물건이 아니지만 고쳐서 팔 수 있는 길을 모색해 봅시다.
기다렸다가 불경기가 되면 그때 주식을 삽시다.	지금 투자자들을 모으죠. 불황이 아닌 활황에 베팅을 겁시다.
난 그 일을 하기엔 너무 젊어(늙어)요.	젊다(늙었다)는 것은 확실한 이점입니다.
그건 불가능해요. 내가 그걸 입증해보이죠.(이미지 : 어둠, 우울함, 실망,슬픔, 실패)	그건 얼마든지 가능해요. 내가 그걸 입증 해 보이죠.(이미지 : 밝음, 희망, 성공, 재미, 승리)

 크게 생각하기 위해 어휘력을 개발하는 4가지 방식

다음은 당신의 어휘력을 개발하여 크게 생각할 줄 아는 사람으로 거듭나는데 도움이 될 4가지 훈련법이다.

1. 포용력이 있고 긍정적이며 명랑한 단어와 어휘로 당신의 기분을 묘사하라.

    누군가로부터 "오늘 기분이 어때요?"라는 질문을 받았을 때, 피곤해요. 머리가 아파요. 기분이 별로 안 좋아요. 라고 답한다면, 그것은 실제로 자신을 더욱더 어렵게 만드는 꼴밖에 안 된다.

반면, 이렇게 하면 간단한 방법으로 엄청난 힘을 발휘할 수 있다. 누군가로부터 "어떻게 지냈어요?"라든가 "오늘 기분이 어때요?"라고 질문받을 때마다 "좋습니다! 고마워요. 당신은 어떠세요?"라거나 "아주 좋아요"라고 답하는 것이다. 기회가 있을 때마다 당신의 기분이 최고라고 말하라. 그러면 정말로 최고의 기분을 느끼기 시작할 것이다. 언제나 기분 좋은 사람이 되어 보라. 그런 자세가 당신에게 더욱더 많은 친구를 가져다줄 것이다.

2. 타인을 표현할 때, 밝고 명랑하며 우호적인 단어와 어휘들을 사용하라.

모든 친구와 아는 사람들에게 너그럽고 긍정적인 어휘들을 습관적으로 사용한다. 특히 당사자가 없는 상황에서 그에 대해 이야기할 때 "그는 정말로 좋은 친구야"라거나 "사람들이 그는 일을 아주 잘한다고 하더군"이라는 식으로 너그러운 단어와 어휘로 칭찬하라. 속 좁은 사람처럼 그를 깎아내리지 않도록 주의해야 한다. 말이라고 하는 것은 돌고 돌게 되어 있는 것이므로 당신이 한 말은 언젠가 상대방이 듣게 될 것이고 부정적인 얘기는 인간관계에 악영향을 미칠 수밖에 없다.

3. 긍정적인 언어를 사용하여 타인을 격려하라.

기회가 있을 때마다 사람들을 개인적으로 칭찬하라. 당신이 아는 모든 사람들은 칭찬을 갈구한다. 날마다 아내나 남편에게 특별히 멋진 말을 들려줘 보라. 또한 함께 일하는 사람들에게 관심을 보이고 칭찬을 해 보라. 진심 어린 칭찬은 성공의 수단이다. 그것을 반복해서 거듭거듭 활용하라! 사람들의 외모, 그들이 한 일, 그들의 업적과 가족을 칭찬해 보라.

4. 자신의 계획을 설명할 때, 긍정적인 언어를 사용하라.

사람은 누구나 "이건 좋은 소식입니다. 우린 진짜 황금 같은 기회를 맞이한 것입니다…"라는 이야기를 들을 때, 귀가 번쩍 뜨이게 마련이다. 반대로 "좋든 싫든 우리에게 할 일이 생겼소"라는 이야기를 들으면 단조롭고 지루한 이미지가 떠올라 그에 따른 반응을 나타내게 된다. 승리를 약속하고 사람들의 얼굴에 생기가 돌게 하라. 성공을 약속하고 지지를 얻어내야 한다. 제 무덤을 파는 짓을 하지 말고 성을 쌓아라!

가능성은 보되 현상은 보지 말라

크게 생각할 줄 아는 사람들은 현재 모습이 아닌 앞으로 가능한 모습을 볼 수 있도록 자신을 훈련시킨 사람들이다. 다음은 그 점을 설명해 주는 4가지 사례이다.

무엇이 부동산을 가치 있게 만드는가?

전원주택을 전문적으로 취급하는 어느 성공적인 부동산 중개업자는 현재

거의 가치가 없는 물건 속에서 가능성을 볼 수 있도록 자신을 훈련할 때, 어떤 일이 벌어지는지 잘 보여주고 있다.

"이 근처에 있는 부동산들은 대부분 겉보기에 그다지 매력적이지 않은 황폐한 모습을 보여주고 있죠. 그런데도 제가 성공을 거두고 있는 이유는 고객들에게 현재의 모습을 팔지 않기 때문입니다. 저는 농장이 장차 어떻게 변화될 수 있는지에 주안점을 두고 전체적인 세일즈 계획을 세웁니다. '그 농장은 ○○에이커의 저지대와 ○○에이커의 산림지대를 갖고 있으며 마을에서 ○○킬로미터 정도 떨어져 있습니다'라는 말로는 고객이 그것을 사고 싶은 마음이 들도록 할 수 없죠. 반면, 그 농장으로 해낼 수 있는 것들을 포함하여 구체적인 사업계획을 제시한다면 어렵잖게 계약을 성사 시킬 수 있습니다. 제가 말하는 게 무슨 뜻인지 구체적으로 보여드리죠."

그는 자신의 서류 가방을 열고 서류 하나를 꺼냈다.

"이 농장은 이번에 우리에게 새로 들어온 물건입니다. 이것은 그야말로 전형적인 농가 부동산으로 도심지에서 43마일이나 떨어져 있고 집은 황폐해 있으며 농장 일이 중단된 지도 벌써 5년째나 됩니다. 하지만 여기에 제 설명이 첨부됩니다. 우선 저는 지난주에 그곳에서 이틀을 보내며 그 농장의 가치를 연구하였죠. 그 농장을 꼼꼼히 살펴보는 것은 물론이고 인근의 농장들까지 조사하였으며 기존의 도로나 건설 예정인 도로망과 관련하여 그 위치를 연구해 보았습니다. 그리고 저 자신에게 이렇게 물었죠. '이 농장이 어디에 쓸모가 있을까?' 그 결과, 저는 3가지 가능성을 도출하게 되었습니다. 그것이 바로 이 서류 속에 담겨 있죠."

그는 그 서류들을 나에게 보여주었다. 각각의 계획안은 알아보기 쉽도록 깔끔하게 타이핑되어 있었는데, 그중의 하나는 농장을 승마장으로 만드는 것이었다.

그 계획안은 커져 가는 도시, 야외활동의 수요 증가, 레크리에이션 비용 증가, 좋은 도로망 등을 지적함으로써 왜 그 아이디어가 타당성이 있는지 잘 설명해 주고 있었다. 그 유능한 부동산 업자는 마찬가지 방식으로 나무농장으로 겨냥한 2번째 계획안과 더불어 숲과 가금농장을 조합한 3번째 계획안도 만들어 두었다.

"이렇게 준비해 두면 손님들과 대화할 때, 현재의 농장을 훌륭한 투자처로 애써 권할 필요가 없습니다. 다만 그들이 농장에서 확실한 돈벌이 가능성을 볼 수 있도록 돕기만 하면 되죠. 게다가 저의 판매 방식은 더 많은 농장을 더 빨리 판매하는 것 외에 또 다른 부가적 이익을 가져다줍니다. 쉽게 말해 저는 다른 경쟁자들보다 더 높은 가격에 부동산을 팔 수 있는 것이죠. 사람들은 단순한 부동산보다는 아이디어가 첨부된 부동산에 더 많은 돈을 지불합니다. 같은 맥락에서 볼 때, 부동산 소유자들도 저를 통해 매물을 내놓으려 하기 때문에 이래저래 양쪽에서 저는 더 많은 수수료를 받게 되죠."

이 이야기에서 우리가 배워야 할 교훈은 '현상을 보지 말고 가능성을 보라'는 것이다. 마음속에 영상을 떠올리도록 할 수 있는 능력은 모든 것에 가치를 더해준다. 즉, 크게 생각할 줄 아는 사람들은 언제나 미래의 가능성을 마음속에 떠올리는 사람들이다. 그들은 현재의 모습에 얽매이지 않는다.

한 명의 고객이 얼마만큼의 가치를 지니는가?

어느 백화점의 중역이 판촉 실장들의 회의 석상에서 이런 말을 하였다. "이렇게 말하면 약간 구식이란 소리를 들을지도 모르지만 나는 고객이 우리의 매장을 자주 찾도록 만드는 최고의 방법은 친절하고 예의 바른 서비스를 제공하는 것이라고 믿습니다. 언젠가 우리 매장을 돌아다니다가 점원 한 명이 고객과 언쟁을 벌이는 소리를 엿듣게 되었죠. 그런데 그 고객은 성을 벌컥 내면서 가버렸습니다. 그 후 점원은 동료에게 이런 말을 하더군요. '1.98달러짜리 손님 때문에 나의 모든 시간을 잡아먹으면서 그가 원하는 물건을 찾느라 온 매장을 들 쑤셔 놓을 수는 없었어. 그는 그렇게 해줄 가치가 없는 사람이었다고.' 나는 그곳을 지나치면서 점원의 그 말을 결코 잊을 수 없었습니다. 우리 점원이 고객을 1.98달러짜리 존재로 생각하는 것은 매우 심각한 문제였죠. 나는 곧바로 그러한 개념을 뒤바꿔야 한다고 결정을 내렸습니다. 그래서 사무실로 돌아온 나는 연구부장을 불러 우리 매장에서 고객 한 명당 연간 얼마의 돈을 쓰는지 알아보게 했죠. 그런데 그가 들고 온 수치를 보고 나는 깜짝 놀라고 말았습니다. 연구부장의 꼼꼼한 계산 결과에 따르면 고객 한 명이 우리 매장에서 쓰는 돈은 연간 362달러에 달했던 것입니다. 이후, 나는 모든 인사관리자들을 모아놓고 예전의 그 사건을 그들에게 설명했습니다. 그리고 고객 한 명의 가치가 얼마나 되는지 그들에게 알려주었습니다."

그렇게 하여 점원들이 단 한 번의 판매가 아닌 연간 판매량에 따라 고객의 가치를 매겨야 한다는 것을 납득하게 되자, 그들의 서비스는 눈에 띄게 좋아졌다. 고객을 대할 때는 현재의 구매량이 아닌 미래의 구매 가능성에 주목해야 한다.

그렇게 하여 고객에게 큰 가치를 부여한다면, 그들을 당신의 단골 고객으로 만들 수 있다. 반면, 고객에게 별다른 가치를 부여하지 않는다면 그들은 다른 구매처를 찾아갈 것이다.

내가 알고 있는 어떤 학생은 자신이 어느 카페테리아를 절대로 찾지 않는 이유를 나에게 들려주었다.

"어느 날, 점심을 먹으러 2주 전에 새로 생긴 카페테리아를 찾아갔습니다. 저는 학생의 신분인지라 무엇보다 맛 좋고 값이 싼 음식을 찾아야 했기에 그곳 음식과 가격들을 꼼꼼히 살펴보았죠. 그러다가 아주 먹음직스러운 드레싱과 칠면조 고기를 발견했는데, 가격표에는 고작 39센트라고 적혀 있더군요. 그래서 그걸 집어 들고 계산대로 갔더니 점원이 1달러 9센트를 내라고 하더군요. 나는 그녀에게 정중히 가격표를 다시 살펴봐 달라고 부탁했죠. 그러자 그녀는 경멸하는 듯한 눈초리로 날 쏘아보더니 가격을 39센트가 아닌 49센트라고 정정해서 말하더군요. 그리고 그녀는 '가격표에 뭐라 적혀 있든 내가 알 바 아니에요. 그건 49센트짜리라고요. 누군가가 실수를 한 모양인데 좌우지간 당신은 49센트를 내야 해요.' 나는 결국 그 돈을 내고 말았습니다. 왜냐하면 그곳에 서서 볼썽사나운 장면을 연출하고 싶지 않았기 때문입니다. 하지만 두 번 다시 그곳에서 식사하지 않으리라고 작정했죠. 나는 점심식사 비용으로 1년에 250달러 정도를 쓰는데 그 식당은 더 이상 내 돈을 단 한 푼도 가질 수 없을 겁니다."

이것은 당장 눈앞의 일만 생각하는 속 좁은 시각의 또 다른 사례이다. 카페테리아 점원은 250달러의 잠재적 가치가 아닌 눈앞의 10센트만 보았던 것이다.

안목이 없는 우유 배달부의 사례

사람들은 놀라울 정도로 잠재적인 가치에 대해 안목이 없다.

몇 해 전, 어느 젊은 우유 배달부가 우리 집을 찾아와 날마다 우유를 넣게 해달라고 간청해왔다. 나는 그에게 이미 다른 곳에서 우유를 배달 받고 있으며, 그곳의 서비스에 상당히 만족하고 있다고 설명했다. 그리고 옆집을 찾아가 그곳의 여주인에게 얘기해 보라고 추천해 주었다. 그러자 배달부가 이렇게 말했다.

"이미 옆집 아주머니와 얘기해 보았죠. 하지만 그 집은 이틀에 한 번꼴로 우유 1리터짜리 한 병을 주문하겠다는데 그 정도로는 제가 정기적으로 방문하기에 불충분합니다."

"그럴지도 모르지. 하지만 자넨 그 아주머니와 얘기하면서 그 집의 우유소비가 한두 달 내에 엄청나게 늘어나리란 사실을 깨닫지 못했단 말인가? 그 집에는 우유를 많이 소비할 새 식구들이 생길 거란 말일세."

젊은이는 잠시 멍한 표정을 짓더니 이렇게 말했다.

"아이고, 내가 이렇게 안목이 없다니!"

이틀마다 1리터 우유 한 병을 사먹던 그 아주머니는 지금, 앞서 그 젊은 배달부로부터 이틀마다 1리터 7병을 배달 받고 있다. 그 아주머니의 장남 밑으로 남자아이 두 명과 한 명의 여자아이가 태어났기 때문이다. 그리고 내가 듣기로 그 집에는 앞으로 또 다른 아이가 태어날 예정이라고 한다.

우리는 얼마나 자주 안목이 없는 행동을 하곤 하는가!

현재의 모습이 아닌 앞으로의 가능성을 보아야 하는데 말이다.

무엇이 당신의 가치를 결정짓는가?

몇 주 전, 연수회가 끝난 후 어떤 젊은이가 내게 다가와 잠시 얘기를 나눌 수 있겠느냐고 물어왔다. 그는 26살로 청년기에 들어서면서부터 숱한 불행을 겪었지만 불우한 환경하에서도 열심히 미래를 위해 자신을 준비해 오고 있었다.

"저는 은행에 예금해둔 돈이 불과 200달러도 되지 않습니다. 제가 맡고 있는 요금 계산원이란 직책은 중책이 아니기에 받을 수 있는 돈이 얼마 되지 않기 때문이죠. 그리고 아내와 함께 낡은 차를 몰며 비좁은 아파트에서 살고 있습니다. 하지만 교수님, 저는 현재의 가난이 제 앞길을 가로막지 못하게 하리라고 결심하였습니다."

마지막 말에 흥미를 느낀 내가 설명을 요구하자 그는 이렇게 대답했다. "지금의 제 모습, 그러니까 낡은 자동차, 형편없는 수입, 싸구려 아파트, 햄버거로 때우는 끼니만을 생각한다면 좌절할 수밖에 없을 것입니다. 아마도 보잘것없는 제 이미지만을 보고 평생 그런 존재로 살아가게 되겠죠. 하지만 저는 앞으로 몇 년 안에 변화될 제 모습을 바라보기로 결심했습니다. 요금 계산원이 아닌 중역이 되어 있는 저 자신을 또한 지저분한 싸구려 아파트가 아니라 근사한 교외주택을 마음속에 그리고 있는 것입니다. 그런 미래를 꿈꾸면 마음이 한결 넓어지고 생각의 크기도 커지게 되더군요. 저는 개인적으로 그러한 사고방식의 효과를 입증해 주는 많은 경험을 해왔습니다."

이것은 자신의 가치를 늘리는 데 도움이 되는 참으로 훌륭한 사고방식이 아닌가? 그 젊은이는 멋진 삶으로 나아가는 고속도로를 타고 있는 셈이다. 다시 말해 그는 다음과 같은 기본적인 성공원리에 통달한 사람이다. 중요한 것은 '현재 얼마를 갖고 있느냐?'가 아니라 '앞으로 얼마를 가질 계획인가?'이다. 그리고 세상이 우리에게 붙이는 가격표는 우리가 스스로에게 붙인 가격표와 동일하다.

가치를 부여하는 연습

다음은 현재 모습이 아니라 미래의 가능성을 꿰뚫어 보는 능력을 키울 수는 방법이다.

> **1. 사물의 가치를 늘려라.**
> 앞서 소개한 부동산업자의 사례를 떠올리며 자기 자신에게 물어 보라. "이 일에 가치를 더하기 위해 무엇을 할 수 있을까?" 부가가치를 만들 수 있는 아이디어를 찾아 보라. 사물의 가치는 그것을 활용하는 아이디어에 비례한다.

2. 사람들의 가치를 늘려라.

지위가 높아지고 더 크게 성공할수록 당신의 일은 점점 더 '인재 개발'의 성격을 띠게 된다. 그럴 경우, 이렇게 자문해 보라. "가치를 높이기 위해 내가 할 수 있는 일은 무엇일까?" 혹은 "그들이 좀 더 유능해지도록 도움을 주기 위해 내가 무엇을 할 수 있을까?" 최고의 능력을 끌어내려면 우선 그 최고능력을 마음속에 분명히 그려보아야 한다는 사실을 명심하라.

3. 자기 자신의 가치를 늘려라.

날마다 자기 자신과 대화를 나눠 보라.

"오늘 나 자신의 가치를 높이기 위해 무엇을 할 수 있을까?"

자신의 현재 모습이 아닌 미래의 가능한 모습을 마음속에 그려 보라. 그러면 자신의 잠재적 가치를 현실화할 수 있는 방식이 마음속에 구체화 될 것이다. 한 번 시도해 보고 결과를 지켜 보라.

비즈니스 세계에서도 크게 생각하라

어느 정도 규모를 갖춘 인쇄업체의 소유주이자 경영자였다가 지금은 은퇴한 내 친구는 자신이 어떠한 방식으로 후임자를 결정했는지를 들려주었다.

"5년 전, 우리 회사는 회계 및 사무업무를 진두지휘할 회계사를 필요로 했지. 그래서 그 당시 26살이던 해리를 고용했는데, 그는 인쇄업에 대해 아무것도 몰랐지만 회계업무 분야에서는 꽤 유능했다네. 그리고 나는 1년 6개월 전에 은퇴하면서 그를 우리 회사의 사장이자 총괄국장으로 임명했다네. 해리는 분명히 눈에 띄는 한 가지 자질이 있었지. 그는 단순히 수표를 쓰고 기록 해두는 일에 그치지 않고 회사 전체의 상황에 대해 진심으로 적극적인 자세를 보여주었다네. 그가 다른 직원들을 도울 기회가 있으면 기꺼이 그 일에 뛰어들곤 했지. 그가 우리 회사에 들어온 첫 해, 몇몇 사람이 이직했다네. 그때 해리는 저렴한 비용으로 이직률을 낮출 수 있는 프로그램을 만들어서 내게 갖고 왔는데 그것이 효과가 있었다네. 그 밖에도 해리는 많은 일을 해냄으로써 자신의 부서뿐만 아니라 회사 전체에 큰 이익을 가져다주었지. 이를테면 생산과정에 들어가는 비용을 자세히 연구하여 새로운 기계 구입에 3만 달러를 투자함으로써 얼마만큼의 비용 절감 효과를 거둘 수 있는지 밝혀내기도 했다네. 또 언젠가는 제품의 매출이 뚝 떨어진 적이 있었지. 그때에도 해리는 영업부장을 찾아가 '영업 부문에 대해 잘 모르지만 돕게 해주십시오'라는 식으로 요청했다네. 그리고 그는 실제로 많은 도움을 주었지. 그가 제안한 여러 가지 좋은 아이디어는 더 많은 주문을 받아내는 데 도움이 되었다네. 또한 새로운 직원이 회사에 들어오면 해리는 그 사람을 찾아가 상대방이 회사에 편안히 적응할 수 있도록 도움을 주었지. 이처럼 해리는 회사의 모든 일에 진심으로 관심이 있었다네. 그러니 내가 은퇴하게 되었을 때, 그가 후임자가 되는 것은 당연한 귀결이었지. 그렇다고 해서 해리가 나에게 잘 보이기 위해 노력한 것이라고 오해하지 말게나. 그는 쓸데없이 끼어들기를 좋아하는 사람도 아니었고 부정적인 의미로 공격적인 성향을 띠고 있는 사람도 아니었네. 또한 등 뒤에서 비수를 꽂는 사람도 아니며 여기저기 돌아다니며 명령을 내리는데 재미를 붙인 사람도 아니었다네. 그는 단지 회사의 모든 일이 자신에게 영향을 미치는 듯 열정적으로 행동했을 뿐이지. 다시 말해 그는 회사의 일을 완전히 제 일로 받아들였다네."

우리는 모두 해리에게서 중요한 교훈을 배울 수 있다.

'나는 나의 일만 할 것이며 그것으로 충분하다'는 마음가짐은 속이 좁고 부정적인 사고방식이다. 크게 생각할 줄 아는 사람은 승패를 자기 자신뿐만 아니라 팀과 함께 나누는 팀워크를 갖추고 있다. 그리고 그들은 직접적으로 아무런 보상이나 보답을 받지 못할 경우에도 가능한 한 동료들을 돕기 위해 애를 쓴다. 반면, 자기 부서 이외의 문제는 쉽게 무시해 버리는 사람들은 흔히 다음과 같이 말한다.

"그건 내 문제가 아니오. 그건 그들이 걱정할 문제란 말이오."

하지만 이렇게 말하는 사람들은 최고 지도자가 되는데 필요한 마음가짐을 갖추지 못한 것이다.

해리와 같은 자세로 살아가라. 크게 생각할 줄 아는 훈련을 쌓아라. 회사의 이익을 당신 자신의 이익으로 알아라. 기업의 규모가 클수록 회사 일에 대해 진심으로 적극적인 관심을 쏟는 직원은 극소수에 지나지 않는다. 오직 소수의 사람들만이 크게 생각하는 자질을 보여주는데, 이들은 결국 가장 커다란 보수를 받는 최고의 직무로 보상받게 될 것이다.

실제로 뛰어난 잠재력을 지닌 수많은 사람이 아주 사소하고 시시한 일 때문에 진정한 성공의 길을 걷지 못하고 있다.

그러면 이제 그러한 사례를 몇 가지만 살펴보기로 하자.

강연을 잘하기 위해 필요한 것은 무엇일까?

사람들 앞에서 말을 아주 잘하는 능력을 갖추는 것은 모든 사람의 소망이다. 하지만 대부분의 사람은 그러한 소망을 이루지 못하고 있다. 그들은 형편없는 연설자의 수준을 면치 못하는 것이다.

그 이유는 무엇일까?

그것은 아주 간단하다. 대부분의 사람은 연설의 크고 중요한 수칙을 희생시키면서 작고 사소한 수칙들을 지키는 데 집중한다. 즉, 그들은 연설을 준비하면서 '단상에 올라가면 똑바로 서 있어야지', '쓸데없이 손을 움직이지 않도록 주의해야 해', '메모를 보고 연설한다는 걸 청중들이 알지 못하게 해야', '어법에서 실수를 저지르면 안 돼', '넥타이를 똑바로 맸는지 확인하자', '크게 말하되 너무 크게 소리 질러서는 안 돼' 등의 갖가지 금기 사항을 머릿속에 집어넣기 바쁜 것이다.

이러한 연설자가 실제로 단상에 올라서면 무슨 일이 벌어질까? 그는 무수한 금기 사항으로 머릿속이 꽉 찬 상태이기 때문에 단상에 올라갈 때부터 혼란스러운 마음 상태에서 연설하게 되며 마음속으로 '내가 실수를 저지르지는 않았나?'라고 자꾸 되묻게 된다. 쉽게 말해 그는 실패자가 되는 것이다. 그가 실패한 원인은 연설자의 사소한 자질에 집중하면서 중요한 자질들을 챙기지 못했기 때문이다. 여기서 말하는 연설자의 중요한 자질이란 연설자가 '청중들에게 말하고자 하는바'와 그것을 '타인에게 전하고자 하는 강렬한 열망'을 뜻한다.

좋은 연설자의 시금석은 허리를 꼿꼿이 펴고 서 있는 것이나 어법에 맞는 매끄러운 어휘력을 구사하는데, 있는 것이 아니라 청중들에게 자신이 말하고자 하는 바를 효과적으로 전달하는 데 있다. 사실, 아무리 일류급 연설자라 할지라도 사소한 단점은 누구나 지니고 있게 마련이다.

그렇지만 그들은 한 가지 공통점이 있는데, 그것은 바로 '대중에게 뭔가 할 말이 있고 듣고자 하는 이들에게 그것을 전달하고자 하는 불타는 열망을 갖고 있다'는 점이다. 당신도 사소한 일에 신경을 쓰다가 대중 강연을 망치는 사람이 되지 않도록 주의하라.

말다툼의 원인은 무엇일까?

말다툼의 원인이 무엇인지 한 번쯤 생각해본 적이 있는가? 사실, 말다툼의 99%는 아주 사소하고 시시한 문제로 시작된다.

하루 일을 마친 존은 피곤함을 느끼며 신경이 약간 곤두선 상태로 집에 돌아왔다. 그런데 저녁 식사마저 별로 만족스럽지 못했기에 그는 코웃음을 치면서 불평을 늘어놓았다. 그러자 별로 근사하지 못한 하루를 보낸 조안 역시 자기방어의 차원에서 다음과 같이 남편을 비꼬았다.

"당신이 갖다주는 월급으로 나더러 더 이상 어쩌라는 거예요? 나도 다른 사람들처럼 새 오븐을 갖고 있다면 더 나은 요리를 만들 수 있을 거예요."

이 말은 존의 자존심에 상처를 주었고 존은 자동으로 이렇게 반박하였다.

"조안, 돈이 부족한 게 아니야. 문제는 당신이 살림할 줄 모른다는 데 있지."

이런 식으로 해서 결국 부부싸움이 벌어진다! 그리고 두 사람은 평화협정을 맺기 전까지 서로 온갖 종류의 비난을 쏟아붓는다.

이러한 말다툼을 근절시키기 위해서는 부정적인 생각을 버려야 한다.

다음은 그러한 부부생활에 효과를 발휘할 만한 훈련법이다.

불평과 비난, 질책을 늘어놓거나 자기방어 차원의 역공을 펼치기 전에 이렇게 자문해 보라. "이게 정말로 중요한 문제일까?" 물론 대개는 중요치 않은 문제이며 그런 사실을 깨닫는다면 사전에 갈등을 피할 수 있다.

부정적인 행동을 취하기 전에 다음과 같이 자문해 보라.

"이것이 정말 중요한 문제일까?"

그러한 자문은 마술 같은 효력을 발휘하여 집안의 분위기를 더욱더 좋게 만들어줄 것이다. 물론 이것은 직장에서도 효력을 발휘한다. 그것은 말다툼이 일어날 소지가 있는 인생의 그 어떤 상황에서도 효력을 발휘하는 것이다.

작은 사무실을 배정 받고 어이없이 도중하차하는 실수

여러 해 전, 나는 어떤 유능한 젊은이가 사무실을 배정 받는 문제에 대한 편협한 생각 때문에 광고업계에서 좋은 경력을 쌓아나갈 기회를 스스로 없애버린 사례를 목격한 적이 있다.

그 당시 똑같은 지위에 있는 네 명의 젊은 간부사원들이 새로운 사무실로 이사를 하게 되었다. 그중에서 세 개의 사무실은 크기와 장식이 동일했지만 네 번째 사무실은 크기가 작고 장식도 상대적으로 더 초라했다. 그 네 번째 사무실을 배정 받은 사람은 J. M.이었는데, 그 일은 그의 자존심에 커다란 상처를 안겨주었다. 그는 즉각 자신이 차별대우를 받았다고 느꼈고 나날이 부정적인 생각, 적개심, 비통함, 질투심을 쌓아갔다. 그렇게 새로운 환경에 적응하지 못하고 세 명의 동료들에 대한 적개심을 키워나간 그는 최선을 다해 협조하기는커녕 동료들의 노고를 남몰래 방해하는 데 전력을 다했다. 시간이 흐를수록 상황이 더욱더 악화하자 결국 경영진은 그를 해고할 수밖에 없었다.

J.M.은 사소한 일에 대한 속 좁은 생각으로 인해 자신의 앞길을 망쳐버리고 만 것이다. 그는 자신이 차별당하고 있다는 성급하고 그릇된 판단으로 인해 회사가 급속히 성장하면서 사무공간이 부족하게 되었다는 사실을 깨닫지 못했다. 그리고 그는 사무실을 배정한 중역이 누가 가장 작은 사무실을 갖게 되었는지 알지 못했다는 사실을 생각해보지 않았다! 실제로 J.M. 자신을 제외하고 회사 내에서 그의 가치를 사무실의 크기로 따지는 사람은 아무도 없었다.

부서 공정 시트에서 자신의 이름이 맨 마지막에 올려져 있거나 메모 원본의 4번째 복사지를 받는 것과 같은 중요치 않은 문제로 속 좁은 생각을 품는다면 자기 자신에게 해가 될 뿐이다. 크게 생각하라. 그러면 자잘한 문제들이 더 이상 당신의 발목을 붙잡지 않을 것이다.

말을 더듬는 것도 사소한 문제이다

어느 대기업의 영업 간부는 영업에서 진정 핵심적인 자질을 갖추고 있다면 말을 더듬는 것조차 문제 되지 않는다는 사실을 구체적인 사례를 들어 설명해 주었다.

"내 친구 중에 장난기가 심한 영업 중역이 있었습니다. 사실 그의 장난은 남들에겐 결코 장난이 아니었지만 말입니다. 몇 달 전, 어떤 젊은이가 그 장난기 심한 친구를 찾아와 자신을 영업사원으로 고용해 달라고 요청했답니다. 내 친구는 그 젊은이가 심한 말더듬이라는 것을 알고 마침내 나를 놀려먹을 기회가 왔다고 판단했죠. 그는 청년에게 자신은 영업사원을 구하지 않지만 친구 중에 영업사원을 구하는 사람이 있을 것이라고 귀띔해 주었답니다. 그리고는 나에게 전화를 걸어와 그 젊은이에 대한 칭찬을 늘어놓았죠. 물론 나는 아무런 의심 없이 '그럼 그를 나에게 보내봐'라고 말했습니다. 30분 후, 그 젊은이가 내 사무실 안으로 들어왔죠. 그리고 나는 그의 말을 몇 마디 들어보고 곧바로 장난꾸러기 친구가 그 젊은이를 애써 내게로 보낸 이유를 깨달았습니다. 청년은 이렇게 말했습니다. '저-저-저는-잭- 래-... 미스터 X가... 이리로 보라고... 했어요... 여기서... 일자리를 얘기... 보라고... 하더군요.' 그가 말을 할 때마다 혀와 싸움을 벌이는 모습을 보면서 난 이렇게 생각했죠. '이 사람은 1달러짜리를 90센트씩 받고 파는 일도 성공하지 못할 사람이군.' 나는 친구에게 슬그머니 화가 났지만, 눈앞의 청년이 너무 불쌍하게 여겨져 최소한 정중하게 몇 가지 질문을 던져봐야겠다고 생각했습니다. 물론 마음 한구석에서는 그를 고용할 수 없다는 그럴듯한 구실들을 생각해 두면서 말입니다. 그러나 우리의 대화가 진전되면서 나는 그 청년이 결코 바보가 아니라는 사실을 깨달았습니다. 그는 교양과 지성을 갖춘 사람이며 자신을 아주 멋지게 관리하는 친구였죠. 하지만 나는 그가 말더듬이라는 사실을 간과할 수가 없었습니다. 그리하여 마지막 한 가지 질문을 던짐으로써 면접을 끝내기로 작정했죠. '자넨 어떻게 해서 자신이 영업을 할 수 있다고 생각하게 된 것인가?' '음, 저는 뭐든지 빨-빨-빨리 배웁니다. 그리고 저-저-저는 사람들을 좋아합니다. 저-저-저는 이곳이 좋은 회사이고 저-저-저는 여기서 돈- 돈-돈을 벌 수 있으리라고 생각합니다. 보시다시피 저-저-저는 말을 무척 더듬는 편이지만 그것이 부담되지는 않습니다. 그러니 그것이 다른 사람들에게도 부담이 될 이유는 없지 않나요?' 그의 답변은 그가 영업사원이 되는데 필요한 모든 핵심적인 자질을 갖추고 있다는 걸 밝혀주었죠. 그래서 나는 그 자리에서 그에게 기회를 주기로 결정을 내렸답니다. 결과적으로 나는 일을 아주 잘하는 직원을 갖게 된 것이죠."

말을 잘해야 하는 직업을 가진 사람이 언어장애를 겪고 있다고 할지라도 다른 중요한 자질을 갖추고 있다면 그 장애는 별다른 문제가 아닐 수도 있다.

사소한 문제를 초월하여 생각하는 법

사소한 문제에 대해 올바른 사고방식을 갖는 데 도움이 될만한 다음의 세 가지 수칙을 실천에 옮겨 보라.

1. 큰 목표에 초점을 맞춰라.

우리는 흔히 세일즈에 성공하지 못하고 상사에게 다음과 같이 보고하는 영업사원처럼 행동한다.

"저는 분명히 고객에게 그가 틀렸다는 것을 납득시켰습니다." 영업의 주요 목표는 논쟁이 아니라 세일즈에서 승리하는 것이다. 결혼의 주요 목적은 평화, 행복, 평온 등에 있지 말싸움에서 이기거나 '나도 당신에게 그렇게 말할 수 있었어!'라고 말하는 데 있지 않다. 직원들과 함께 일하는 주요 목표는 그들의 잠재력을 완전히 개발하는 데 있지 그들의 사소한 잘못을 문제 삼는 데 있지 않다.

당신의 눈을 큰 그림에 고정하겠다고 작정하라.

2. "이게 중요한 일인가?"라고 자문하는 버릇을 가져라.

흥분하여 부정적으로 반응하기 전에 이렇게 자문하라. "내가 이 모든 일을 벌일 만큼 그것이 중요한 문제인가?"

사소한 문제로 낙담하는 상황을 피하는 데 있어서 이보다 더 좋은 예방약은 없다. 우리가 골치 아픈 상황에 직면할 때마다 "이게 정말 중요한 일인가?"라고 자문한다면 인간 사회의 언쟁과 불화의 90%는 일어나지 않을 것이다.

3. 사소한 문제의 덫에 빠지지 말라.

연설을 하거나 문제를 풀며 직원에게 상담해줄 경우, 진정 중요한 일들을 생각하라. 결코 사소한 문제에 집착하지 말고 중요한 일에 집중하라.

생각의 크기를 측정하는 테스트

다음의 표는 여러 가지 일반적인 상황들을 다루고 있다. 중간과 오른쪽 내용은 똑같은 상황을 놓고 생각의 폭이 작은 사람들과 큰 사람들이 서로 얼마나 다른 시각을 가질 수 있는지를 보여준다. 당신 자신의 경우를 점검해 보고, 당신이 어느 쪽에 속하는지 판단해 보라. 당신은 생각이 작은 사람인가? 아니면 큰 사람인가?

똑같은 상황일지라도 전혀 다른 사고방식으로 풀어갈 수 있으며 선택은 당신 자신의 몫이다.

상황	작게 생각하는 접근 방식	크게 생각하는 접근 방식
지출계정	지출을 줄여 수입을 늘릴 방법을 모색한다	매출을 늘려 수입을 늘릴 방법을 모색한다
대화	친구, 경제, 자회사, 경쟁사들의 부정적인 측면을 얘기한다	친구, 경제, 자회사, 경쟁사들의 긍정적 측면을 얘기한다
진보	축소나 현상유지를 신봉한다	확장을 신봉한다
미래	미래가 제한되어 있다고 본다	미래가 매우 유망하다고 본다
일	일을 피할 수 있는 길을 찾는다	일을 더 할 수 있는 특히 남을 도울 수 있는 길을 찾는다
경쟁	평범한 사람들을 경쟁 상대로 삼는다	최고에 오른 사람들을 경쟁 상대로 삼는다
예산문제	필요한 물품비용을 절감함으로써 돈을 저축할 방법을 모색한다	수입을 늘리고 필요한 물품을 더 구입할 방법을 모색한다
목표	목표를 낮게 잡는다	목표를 높게 잡는다

상황	작게 생각하는 접근 방식	크게 생각하는 접근 방식
비전	단기적으로 밖에 보지 못한다	장기적인 구상에 치중한다
안전	안전문제에 치중한다	안전을 성공의 자연스러운 동반자로 여긴다
교제	작게 생각하는 사람들을 가까이 한다	크고 진취적인 생각의 소유자들과 가까이 한다
실패	사소한 잘못을 확대하여 큰 문제로 만든다	사소한 잘못을 무시해 버린다

크게 생각하는 것이 모든 면에서 이익이란 사실을 기억하라!

1. 자신을 결코 헐값에 넘기지 말라. 자기 비하의 범죄를 저지르지 말라. 자신의 자산에 집중하라. 당신은 자신이 생각하는 것 이상의 존재이다.

2. 크게 생각하는 사람답게 말을 하라. 통이 크고 밝고 명랑한 언어들을 사용하라. 승리, 희망, 행복, 기쁨을 약속하는 단어들을 사용하며 실패, 패배, 슬픔 등의 불쾌한 이미지를 떠올리는 단어를 피하라.

3. 시야를 넓혀라. 현상이 아닌 가능성에 주목하라. 사물, 사람 그리고 자기 자신의 가치를 늘려라.

4. 자신이 하는 일을 크게 보라. 현재 맡은 업무가 진짜 중요한 일이라고 생각하라. 승진하느냐 마느냐는 대개 자신의 현재 업무를 어떻게 생각하느냐에 달려 있다.

5. 사소한 일들에 집착하지 말라. 큰 목표에 초점을 맞춰라. 사소한 일에 얽매이기 전에 "이게 진짜 중요한 일인가?"라고 자문해 보라. 크게 생각함으로써 크게 성장하라!

Chapter

창조적으로 생각하고 꿈꾸는 법

 **창조적인 사고력을 길러라**

창조적인 사고란 무엇인가?

먼저 창조적 사고의 의미에 대한 일반적인 오류를 짚어보자.

우리는 보통 어떤 비논리적인 이유로 인해 과학, 기술, 예술, 집필활동만을 유일하게 참된 창조적 분야로 인식하고 있다. 다시 말해 대부분의 사람은 전기나 소아마비 백신의 발견 혹은 소설창작, 컬러 TV의 발명과 같은 일들만을 창조적 사고와 결부 짓는 것이다.

물론 그러한 업적들은 창조적 사고의 확실한 증거이다. 이를테면 인류가 우주 정복을 위해 거쳐온 각각의 단계는 상당 부분 창조적 사고의 소산이다. 하지만 창조적 사고는 특정 직업에 국한된 것도 그리고 뛰어난 지성의 소유자들에게만 한정된 것도 아니다. 그렇다면 대체 창조적 사고란 무엇인가?

가난한 집안에서 아들을 일류대학에 진학시킬 계획을 세웠다면 이 역시 엄연한 창조적 사고이다.

어떤 사람이 지저분한 거리를 아름다운 곳으로 바꿔놓는다면 그 역시 창조적 사고의 결과이다.

어느 목사가 주일예배에 참석하는 교인 수를 두 배로 늘릴 계획을 세울 경우에도 창조적 사고력이 사용된다.

사무처리를 단순화시키고 '설득 불가능한' 고객에게 물건을 팔며 아이들이 건설적인 활동에 몰두하도록 지도하고 직원들이 자신들의 일을 진정으로 좋아하게 만들며 '말다툼'을 예방할 수 있는 방법을 찾는 것도 모두 실제적인 창조적 사고의 사례들이다.

결국 창조적 사고란 뭔가 새롭고 개선된 일 처리 방식을 찾는 사고를 뜻한다. 사실, 우리가 가정, 직장, 사회에서 성공을 이뤄내는 관건은 더 나은 일 처리 방식을 발견하는데 달려 있다.

그러면 우리의 창조적 사고력을 개발하고 강화하기 위해 할 수 있는 일들을 살펴보기로 하자.

창조적 사고력을 개발하기 위한 첫걸음

우선 1단계로 '이뤄질 수 있다는 것'을 믿어라.

이것은 아주 기본적인 진리로 뭔가를 이루기 위해서는 먼저 그것이 이뤄질 수 있다는 것을 믿어야 한다. 왜냐하면 가능성에 대한 믿음이 마음을 움직여 목표를 이룰 방법을 찾아내기 때문이다.

나는 창조적 사고의 이런 측면을 설명하기 위해 연수 시간에 종종 다음과 같이 묻곤 한다.

"앞으로 30년 안에 교도소를 모두 없애버릴 수 있다고 한다면 이 중에서 과연 몇 분이나 그 말을 믿을까요?"

나는 잠시 뜸을 들인 후, 다시 묻는다.

"이 중에서 앞으로 30년 안에 교도소가 모두 없어질 수 있다고 믿는 분은 과연 몇 분이나 계십니까?"

같은 질문이 반복되면 사람들은 내가 농담을 하는 것이 아님을 눈치채고 누군가가 이렇게 질문을 해온다.

"교수님은 모든 살인자, 도둑, 강간범들을 석방시키자는 말씀이십니까? 그게 뭘 의미하는지 모르십니까? 만약 그렇게 된다면 세상은 더 이상 안전한 곳이라고 할 수 없을 것입니다. 감옥은 반드시 필요합니다."

그러면 다른 사람들도 말을 덧붙인다.

"교도소가 없으면 모든 질서가 무너질 겁니다." "어떤 사람들은 범죄자 기질을 타고나죠." "오히려 교도소가 더 늘어나야 합니다."

"조간신문에서 살인사건에 대한 기사를 읽어보셨나요?"

이처럼 사람들은 교도소가 반드시 있어야 한다며 온갖 이유를 그럴듯하게 늘어놓는다. 심지어 어떤 사람은 경찰과 교도관들에게 일자리를 주기 위해 교도소를 유지해야 한다고 말하기도 한다.

그렇게 교도소를 없애면 안 된다는 사람들의 항변이 어느정도 지속된 후, 나는 이렇게 말한다.

"나는 어떤 점을 지적하기 위해 여러분에게 교도소 폐지에 대해 질문을 던진 것입니다. 여러분은 지금까지 교도소를 없애면 안 될 이유들만 생각해 냈습니다. 그런 의미에서 한 가지 부탁을 드려도 될까요? 이제부터 교도소를 없앨 수 있다고 믿는 관점에서 몇 분 동안 더 논의해보죠." 그러면 사람들은 기꺼이 실험에 참여하면서도 "좋아요. 하지만 재미 삼아 그렇게 하는 겁니다"라는 식으로 나온다. 그때 나는 이렇게 말한다. "교도소를 없애는 것이 진정으로 가능하다면 어떤 일부터 시작해야 할까요?"

"글쎄요, 청소년상담실을 더 짓는다면 범죄가 줄어들 겁니다." 그러면 방금전까지 교도소 폐지를 결사반대하던 사람들이 이번에는 열심히 폐지 찬성 이유를 만들어내기 시작한다.

"빈곤을 퇴치해야 합니다. 대부분 범죄는 빈곤에서 비롯되죠."

"잠재적 범죄자들이 범죄를 저지르기 전에 그들을 찾아내는 조사를 해야 합니다."

"범죄자들의 범죄 증후군을 치료할 수 있는 외과 수술법을 개발해야 하죠."

"법 집행자들을 보다 개선된 방식으로 교육해야 합니다."

이상은 내가 지금까지 수집해온 교도소 폐지에 도움이 될만한 78가지의 구체적인 아이디어 가운데 일부이다.

가능성을 믿을 때, 마음은 실현 방법을 찾아낸다.

이러한 실험은 한 가지 중요한 사실을 알려준다.

뭔가에 대해 우리가 불가능하다고 믿는다면 마음은 그것이 불가능한 이유를 입증하는 쪽으로 움직인다. 반면, 뭔가가 가능하다고 믿는다면 그리고 그것을 진심으로 확신한다면 마음은 그것을 실현하는 길을 찾는 데 도움이 되는 쪽으로 움직이게 된다.

실현 가능성을 믿는 마음이 창조적인 해결책이 도출될만한 길을 닦아 놓는 것이다. 이러한 이치는 크든 작든 어떠한 상황에도 적용된다. 세계평화의 실현 가능성을 진심으로 믿지 않는 정치 지도자는 평화를 가져올 만한 창조적인 방식을 보지 못하기 때문에 실패를 맛보게 되어 있다. 마찬가지로 어떤 사람을 좋아할 만하다고 믿는다면 실제로 좋아하게 될 만한 면모를 찾아내 게 되어 있다.

스스로 가능하다고 믿는다면 개인적인 문제에 대한 해결책을 발견할 수 있다. 더 크고 새로운 집을 살 수 있다고 진심으로 믿는다면 그렇게 할 수 있는 길을 찾아낼 것이다.

믿음은 창조적 힘을 풀어놓는다. 반면, 불신은 거기에 제동을 건다. 믿어라. 그러면 건설적인 사고가 시작된다. 마음이 창조적인 길을 개척하도록 하려면 당신이 그것을 허용해야만 하는 것이다.

2년 전, 어떤 젊은이가 나에게 보다 장래성이 있는 일자리를 찾을 수 있도록 도와달라고 요청해왔다. 당시 그는 통신판매 회사의 신용 부서 담당자로 일하고 있었는데 거기에서는 아무래도 장래를 보장받기가 힘들다고 생각하고 있었다. 어쨌든 나는 그에 대해 좀 더 알고 난 뒤, 이렇게 물었다. "사회적 신분 상승의 기회가 되어줄 더 나은 일자리를 얻고자 하는 자네의 열의에 탄복했네. 하지만 그만한 일자리를 얻으려면 대학졸업장이 있어야 하지 않겠나. 그런데 자네는 대학을 3학기까지 다녔더군. 그래서 하는 말인데, 자네가 공부를 마저 끝냈으면 좋겠네. 그 후에는 자네가 원하는 일자리를 얻을 수 있을 것이라 확신하네."

"대학 교육이 제 꿈을 이루는 데 도움이 된다는 말씀이군요. 하지만 제가 대학으로 돌아가는 것은 불가능합니다."

"불가능하다고? 그 이유가 무엇인가?"

"우선 저는 24살이고 앞으로 두 달만 있으면 둘째 아이가 태어날 예정입니다. 그리고 지금 이 자리까지 올라오기 위해 상당한 노력을 기울였는데, 이러한 상황에서 공부하기 위해 현재의 직장을 버릴 수는 없습니다. 그건 불가능한 일입니다."

그 젊은이는 대학 졸업이 불가능한 일이라고 확신하고 있었다. 그래서 나는 이렇게 말했다.

"자네가 대학 졸업이 불가능하다고 믿는다면 실제로 그렇게 될 걸세. 하지만 반대로 대학으로 돌아가는 것이 가능하다고 믿는다면 해결책이 나오게 되어 있지. 우선 복학을 하겠다고 결심하게나. 그 결심이 자네의 생각을 지배하도록 만들게. 그리고 나서 가족을 부양하며 그 꿈을 이룰 방식을 생각해 보게. 2주 후에 다시 만나 어떤 아이디어가 떠올랐는지 말해주게나."

그 젊은 친구는 2주 후에 다시 나를 찾아왔다.

"교수님의 말씀을 여러 가지로 많이 생각해 보았습니다. 그리고 결국 복학하기로 결정을 내렸습니다. 아직 그 문제를 모든 각도에서 검토해본 것은 아니지만 해결책을 찾아낼 것입니다."

그리고 그는 정말로 해결책을 찾아냈다. 어느 협회에서 제공하는 장학금으로 수업료, 교재비, 그밖에 잡비를 해결할 수 있는 방법을 찾아낸 것이다. 또한 일하면서 공부를 할 수 있도록 근무 일정도 조정했다. 더불어 그의 열정과 더 나은 삶의 가능성이 아내의 전폭적인 지원을 끌어냈다. 그는 결국, 대학을 졸업하였고 대기업의 간부 수습 사원으로 들어갔다. 뜻이 있는 곳에 길이 있는 법이다.

 **창조적인 사고방법**

가능하다고 믿어라. 그것이 창조적 사고의 토대이다.

다음은 믿음을 통해 창조력을 개발하는 데 있어서 도움이 될 2가지 수칙이다.

> 1. 당신의 생각과 말에서 '불가능'이라는 단어를 없애버려라.
>   불가능은 실패의 단어이며 불가능하다는 생각은 그것을 입증하기 위한 다른 생각들의 연쇄반응을 불러일으킨다.
>
> 2. 하고 싶지만 할 수 없다고 생각해왔던 특별한 일을 생각해 보라.
>   그리고 이제는 당신이 그것을 해낼 수 있는 이유의 리스트를 만들어라. '할 수 있는' 이유에 집중해야 할 때, '할 수 없는' 이유에 집중하면 당신의 욕망은 패배당하고 만다.

전통적인 사고방식의 오류

최근, 나는 신문에서 대부분의 '주'가 지나치게 많은 '군'을 갖고 있다는 기사를 읽은 적이 있다. 그 기사에 따르면 대다수 군의 경계선은 자동차가 아직 개발되지 않고 말과 마차가 주요 교통수단이었을 때 정해진 것이라고 한다. 따라서 오늘날처럼 빠른 자동차와 좋은 도로망이 갖추진 시대에는 3, 4개의 군을 합치지 못할 이유가 전혀 없는 것이다. 만약 그렇게 된다면 중복

된 서비스를 상당 부분 정리할 수 있으므로 납세자들은 더 적은 세금을 내면서 더 좋은 서비스를 받을 수 있게 된다.

그 기사를 취재한 기자는 현장의 목소리를 담기 위해 무작위로 30여 명을 선택하여 인터뷰를 시도했는데, 놀랍게도 그 아이디어에 찬성하는 사람은 단 한 명도 없었다고 한다. 설령 군을 통합함으로써 납세의 부담을 줄이고 지방 정부의 체질을 개선할 수 있다 하더라도 말이다. 이것은 인습적인 사고방식의 전형적인 본보기이다..

인습적인 사고의 소유자는 경직된 마음을 갖고 있다. 그래서 흔히 이렇게 생각한다.

"우리는 100년간 쭉 이렇게 살아왔다. 그러므로 이런 방식을 유지하는 것이 더 바람직하다. 왜 위험을 무릅쓰고 변화를 초래하는가?"

'평범한' 사람들은 언제나 진보를 불쾌하게 여긴다. 과거에는 많은 사람이 발로 걷거나 말을 사용하는 것이 자연스러운 교통수단이라며 자동차에 대해 거부 반응을 보였다. 그리고 지금도 수많은 '현상 유지자'들이 인간은 우주 공간에서 할 일이 없다는 의견을 펼치고 있다.

하지만 미국 최고의 미사일 전문가인 폰 브라운 박사는 최근에 이런 종류의 주장에 대해 적절한 답변을 내놓았다.

"인간은 자신이 가고자 하는 곳에 속해 있다."

세계 굴지의 기업인 듀퐁의 크로포드 H. 그린월트 crawford H. Greenewalt 회장은 콜롬비아 대학에서 이런 말을 남겼다.

"일을 잘하는 데에는 수많은 방식이 있습니다. 일을 맡은 사람들의 숫자만큼이나 많은 방식이 있는 것이죠."

사실, 어떤 일에서든 최고의 방식이란 존재하지 않는다.

그 무슨 일이든 효과적인 방식이 하나만 있는 것은 아니다. 창조적인 마음의 숫자만큼이나 수많은 효과적인 방식이 존재하는 것이다.

경직된 사고방식에서 벗어나는 법

중요한 것은 그 무엇도 얼음 속에서 성장할 수 없다는 점이다. 만약 우리가 인습에 얽매여 경직된 사고방식을 갖는다면 새로운 아이디어의 싹이 움틀 수 없을 것이다.

때로 다음과 같은 아이디어를 누군가에게 말해보고 그의 반응을 알아보는 실험을 해 보라.

1. 오랫동안 정부의 독점사업이었던 체신업무를 민간기업에 넘겨주어야 한다.
2. 대통령 선거는 4년이 아닌 6년에 한 번씩 치러야 한다.
3. 소매점의 영업시간은 오전 9시에서 오후 5시 30분까지가 아닌 오후 1시에서 오후 8시까지여야 한다.
4. 은퇴 연령은 70세로 올려야 한다.

여기서 이러한 아이디어들이 논리적이며 실제적이냐 하는 것은 중요치 않다. 중요한 것은 이러한 제안을 어떻게 다루느냐 하는 점이다. 아마도 대부분의 사람들은 이런 이야기를 듣고 코웃음을 칠 것이다. 하지만 이러한 아이디어에 대해 두 번 다시 생각할 필요도 없다는 식으로 대한다면 인습적인 사고 마비증에 걸린 것으로 생각하면 된다.

보통은 20명의 1명꼴로 '그거참 흥미로운 아이디어로군요. 좀 더 설명 해주세요'라는 반응을 보이는데, 이들은 대부분 창조적인 마음의 소유자들이다.

인습적인 사고방식은 창조적인 성공프로그램에 관심이 있는 사람들이 첫 번째로 염두에 두어야 할 장애물이자 적군이다.

다음은 그것을 퇴치하는 3가지 방식이다.

1. 새로운 아이디어를 열린 마음으로 받아들여라.

"안 될 거야", "그건 이뤄질 수 없어", "소용없어", "터무니없는 소리야" 처럼 반발적인 사고방식을 물리쳐라.

2. 실험적인 사람이 되어라.

고정된 틀을 부수고 새로운 레스토랑, 새로운 책, 새로운 극장, 새로운 친구를 찾고 다른 길로 출근해보거나 주말이면 지금까지와 다른 새로운 일을 시도해 보라. 당신이 하는 일 외의 다른 생산, 회계, 재무, 그 외 업무 분야에 대한 관심을 키워 보라. 그것이 당신의 시야를 넓히고 보다 큰일을 맡을 수 있도록 준비시켜줄 것이다.

3. 퇴보가 아닌 진보적인 자세를 가져라.

'지금까지 이렇게 해왔으니 앞으로도 이렇게 해야지'가 아니라, '어떻게 하면 지금까지 하던 것보다 더 잘 해낼 수 있을까'를 생각하라. 선진적이며 진보적인 사고방식을 가져라.

포드 자동차의 경영진이 "올해에 우리는 완벽한 차를 만들어냈다. 더 좋은 차를 만들어낸다는 것은 불가능하므로 모든 실험과 설계 활동을 영구히 중단한다"고 발표한다면 무슨 일이 벌어질지 상상해 보라. 아무리 세계 굴지의 기업일지라도 그런 자세를 갖고 있다면 하루아침에 무너지고 말 것이다.

능력향상을 위한 무한한 전진

성공적인 기업과 마찬가지로 성공적인 사람들은 다음과 같은 의문을 안고 살아간다.

"어떻게 하면 나의 업무능력을 향상할 수 있을까? 어떻게 하면 더 잘할 수 있을까?"

미사일 생산에서부터 아기 보기에 이르기까지 그 어떤 분야의 활동에서도 완벽한 수준에 도달한다는 것은 불가능한 일이다. 이 말은 곧 언제나 개선의 여지가 남아 있다는 것을 의미한다. 그렇기 때문에 이것을 잘 알고 있는 성공적인 사람들은 언제나 더 나은 방식을 찾는 것이다. 성공적인 사람은 결코 "내가 이것을 더 잘 해낼 수 있을까?"라고 묻지 않는다는 사실에 유념하라. 성공자는 자신이 잘 해낼 수 있다는 것을 안다. 그러므로 그의 질문은 언제나 "어떻게 하면 더 잘 해낼 수 있을까?"이다.

'주간개선 프로그램'의 효과

몇 달 전, 과거 나의 제자였던 여성이 장사를 시작한 지 불과 4년 만에 4번째 철물점을 개점하였다. 그것은 초기 투자금이 3,500달러에 지나지 않으며 다른 상점들과의 경쟁이 매우 치열했고 또한 사업을 해온 기간이 비교적 짧다는 사실을 고려해 볼 때, 참으로 엄청난 업적이었다.

나는 그녀의 눈부신 성취를 축하해주기 위해 그녀의 새 점포를 방문하였다. 그리고 그녀에게 다른 상인들은 한 곳을 성공시키기도 어려워 고전하고 있는데, 세 개의 점포를 성공시킨 것도 모자라 4번째 가게를 열 수 있었던 비결이 무엇이냐고 물어보았다.

"당연히 저는 열심히 일했지만, 단순히 일찍 일어나고 늦게까지 일을 했기 때문에 4번째 가게까지 열 수 있었던 것은 아닙니다. 우리 업계의 사람들은 대부분 아주 열심히 일하죠. 제 성공비결은 제 스타일에 맞춘 '주간 개선 프로그램'에 있답니다."

"주간 개선 프로그램이라니? 상당히 인상적으로 들리는군. 그건 어떤 것인가?"

"그다지 복잡한 것이 아니랍니다. 단지 매주 일을 더 잘 해내기 위한 계획일 뿐이죠. 저는 항상 진취적인 사고를 하기 위해 일을 4가지 부분, 즉 고객, 직원, 상품 그리고 홍보 부분으로 나누었죠. 그리고 일을 해 나가면서 문득문득 떠오르는 아이디어들을 각각의 부분에 나눠 기록해 두는 겁니다. 그리하여 월요일 저녁이 되면 앞서 기록해둔 아이디어들을 들여다보면서 그것들을 업무에 활용할 업무 수행 방식을 냉엄한 눈길로 되짚어 봅니다. 저는 결코 가만히 앉아서 더 많은 고객이 저의 점포를 찾아주길 바라고 있지는 않습니다. '더 많은 고객을 끌어들이기 위해 무엇을 할 수 있을까?' '어떻게 하면 더 많은 단골손님을 만들어낼 수 있을까?' 항상 이렇게 자문하죠."

그러면서 그녀는 앞서 세 개의 점포를 성공시킨 여러 가지 자잘한 혁신들을 설명해 나갔다. "저는 늘 '매출액을 높이기 위해 무엇을 해야 할까?'를 자문해 보고 아이디어를 얻곤 합니다. 한 가지 사례를 말씀드리죠. 4주일 전, 저는 더 많은 어린이를 가게로 끌어들이기 위해 뭔가를 해야겠다는 생각을 했습니다. 아이들을 가게로 끌어들이면 부모들도 더 많이 오리라고 계산한 것이죠. 그 방법을 계속 생각했더니 드디어 쓸만한 아이디어 하나가 떠올랐습니다. 그것은 4살에서 8살까지의 아이들이 갖고 놀만한 작은 장난감을 일렬로 진열해놓는 것이었죠. 그 아이디어는 효과가 있었습니다! 장난감들은 그다지 많은 공간을 차지하지 않았을 뿐만 아니라 그 덕분에 수입을 짭짤하게 올렸죠. 하지만 무엇보다 중요한 점은 그 장난감들이 손님들을 더 늘려주었다는 점입니다. 저의 주간 개선 프로그램은 분명히 효과가 있습니다. '어떻게 하면 더 잘할 수 있을까?'라고 의식적으로 자문하다 보면 해답을 얻는 것입니다. 이러한 과정을 통해 사업을 하는 사람들이 반드시 알아두어야 할 원리, 즉 성공적인 판촉 원리를 알게 되었습니다."

"그게 뭔가?"

"그것은 바로 '일을 처음 시작할 때, 자신이 알고 있던 것은 별로 중요치 않으며 무엇보다 중요한 것은 일을 시작한 후에 터득하고 활용하게 된 것들'이라는 점입니다."

'더 잘 해내겠다'라는 자세를 개발하는 법

크게 성공하기 위해서는 자신이나 다른 사람들에게 항상 더 높은 기준을 요구하며 더 적은 비용으로 더 많은 성과를 얻고 더 적은 노력으로 더 많은 성취를 이루는 능률향상의 길을 찾아야 한다. 그리고 최고의 성공은 '나는 더 잘 해낼 수 있다'고 생각하는 사람이 차지하게 되어 있다.

제너럴일렉트릭사는 이러한 슬로건을 갖고 있다.

"진보는 우리가 만들어내는 최고의 상품이다."

'나는 더 잘 해낼 수 있다'의 정신이 마술을 일으킨다. '어떻게 하면 더 잘 해낼 수 있을까?'라고 자문할 때, 창조력에 발동이 걸려 일을 더 잘 해낼 수 있는 방식이 머릿속에 떠오르는 것이다.

다음은 '나는 더 잘 해낼 수 있다'는 정신력을 개발하는 데 도움이 되는 일상적인 수련법이다.

날마다 일을 하기 전에 '어떻게 하면 오늘 일을 더 잘 해낼 수 있을까?'라고 생각하고 자문하는데 10분 정도를 투자하라.

이 수련법은 간단하지만, 분명히 효과가 있다. 한 번 시도해 보고 더 큰 성공에 도달하는 무한한 창조적인 길들을 발견해 보라.

능력은 '마음자세'에 달려 있다

우리 부부는 다른 커플과 함께 있을 때마다 '직업을 가진 여성'에 대한 이야기하곤 한다.

S 부인은 결혼하기 전부터 여러 해 동안 일해온 워킹우먼으로 일을 무척 좋아했는데, 간혹 이렇게 말하는 때도 있었다.

"이제 학교에 다니는 아이가 둘이나 되다 보니 집안 살림하랴 요리하랴 일할 시간이 많지 않아요."

그러던 어느 일요일 저녁, S 부인의 가족들이 함께 자동차 사고를 당하고 말았다. S 씨와 아이들은 중상은 면했지만 안타깝게도 S 부인은 허리를 심하게 다쳐 장애인이 되고 말았다.

그 사고가 일어난 지 6개월 후, 우리 부부는 우연히 그녀를 만나게 되었는데, 그녀가 새로운 직무에 잘 적응하는 것을 보고 깜짝 놀랐다. 그녀는 이렇게 말했다.

"6개월 전만 해도 제가 집안 살림을 하며 풀타임으로 직장 생활을 할 수 있으리라고는 생각지 못했어요. 하지만 사고 이후 반드시 그렇게 해야 한다고 생각하자 능률이 100% 향상되었답니다. 그전에 행해온 수많은 일들이 사실은 제가 일일이 할 필요가 없는 일들이었음을 깨달았던 것입니다. 그리고 아이들도 제 일을 도울 수 있고 또한 돕고 싶어 했죠. 그래서 시간을 절약할 수 있는 수십 가지 방식을 발견했답니다. 예를 들면 쇼핑 횟수라든가 TV나 전화기에 매달려 있는 시간, 그밖에 단순히 시간을 때우던 활동들을 대폭 줄이게 되었죠."

그녀의 체험은 우리에게 깊은 교훈을 남겨 주었다.

더 많은 일을 더 잘하는 법

능력은 곧 마음 상태이다. '얼마나 해내느냐' 하는 것은 스스로 얼마만큼 해낼 수 있다고 믿는 마음가짐에 달린 문제이다. 스스로 '그 이상' 해낼 수 있다고 진심으로 믿는다면 마음은 창조적으로 생각하여 그 길을 보여준다.

내가 잘 아는 어느 젊은 은행 간부가 '작업 능력'에 대한 개인적인 체험을 들려주었다.

"우리 은행의 임원 중 한 사람이 어느 날 갑자기 회사를 떠나버렸습니다. 그 일로 우리 부서는 곤경에 처하게 되었는데, 그 친구는 매우 중요한 일을 맡고 있었고 그것은 결코 연기되거나 미완으로 끝나서는 안 되는 일이었죠.

그가 회사를 떠난 다음 날, 부사장이 저를 불러들였죠. 그는 이미 우리 부서의 다른 두 명을 불러 조직개편이 있을 때까지 떠난 임원의 일을 분담할 수 있겠느냐고 물어보았다고 하면서 이렇게 설명하더군요. '둘 다 딱 잘라 거절하지는 않았지만 모두 자신들이 현재 맡은 일만으로도 벅찬 상태라고 말했다네. 그래서 자네가 그 일을 임시로 맡아줄 수 있을지 알고 싶은데 어떤가?'라고 물었죠."

저는 그동안의 직장생활을 통해 '기회'로 보이는 일을 거절하면 안 된다는 사실을 터득하고 있었죠. 그래서 흔쾌히 승낙했답니다. 기존의 업무뿐만 아니라, 공석으로 비어 있는 자리의 업무를 처리하는 데 최선을 다하겠노라 약속했습니다.

그리고 부사장의 사무실을 걸어 나오면서 제가 큰일을 맡게 되었다는 것을 알 수 있었죠. 사실 저도 앞서 업무를 회피한 두 친구처럼 매우 바쁜 사람이었습니다. 하지만 저는 그 두 업무를 처리할 방법을 찾아내기로 마음먹었죠. 그날 오후, 저는 일을 끝내고 저의 개인적인 능률을 향상시킬 수 있는 방법을 생각해 보았습니다.

예를 들면 나에게 걸려 오는 관례적인 전화는 특정한 시간대에만 연결되도록 비서와 사전에 조율을 해두고 일상적인 회의 시간은 15분에서 10분으로 단축하고 모든 구술작업은 한꺼번에 처리한다는 식의 아이디어들이었습니다. 그러한 과정을 통해 저는 그동안 제가 얼마나 비효율적으로 일을 해왔는 지를 깨닫고 깜짝 놀라고 말았습니다. 어쨌든 저는 새 직무를 떠맡은 이후, 그전보다 2배나 많은 일을 무리 없이 소화할 수 있었습니다.

그렇게 2주일이 지나자 부국장이 저를 불러들이더군요. 그는 제가 아주 일을 잘 처리해 주고 있노라고 치하하면서 그동안 안팎으로 수많은 사람을 물색해 보았지만, 아직 적임자를 찾지 못했노라고 하더니, 이미 이사진과 얘기하여 그 두 직무를 통합시키고 통합업무의 책임자로 나를 임명하기로 했으며 그에 따라 연봉을 대폭 상승시키기로 했노라고 털어놓았습니다.

저는 어떤일이든 해내느냐 하는 것은, 스스로 얼마만큼 해낼 수 있다고 마음먹기에 달려 있는 문제임을 입증해낸 것입니다

확실히 능력은 마음가짐에 달려 있습니다. 흔히 상사가 직원을 불러들여 특별한 과업을 부탁할 때는 이렇게 묻는다.

"자네에게 이미 할 일이 많다는 것을 알고 있네. 하지만 마땅한 사람이 없어서 그러는데 자네가 이것을 처리해 줄 수 있겠나?"

그러면 대부분의 직원은 이렇게 대답한다.

"죄송하지만 지금 일만으로도 너무 벅찬 상태입니다. 마음 같아서는 해드리고 싶지만, 너무 바빠서 안 되겠군요."

이 경우, 상사는 그 직원을 원망하지 않는다. 어쨌든 그것은 '과외 업무' 이기 때문이다. 하지만 상사는 그 일이 반드시 이루어져야 한다는 것을 알기에

바쁘더라도 추가업무를 맡겠다고 말할 사람을 계속 찾게 된다. 그리고 그 일을 적극적으로 맡는 직원은 장차 우두머리로 나설 사람이다. 직장이나 가정 혹은 사회에서의 '성공 공식'은 '일을 더 잘하라 성과의 질을 높여라'와 '일을 더 많이 하라, 성과의 양을 늘려라'이다.

더 많이 더 잘 해내는 것이 수지맞는 일이라고 확신하는가? 그렇다면 다음 2단계 과정을 실행해 보라.

1. 일을 더 많이 할 수 있는 기회를 기꺼이 받아들여라.

새로운 책무를 맡아달라고 요청받는 것은 일종의 찬사이다. 그리고 더 큰 책무를 적극적으로 받아들이는 자세는 당신을 더욱더 가치 있는 인물로 만들어준다.

2. 그다음엔 '어떻게 더 많이 해낼 수 있을까?'에 집중하라.

그러면 창조적인 답변이 나올 것이다. 어쩌면 그 해답들은 더 좋은 계획을 세워 현재의 일을 잘 정리하는 요령이거나 일상적인 활동을 단축할 수 있는 지름길 아니면 별로 중요치 않은 일을 없애버리는 것일 수도 있다. 어쨌든 의식적으로 찾아보면 더 많은 일을 해낼 수 있는 비결이 나타나게 된다.

일을 부탁하려면 바쁜 사람에게 하라

이러한 맥락에서 나는 개인적으로 다음과 같은 원칙을 세워두고 있다. 반드시 해야 할 일이 있으면 나는 그것을 바쁜 사람에게 건네준다. 나는 시간이 많은 사람과는 절대로 중요한 프로젝트를 추진하지 않는 것이다. 왜냐하면 고통스럽고 값비싼 경험을 통해 시간이 많은 사람은 효율적인 업무 파트너가 아니라는 사실을 터득했기 때문이다.

내가 아는 성공적이며 유능한 사람들은 모두 바쁜 사람들이다. 따라서 나는 그들과 함께 뭔가를 시작하면 그것이 만족스럽게 완수되리라는 것을 안다.

나는 수십 번의 경험을 통해 바쁜 사람은 신뢰를 저버리지 않고 반드시 일을 완수한다는 것을 알았다. 반면, '시간이 펑펑 남아도는 사람'에게서는 번번이 실망을 느껴야만 했다.

진취적인 경영자는 늘 이렇게 자문한다.

"어떻게 하면 성과를 늘릴 수 있을까?"

당신도 그렇게 자문해 보라.

"어떻게 하면 나의 성과를 늘릴 수 있을까?"

당신의 마음은 창의적인 답변을 들려줄 것이다.

생각이 큰 사람일수록 잘 듣는다

나는 그동안 여러 계층에 속한 수백 명과의 인터뷰를 통해 다음과 같은 사실을 발견하였다.

"생각이 큰 사람일수록 상대방이 말을 하도록 고무하고 생각이 작은 사람일수록 자신의 설교를 들려주기 쉽다."

"생각이 큰 사람은 듣기를 독점하고 생각이 작은 사람은 말하기를 독점한다."

이 점에 유의하라!

어떤 분야에서든 최고 수준의 지도자는 충고하기보다는 충고를 구하는데 더 집중한다. 따라서 최고의 자리에 앉아 있는 사람은 어떤 결정을 내리기 전에 이렇게 묻는다.

"이점을 어떻게 생각하는가?"

"당신이 충고해줄 말은 없는가?"

"당신이라면 이러한 상황에서 어떻게 하겠는가?"

"당신에게는 이것이 어떻게 비춰지는가?"

이런 식으로 생각해 보라.

한마디로 말해 지도자는 의사결정 기계이다. 그리고 뭔가를 생산해내려면 원료가 있어야 하듯이 창조적인 결론에 도달하려면 다른 사람의 아이디어와 제안이 있어야 한다. 그렇다고 하여 다른 사람이 당신에게 완전한 해결책을 건네줄 것이라고 기대하지는 말라. 그것은 남들의 충고를 귀담아듣는 중요한 이유가 아니다. 다른 사람의 아이디어는 다만, 당신의 아이디어를 일깨우고 마음을 더욱더 창조적으로 만드는 데 도움이 될 뿐이다.

성공적인 경영자는 소비자 연구에 많은 투자를 한다.

그들은 상품의 품질, 크기, 모양에 대한 사람들의 취향을 알아보고 소비자들의 말에 귀를 기울임으로써 보다 잘 팔릴만한 물건을 만들어낼 수 있는 아이디어를 얻는 것이다. 또한 그럼으로써 소비자들에게 상품의 어떤 점을 선전해야 할지 알게 된다. 왜냐하면 가능한 한 많은 의견을 수집하고 소비자들의 말에 귀를 기울이며 그들을 만족시킬만한 상품과 홍보 방법을 개발하는 것이야말로 성공적인 상품개발 과정이기 때문이다. 최근, 나는 사무실에서 다음과 같은 문구를 본 적이 있다.

"존 브라운에게 존 브라운이 원하는 것을 팔려면 존 브라운의 눈으로 사물을 봐야 한다."

그리고 존 브라운의 눈으로 사물을 바라보려면 존 브라운이 하는 말을 잘 들어보아야 한다.

잘 들음으로써 창조력을 강화하는 법

당신의 귀는 마치 흡입 밸브와 같다. 따라서 그것은 당신의 마음에 창조력으로 전환시킬 수 있는 원료를 제공한다. 반면, 말을 하는 것으로는 아무것도 배울 수 없다. 뭔가를 배우려면 열심히 묻고 귀 기울여 들어야 하는 것이다.

다음의 3단계 프로그램은 묻고 듣기를 통해 당신의 창조력을 강화하는 방법이다. 이것을 한번 시험해 보라.

> **1. 다른 사람에게 말을 시켜라.**
> 개인적인 대화나 회의 시간에 다음과 같은 말로 다른 사람의 말을 끌어 내 보라. "당신의 경험에 대해 말해보세요.", "이번에 어떤 조치를 취해야 한다고 생각하죠?", "핵심이 뭐라고 생각하나요?" 이처럼 다른 사람에게 말을 시킴으로써 창조적인 생각을 하는 데 쓰일 원료와 친구를 함께 얻는 일석이조의 효과를 노려라. 다른 사람에게 말

을 시키는 것 이상으로 확실하게 호감을 사는 방법은 없다.

2. 질문의 형식으로 당신 자신의 견해를 시험해 보라.

다른 사람들의 도움을 받아 자신의 의견을 다듬어보는 것이다. '이건 어떻게 생각하세요?'라는 자세를 활용하라. 독단적인 행동은 물론이고 의견을 내세울 때도 강압적인 태도를 취하지 말라. 격의 없는 행동을 하면서 당신의 동료들이 그것에 어떻게 반응하는지 지켜보라. 그러면 더 좋은 아이디어를 얻을 수 있을 것이다.

3. 상대방이 하는 말에 집중하라.

잘 듣는 것이 입을 닫아두는 것보다 더 중요하다. 듣는다는 것은 상대방의 메시지가 당신의 마음속에 들어오게 하는 것이다. 하지만 많은 사람이 사실은 듣고 있지 않으면서 듣는 척하기도 한다. 그들은 다만 자신이 말할 기회를 얻기 위해 상대방이 말을 멈추는 순간을 기다리고 있을 뿐이다. 진심으로 상대방의 말에 귀를 기울여라. 그리고 그것을 평가하라. 그것이 바로 마음의 양식을 모으는 방법이다.

아이디어를 생각해 낼 수 있는 자극

1년 전, 나는 전미 영업 간부협회에서 주재한 1주일간의 영업 관리 연수 과정에서 2시간의 주제토론을 맡은 적이 있다. 그로부터 몇 주일 후, 나는 그 연수 과정에 참석했던 어떤 영업 간부 밑에서 영업직으로 일하는 친구를 만나게 되었다.

그 젊은 친구는 이렇게 말했다.

"제 상사는 그 연수 과정을 통해 회사 일을 더 잘 해낼 수 있는 수많은 아이디어를 얻었죠."

나는 그 말에 호기심을 느끼고 구체적으로 그의 상사가 어떻게 변화했느냐고 물었다. 그에 따르면 그 간부는 성과급제도의 개정, 월 1회 대신 월 2회의 영업 회의, 새로운 명함과 문방구의 비치, 영업지역의 개편 등과 같은 여러 가지 일들을 착착 추진했다고 한다. 하지만 그러한 사항들은 연수 과정에서 특별히 권장된 내용들이 아니었다. 그 간부는 우리가 제시한 관리 기법을 받아들이는 대신, 그보다 훨씬 더 귀중한 것을 얻었는데 그것은 바로 자신의 조직에 맞는 아이디어들을 생각해 낼 수 있는 자극이었다.

페인트 제조업체의 어느 젊은 회계사는 다른 사람들의 아이디어를 듣고 벤처 사업을 시작하여 크게 성공을 거둔 사례를 나에게 들려주었다.

"사실 저는 부동산에 대해 특별한 관심이 없었습니다. 여러 해 동안 회계사로 일하면서 그 일에 완전히 안주하고 있었던 셈이죠. 그러던 어느 날, 부동산업을 하는 제 친구가 부동산업자들의 오찬 모임에 저를 초대하였습니다. 그날의 모임에서는 그 도시의 발달과정을 죽 지켜보아 온 나이 든 사람이 연사로 나왔습니다. 그리고 연설내용의 주제는 '향후 20년'이었죠. 그는 대도시권이 주변 농촌지역으로 계속 확장되어 갈 것이라고 예견했습니다. 또한 2~5에이커에 달하는 소위 '젠틀맨 크기의 농장 gentlemen- size-farms'에 대한 수요가 폭발적으로 늘어나리라고 보았죠. 그의 연설은 저에게 커다란 자극을 주었습니다. 그가 묘사한 농장의 모습은 바로 제가 원하던 것이었죠. 저는 그 아이디어로 수익을 내는 방법을 계속 생각해 보았습니다. 그러던 어느 날 직장으로 차를 몰고 가다가 별안간 해답이 머릿속에 떠올랐죠. '일단 농장을 사서 그것을 여러 필지로 나누는 것은 어떨까?' 저는 면적이 큰 땅덩어리 하나보다는 여러 개의 작은 땅들이 더 많은 가치를 지닌다고 판단했습니다. 그때 마침 도심지에서 22마일 정도 떨어진 곳에서 50에이커에 달하는 농장을 발견했죠. 그리하여 우선 매입가의 1/3을 계약금으로 내고 그 땅을 인수했습니다. 그런 다음 나무가 없는 그 땅에 소나무 묘목을 심었습니다. 그 이유는 안목이 있는 부동산업자가 '요즘 사람들은 나무를 그것도 아주 많은 나무를 원한다'고 귀띔해 주었기 때문입니다. 저는 예상 구매자들이 앞으로 몇 년 내에 아름다운 소나무로 뒤덮인 땅을 보게 되리라고 생각해주길 바랐던 것입니다. 그리고는 측량사에게 부탁하여 50에이커의 땅을 5에이커의 10개 필지로 나누고, 분양사업을 할 준비를 모두 갖췄습니다. 우선 시내의 젊은 간부급 직장인들의 메일링 리스트를 확보하고 소규모 DM 캠페인을 전개했죠. 저는 고작 3천 달러의 자금으로 전원지대에 근사한 자신의 땅을 가질 수 있다고 선전했습니다. 그와 더불어 레크리에이션과 건강한 삶의 가능성을 열거했죠. 그 후 저녁과 주말에만 일을 했는데도 6주 안에 10개 필지를 모두 팔 수 있었습니다. 총수입은 3만 달러인데 비용은 토지구입비, 홍보비, 측량비, 그 외 행정 비용들을 포함하여 10,400달러였으니 순익이 19,600달러였죠. 저는 똑똑한 사람들의 아이디어를 귀담아들어 둔 덕분에 큰돈을 번 것입니다. 친구의 초대를 받아들여 저와 전혀 다른 직업인들의 오찬 모임에 참석하지 않았다면 제 머리는 그런 성공적인 사업계획을 짜내지 못했겠죠."

정신적인 자극을 얻는 법

정신적 자극을 얻는 방법에는 여러 가지가 있겠지만, 그중에서도 당신의 생활패턴에 적용할 만한 두 가지 방법을 소개하고자 한다.

첫째, 당신의 직업적인 분야에 자극을 제공해줄 최소한 하나 이상의 전문가 그룹에 가입하고 정기적으로 만남을 가져라. 성공 지향적인 사람들과 어깨를 나란히 하고 사고방식을 공유하라.

우물 안의 개구리와 같은 마음자세로는 금방 영양부족에 걸리고 허약해져서 창조적이며 진취적인 생각을 할 수 없게 된다는 사실을 명심하라. 다른 사람으로부터 오는 자극은 마음의 근사한 양식이다.

둘째, 최소한 한 개 이상의 직업 외적인 분야의 그룹에 가입하고 그 활동에 참여하라. 직업적 관심사가 다른 사람들과의 교제는 생각의 지평을 넓혀 주고, 더욱더 큰 그림을 보게 해준다. 분야가 다른 사람들과 정기적으로 어울리는 활동이 당신 자신의 전문 분야와 관련된 사고에도 많은 자극을 준다는 사실에 깜짝 놀랄 것이다.

아이디어를 개발하고 이용하기 위한 세 가지 방법

아이디어는 사고의 수확물이다. 하지만 가치 있는 아이디어를 얻기 위해서는 그것을 관리하고 실천해야만 한다.

　매년 떡갈나무 한 그루는 그 자체만으로도 숲을 이룰 만큼 많은 도토리 들을 생산해낸다. 하지만 그 많은 도토리 중에서 나무로 성장하는 것은 한두 개밖에 안 된다. 왜냐하면 다람쥐가 그 대부분을 먹어 치우고 나머지 도토리들도 단단한 땅 때문에 나무가 될 기회를 누리지 못하기 때문이다. 아이디어의 경우도 마찬가지이다. 오직 극소수의 아이디어만이 결실을 보는 것이다. 나머지 아이디어들은 사장되기 십상이다. 우리가 조심하지 않는다면 부정적인 생각의 소유자들이 그 대부분을 파괴해버리고 만다. 따라서 아이디어들은 탄생한 그날로부터 실행을 통해 좋은 결실을 보기까지 특별한 관리를 필요로 하는 것이다.

　다음의 3가지 방식을 이용하여 당신의 아이디어를 관리하고 개발하라.

　아이디어를 종이에 옮겨놓고 다듬어야 한다는 것을 명심하라.

　이렇게 하는 데에는 그럴듯한 두 가지 이유가 있다.

> **1. 아이디어들이 도망가지 못하게 하라.**
>
> 　그것을 기록해 두어라. 날마다 수많은 훌륭한 아이디어들이 태어나지만 종이에 기록되지 못한 탓에 금방 죽어버리고 만다. 기억력은 새롭고 근사한 아이디어들을 보존하고 양육하는 일에 있어서는 형편 없이 허약한 존재이다. 그러므로 아이디어가 떠오를 때마다 곧바로 기록을 하도록 하라.
> 　여행을 많이 하는 내 친구는 아이디어가 생길 때마다 반드시 적어놓

는다. 풍요롭고 창조적인 정신의 소유자들은 좋은 아이디어가 언제, 어디에서든 떠오를 수 있다는 사실을 잘 알고 있다. 아이디어가 도망치지 못하게 하라. 그렇지 않으면 당신 스스로 자기 사고의 결실을 파괴하는 꼴이 될 것이다. 그것들을 기록의 울타리로 에워싸라.

2. 그다음엔 그 아이디어들을 검토해 보라.

아이디어들을 정리해 두어라. 정기적으로 정리해둔 아이디어 창고를 점검해 보라. 그렇게 자기 아이디어를 살펴볼 때 어떤 것들은 전혀 무가치한 것으로 판명될 수도 있다. 그런 것들은 즉시 폐기처분 하라. 하지만 아이디어에 조금이라도 가능성이 있다면 계속 보관해 두어라.

3. 아이디어를 개발하라.

당신의 아이디어를 더욱더 좋은 아이디어로 개발하라. 그것에 대해 깊이 생각해 보라. 그 아이디어를 다른 아이디어들과 연결 지어 생각해 보라. 어떤 방식으로든 당신의 아이디어와 유사한 내용의 자료를 찾아서 읽어보라. 모든 각도에서 연구해 보라. 그런 다음 때가 되면 당신 자신, 당신의 직업 그리고 당신의 미래를 위해 그것을 실행에 옮겨 보라.

아이디어가 구체적인 형태를 취할 때, 우리는 그것을 들여다보고 허점을 발견하며 그것을 보완하는데 무엇이 필요한지 알게 된다. 어느 해 여름, 나는 두 명의 생명보험 설계사들로부터 내가 가입한 생명보험 상품을 조정해 주고 싶다는 연락을 받았다. 나는 흔쾌히 승낙했고 그들은 어떤 부분을 바꿔야 할지 계획을 세워 다시 찾아오겠다고 약속하였다.

첫 번째 세일즈맨은 순전히 말로만 설명해주었다. 그는 세금, 옵션, 사회보장제도, 그밖에 보험상품의 기술적인 부분들에 대해 자세히 일러주고 나에게 어떤 부분이 필요한지 말해 주었지만, 솔직히 그의 이야기를 이해하지 못한 나는 거절할 수밖에 없었다.

두 번째 세일즈맨은 다른 접근 방식을 시도하였다. 그는 자신의 권유 사항을 일람표로 만들어 왔던 것이다. 그 일람표에는 모든 자세한 내용들이 알기 쉽게 설명되어 있었기 때문에 나는 그의 제안을 쉽게 이해하였고 그 자리에서 그의 상품에 가입했다.

단단히 결심하고 당신의 아이디어를 판매 할 수 있는 형태로 만들어라. 문서, 그림 혹은 도표로 표현된 아이디어는 단순히 말로만 설명하는 것보다 훨씬 더 강력한 구매력을 발휘한다.

다음의 수단들을 통해 창조적으로 생각하라

1. 이뤄질 수 있다는 것을 믿어라.

   뭔가가 이뤄질 수 있다고 믿을 때, 당신의 마음은 그것을 이룰 수 있는 방식을 찾게 되어 있다. 당신의 생각과 언어에서 '불가능', '안 돼요', '못해요', '소용없어요' 등의 부정적인 표현을 빼버려라.

2. 인습으로 마음을 마비시키지 말라.

   새로운 아이디어를 수용적인 자세로 받아들여라. 실험적인 마음자세를 지녀라. 새로운 접근방식을 시도해 보라. 행하는 모든 일에서 진보적인 자세를 유지하라.

3. 자기 자신에게 "어떻게 하면 더 잘할 수 있을까?"라고 날마다 자문해 보라.

   자기계발에는 끝이 없다. 그리고 "어떻게 하면 더 잘할 수 있을까?"라고 자문할 때, 해답이 나타나게 되어 있다.

4. "어떻게 하면 더 많이 할 수 있을까?"라고 자문해 보라.

   능력은 곧 마음 상태이다. 성공하려면 '더 잘하라, 성과의 질을 높여라'와 '더 많이 하라, 성과의 양을 늘려라'를 조합해야 한다.

5. 묻고 듣기를 실천하라.

   묻고 들을 때, 건전한 결정을 내리는데 필요한 원료를 얻을 수 있다.

생각이 큰 사람은 듣기를 독점하고 생각이 작은 사람은 말하기를 독점한다는 사실을 기억하라.

6. 정신력을 신장시켜라.

즉, 정신에 신선한 자극을 주는 것이다. 새로운 아이디어, 새로운 행동방식을 생각해 내는 데 도움을 줄 수 있는 사람들과 교제하라. 이것은 다른 직업이나 다른 관심사를 가진 사람들과 어울리라는 의미이다.

Chapter 06

당신은 당신이 생각하는 크기 만큼 대접을 받는다

 **생각의 중요성**

영문을 알 수 없는 행동들

이것은 분명한 사실이다. 우리는 가끔 영문을 알 수 없는 행동들을 목격하곤 한다. 예를 들어 가게의 판매원이 어떤 손님에게는 재빨리 나서서 "어서 오십시오, 무엇을 도와드릴까요?"라고 인사를 하면서 또 다른 손님은 무시하는 이유를 의아하게 생각해 본 적이 있는가?

혹은 일반 직원이 어떤 상사의 지시사항은 성실히 이행하면서 또 다른 상사의 요청은 마지못해 들어주는 이유는 무엇이라고 생각하는가? 또는 우리가 어떤 사람의 말에는 주의를 기울이면서 또 다른 사람의 말은 대수롭지 않게 여기는 까닭은 무엇일까?

당신의 주변을 둘러보라.

어떤 사람은 '이봐, 김 씨' 혹은 '이봐, 박 씨'와 같은 대접을 받는 동안, 또 다른 사람들은 진지하게 '네, 선생님' 식의 대접을 받는 모습을 볼 수 있다. 또한 우리는 어떤 사람들이 신뢰, 충성, 감탄을 자아내는 반면 또 다른 사람들은 그렇지 못하다는 사실을 알게 된다.

그리고 그 내막을 자세히 들여다보면 다른 사람들로부터 존경받는 사람들은 대부분 성공적인 인물이라는 것을 알 수 있다.

이것을 어떻게 설명해야 할까? 그것을 한마디로 표현하자면 '생각하기'에 달린 문제라고 할 수 있다. 생각이 바로 그 모든 차이를 만들어내는 것이다.

우리는 자기 생각의 크기만큼 취급받게 되어 있다. 즉, 스스로 자신이 받을 만 하다고 생각하는 대접을 받는 것이다.

사고방식이 당신의 가치를 결정한다

생각이 바로 그러한 결과를 빚어낸다. 스스로 열등하다고 생각하는 사람들은 자신의 진정한 자격과 무관하게 열등한 존재가 되고 만다. 왜냐하면 생각이 행동을 규제하기 때문이다. 따라서 스스로 열등감을 지닌다면 행동도 그런 식으로 하게 되며 그 어떤 허식이나 허세도 오랫동안 유지되어 온 생각은 숨길 수 없다.

반면, 자신이 현재의 업무를 맡을 만한 사람이라고 진심으로 생각한다면 실제로도 그렇고, 다른 사람들도 그렇게 생각할 것이다. 이러한 현상을 한마디로 표현하자면 다음과 같다.

"자기 생각이 자신의 행위를 결정하며, 자신의 행위는 타인의 반응을 결정 짓는다."

성공을 위한 다른 단계들과 마찬가지로 존경을 받는다는 것은 근본적으로 간단한 문제이다. 다른 사람들의 존경을 받기 위해서는 먼저 자기 자신이 존경받을 만하다고 생각해야 한다. 그리고 스스로 자신을 존경하면 할수록 다른 사람들도 당신을 존경하게 되어 있다.

중요하게 보이도록 애써라

자존심은 우리가 행하는 모든 일을 통해 나타나게 된다. 이제부터라도 자존심을 높이고 다른 사람들의 존경을 받는 쪽으로 초점을 맞춰보자.

중요한 사람처럼 보이도록 하라. 그것이 중요한 생각을 해내는 데 도움이 된다. 이것은 당신의 외모가 '말을 한다'는 간단한 법칙을 알려준다. 옷차림이 당신에 대한 긍정적인 면을 말해주는지 확인하라. '아메리칸 인스티튜트 오브 맨스앤 보이스 웨어'에서 슬로건으로 내세웠던 광고문구를 기억하라!

"옷을 제대로 입어라. 그러지 않을 이유가 없다!"

이 슬로건은 누구나 명심할 만한 가치를 지니고 있다. 어떤 CF를 보면 경찰이 이렇게 말하는 모습이 나온다.

"그 아이의 모습을 보면 어떤 아이지를 알아낼 수 있죠. 불공평한 얘기이긴 하지만 사실입니다. 오늘날 대부분의 사람은 아이들을 외모로 평가하죠. 일단 한 번 낙인이 찍히면 그 아이에 대한 생각이나 태도를 바꾼다는 것은 힘든 일입니다. 그 아이의 외모가 혹은 옷차림이 잘못된 인상을 전해주지는 않나요? 그 아이는 어디를 가든 올바른 옷차림, 올바른 인상을 주고 있습니까?"

이 말은 아이들을 지칭하고 있지만, 그것은 어른들에게도 똑같이 적용된다. 앞의 문장에서 '아이'를 당신 자신으로, '선생'을 '상사'로 그리고 '이웃'을 '동료'로 바꿔 다시 읽어 보라.

말쑥한 차림새를 유지하는 데에는 그다지 큰 비용이 들지 않는다.

"올바로 입어라. 그것은 언제나 그만큼의 이득을 가져다준다."

중요한 사람처럼 보이는 것은 중요한 생각을 해내는 데 도움이 된다는 사실을 기억하라. 당신의 정신을 고양하고 자신감을 키우는데 옷차림을 활용하라. 나를 가르쳤던 어느 심리학 교수님은 학기말 시험을 앞둔 학생들에게 늘 이런 충고를 들려주곤 하였다.

"중요한 시험이니까 그에 걸맞은 복장을 하고 오게. 새 넥타이를 매고 옷도 잘 다려 입게. 구두도 반짝반짝 광을 내게나. 빈틈없는 모습이 빈틈없는 사고를 하는 데 도움이 되지."

그 교수님은 심리학에 정통한 분이었다. 그렇다고 집중적으로 외모에만 신경을 써야 한다는 것으로 오해하지 말라. 당신의 겉모습은 분명히 내면의 모습에 영향을 미치게 된다는 것을 말하려는 것이다. 외적으로 어떻게 보이느냐 하는 것이 내적으로 어떻게 생각하고 느끼느냐에 영향을 미치게 된다.

군 복무를 해본 사람이라면 누구나 군복을 입었을 때 군인처럼 느끼고 생각하게 된다는 것을 알고 있다. 또한 여성들은 파티용 드레스를 입었을 때 파티에 가는 듯한 기분에 빠져들게 된다.

마찬가지로 회사의 간부는 간부답게 옷을 입었을 때, 간부와 같은 느낌을 갖게 된다. 어떤 세일즈맨은 그러한 느낌에 대해 이렇게 설명하고 있다.

"성공자의 모습을 갖추지 않는 한, 성공하리라는 기분을 느낄 수 없습니다. 그렇기 때문에 커다란 세일즈를 성사하고자 할 때는 반드시 그러한 모습을 갖추고자 노력한답니다."

타인은 당신의 외모로 당신을 판단한다

당신의 외모는 당신 자신뿐만 아니라 다른 사람에게도 말을 전달해준다. 그리고 그것은 당신에 대한 다른 사람들의 생각을 결정짓게 된다. 물론 상대방의 옷차림이 아닌 지성을 보아야 한다는 말은 이론적으로는 그럴 듯하지만 사람들은 분명 당신의 겉모습을 보고 당신을 평가한다. 당신의 외모는 그들이 당신에 대해 내리는 평가의 최초 근거이다. 그리고 첫인상은 그것이 만들어지는 시간에 비해 터무니없이 오래 지속된다.

어느 날, 나는 할인매장에 갔다가 씨 없는 포도를 1파운드당 15센트에 파는 판매대를 발견하였다. 그런데 다른 판매대에 가보니 아까 본 것과 똑같은 포도를 폴리에틸렌 봉지에 넣어 2파운드당 35센트에 팔고 있었다.

나는 저울대에 있는 젊은 점원에게 물었다.

"1파운드당 15센트 하는 포도와 2파운드당 35센트 하는 포도에 무슨 차이가 있나요?"

"차이는 포장에 있습니다. 폴리에틸렌 봉지에 담긴 포도가 2배는 더 많이 팔리죠. 그것이 더 좋아 보이나 봐요."

레스토랑, 버스, 혼잡한 통로, 상점, 직장에서 가장 많은 존경과 예우를 받는 사람을 지켜 보라. 사람들은 대부분 상대방을 보고 잠재 의식적으로 평가를 내린 다음, 그에 따라 적절히 상대하게 마련이다.

사실, 우리는 어떤 사람을 보면 '이봐, 김 씨' 식의 태도로 반응하고, 또 다른 사람을 보면 '네, 선생님' 식의 감정으로 반응한다. 이처럼 사람의 외모는 분명히 말을 전달해주는 것이다.

잘 차려입은 사람의 겉모습은 긍정적인 메시지를 전달하고 사람들로 하여금 이러한 생각이 들도록 만든다.

"여기 중요한 사람이 있다. 지적이고 성공적이며 의지할만한 사람이다. 이 사람 정도라면 우러러보고 감탄하며 신뢰할 수 있다. 그는 자기 자신을 존경하며 나 역시 그를 존경한다."

반면, 너저분한 모습은 다음과 같이 부정적인 메시지를 전달한다.

"여기 제대로 살지 못하는 사람이 있다. 그는 부주의하고 비효율적이며 시시한 인간이다. 그저 평범한 인생에 지나지 않기 때문에 그는 특별히 고려해 볼 만한 가치가 없다. 그는 차별 대우를 받는데 이골이 난 인생이다."

나는 가끔 연수 시간에 '외모를 존중하라'고 강조하는데, 그럴 때마다 이러한 질문을 받곤 한다.

"물론 외모가 중요한 것은 사실이지만, 사람들이 저를 우러러보게 할 만한 옷을 구입할 돈이 없는데 어떻게 하란 말입니까?"

나 역시 그 문제로 오랫동안 고심했지만, 해답은 의외로 간단하다. 구입하는 옷의 숫자를 절반으로 줄이고 그 대신 구입비는 두 배로 늘려라.

이 해답을 잘 기억해두고 실천하라.

1. 가격이 두 배나 비싼 만큼 옷을 훨씬 더 오래 입을 수 있다. 그리고 대부분 그러한 옷들은 '품질'이 뛰어나다.
2. 비싸게 준 만큼 유행에 뒤지는 시기도 늦춰진다. 좋은 옷은 대개 최신 유행에 따른 것이게 마련이다.
3. 훌륭한 조언을 들을 수 있다. 200달러짜리 옷을 파는 상인은 100달러짜리 옷을 파는 상인보다 손님에게 맞는 옷을 찾아주는데 더 많은 열의를 보이게 마련

이다.

기억하라! 당신의 겉모습은 당신 자신에게뿐만 아니라 다른 사람들에게 말을 전달해준다. 당신의 외모가 자기 자신은 물론이고 다른 사람들에게 중요한 인물이라는 메시지를 전달 해 준다. 당신은 당신이 생각하는 크기만큼 대접받는다. 겉모습 때문에 스스로 열등하다는 생각을 품는다면 당신은 그 생각 그대로 열등한 사람이다. 또한 겉모습 때문에 위축된다면 생각이 작은 사람이 된다. 반면, 최고의 겉모습을 유지한다면 그것에 맞게 최고로 훌륭하게 생각하고 행동할 것이다.

당신의 일을 매우 중요하게 생각하라

자기 일을 매우 중요한 것으로 생각하라.

우리는 작업에 임하는 세 명의 벽돌공에 대한 얘기를 자주 듣곤 한다. 이것은 잘 알려진 이야기이지만 전형적인 틀을 담고 있으므로 다시 한번 살펴보기로 하자.

"무엇을 하고 있습니까?"라는 질문에 첫 번째 벽돌공은 이렇게 대답한다.

"벽돌을 쌓고 있어요."

그리고 두 번째 벽돌공은 이렇게 대답한다.

"시간당 9달러 30센트짜리 일을 하고 있소."

하지만 세 번째 사람은 이렇게 대답한다.

"나요? 나는 지금 세계 최대의 성당을 짓고 있어요."

이 이야기는 비록 그 벽돌공들이 훗날 어떻게 되었는지를 말해주지 않지만 당신은 그들의 미래를 충분히 예측할 수 있을 것이다. 아마도 첫 번째와 두 번째 벽돌공은 계속 벽돌공으로 살아가고 있을 것이다. 그들에겐 비전이 없었고 자신들의 일에 대해 아무런 자부심도 느끼고 있지 않았다. 그러니 더 큰 성공으로 나아갈 추진력이 있을 리 만무하다.

반면, 스스로 최대의 성당을 짓고 있다고 생각한 벽돌공은 평범한 벽돌공으로 남아 있지 않을 게 분명하다. 아마도 그는 앞으로 그리고 위로 전진했을 것이다. 그 이유는 무엇일까? 왜냐하면 생각이 그렇게 만들기 때문이다. 세 번째 벽돌공은 자신의 분야에서 자기계발을 하는 쪽으로 채널이 맞춰져 있는 사람이다.

자기 업무에 대한 생각은 곧 더 큰 책무를 맡을만한 잠재력있다는 것을 말해준다.

언젠가 인력알선 업체를 운영하는 나의 친구가 나에게 이런 말을 들려준 적이 있다.

"우리가 구직자를 평가할 때 항상 살펴보는 것은 그 사람이 현재 자기의 일에 대해 어떤 생각을 갖고 있는가 하는 것이지. 그 사람이 현재의 일을 중요하게 생각한다면 우리는 항상 높은 점수를 주게 된다네. 물론 그 이유는 간단하다네. 만일 구직자가 현재의 일을 중시한다면 새로 맡을 일에 대해서도 자부심을 가질 가능성이 높거든. 내가 알기로 업무에 대한 자부심과 업무 성과는 놀라울 정도로 밀접한 상관관계를 갖고 있다네."

당신의 겉모습과 마찬가지로 자기 일에 대한 생각 역시 당신의 상사, 동료,

부하들에게 당신에 대한 메시지를 전달한다. 아니, 그 메시지는 당신이 접촉하는 모든 사람에게 전달된다.

이것은 당신이 생각하는 크기만큼 대접받으며 또한 당신이 가진 생각의 힘이 당신을 현재의 당신 자신이 되도록 인도해왔다는 진실을 뒷받침하는 명확한 증거이다. 누구든 자신이 허약하며 필요한 것을 갖지 못했고 실패할 것이며 이류 인생이라고 생각한다면 시시한 인생에서 벗어날 수 없다. 하지만 자신이 중요하고 필요한 것을 가졌으며 일류 실행가에다 하는 일이 모두 중요하다고 생각한다면, 성공을 향해 직행할 것이다.

당신이 원하는 것을 얻는 비결

당신이 원하는 것을 얻는 비결은 바로 자기 자신을 긍정적으로 생각하는 데 있다. 또한 다른 사람이 당신의 능력을 판단하는 유일한 근거는 바로 당신의 행동이다. 그리고 당신의 행동은 당신이 품은 생각의 지배를 받는다.

당신은 당신이 생각하는 크기만큼 대접을 받는 것이다.

잠시, 상사의 시각으로 자기 자신에게 임금인상이나 승진 대상으로 누구를 추천하겠느냐고 물어보라.

1. 상사가 사무실을 비우면 잡지를 읽으며 시간을 보내는 비서인가? 아니면 상사가 돌아왔을 때 더 많은 일들을 성취하는 데 도움이 될 수 있도록 수많은 자잘한 일들을 수행하는 비서인가?
2. "난 언제든 다른 직장을 구할 수 있어요. 나의 일 처리 방식이 맘에 들지 않는다

면 그만두면 되죠"라고 말하는 직원인가? 아니면 비평을 건설적으로 받아들이고 일을 더 잘하기 위해 열심히 노력하는 직원인가?

3. 고객에게 "나는 회사에서 하라는 대로 할 뿐이에요. 이곳에 가서 당신이 무엇을 필요로 하는지 알아보라고 하더군요"라고 말하는 영업사원인가? 아니면 "고객님, 나는 당신을 돕기 위해 여기에 왔습니다"라고 말하는 영업사원인가?

4. 부하직원들에게 "솔직히 나는 나의 일을 그다지 좋아하지 않는다네. 본부의 상사들은 나에게 골칫거리만 안겨주지. 나는 그들이 대체 무슨 이야기를 하며 시간을 때우는지 모르겠어"라고 말하는 현장 주임인가? 아니면 "물론 자네들은 현장에서 불쾌한 일을 경험할지도 모르네. 하지만 분명한 것은 본부 사람들이 유능하다는 사실이네. 그들은 우리의 도움을 받아 일을 제대로 처리할 걸세"라고 말하는 현장 주임이겠는가?

이제, 많은 사람이 평생 일정한 레벨에서 벗어나지 못하는 이유를 알겠는가? 사실은 그들의 생각이 그들의 발목을 잡고 있는 것이다.

현재의 사고방식이 그의 미래를 결정한다

언젠가, 어느 광고회사의 간부가 회사에서 실행하고 있는 못한 신입사원을 '길들이는' 훈련 방법에 대해 들려준 적이 있다. "우리 회사에서는 대졸 신입 사원들을 우편물 운송작업에 투입하여 훈련을 시키죠. 물론 우편물을 배달하는데 대학 학력이 필요해서 그렇게 하는 것은 아닙니다. 우리의 목적은 신입사원에게 광고회사의 업무 특성상 반드시 수행해야 하는 수많은 일들과 접하도록 하는 데 있습니다. 그래서 그가 어느 정도 회사 사정을 익히게 되면 자기 부서로 발령받게 됩니다. 그런데 우편물 배달에 대해 아무리 세심하게 설명해주더라도 간혹 회사가 자신을 얕보고 시시하게 생각한다고 오해하는 친구들이 있게 마련이죠. 그럴 경우, 우리는 그릇된 마음가짐을 지닌 친구를 주저 없이 솎아냅니다. 업무 과정상 우편 배달의 일이 꼭 필요하다는 사실을 깨닫지 못할 만큼 비전이 없는 사람은 광고업에서 장래의 가능성을 엿볼 수 없기 때문이죠." 그 중역은 "그가 현재의 지위에서 일을 잘하느냐?"에 대한 해답을 찾아냄으로써 "그가 특정한 지위에서 어떻게 해내겠느냐?"에 대한 답변까지 얻어냈던 것이다.

다음은 논리적이고 건전하며 이해하기 쉬운 글이다. 이 책을 계속 읽어나가기 전에 이 글을 최소한 5번 정도 읽어 보라.

자기 일이 중요하다고 생각하는 사람은 일을 더 잘 해낼 수 있는 방법에 대해 정신적인 신호를 받게 된다. 그리고 일을 더 잘한다는 것은 더 높은 자리, 더 많은 돈, 더 높은 명성, 더 많은 행복을 의미한다.

흔히 아이들은 부모의 태도, 습관, 두려움, 취향을 빠르게 닮아간다. 그것이 음식에 대한 취향이든 독특한 버릇이 든 종교적이든 정치적 견해이든 혹은 그밖에 어떤 유형의 행위이든 아이는 부모나 보호자가 지닌 사고방식의 닮은꼴을 보여주는 것이다.

왜냐하면 아이는 모방을 통해 배우기 때문이다.

그리고 그것은 어른들도 마찬가지이다! 사람들은 일생을 통해 다른 사람을 계속해서 모방한다. 그들은 자신들의 지도자와 상사를 모방하며 그들의 생각과 행위는 타인들의 영향을 받는 것이다.

당신은 이러한 현상을 현실 속에서 쉽게 발견할 수 있다. 당신의 친구와 그의 상사를 살펴보면 아마도 생각과 행동의 유사점을 발견할 수 있을 것이다. 그리고 모방의 힘을 발견할 수 있는 또 다른 방법은 직원들의 태도를 상사의 태도와 비교해 보는 것이다. '상사'가 소심하고 걱정을 잘하면 그 밑의 직원들도 비슷한 성향을 나타낸다는 것을 알 수 있다. 하지만 상사가 성공적이고 긍정적인 자세를 갖고 있으면 그의 직원들도 그러한 자세를 보여준다.

한마디로 말해 직무에 대한 당신의 사고방식은 부하직원들 개개인의 직무에 대한 사고방식을 결정짓는다. 즉, 부하직원들의 업무태도는 우리 자신의 업무태도를 직접적으로 반영하는 것이다.

우리의 장단점은 부하직원들의 행동으로 나타난다는 사실을 기억하라. 이것은 마치 아이들이 부모의 태도를 닮아 가는 것과 같다.

당신이 열정을 가지면 주변 사람들도 그것을 갖게 된다

성공적인 사람들의 공통적인 특징 중의 하나는 '열정'이다.

백화점의 판매원이 손님인 당신을 붙잡고 자신이 파는 물건에 대해 열변을 토하는 모습을 눈여겨본 적이 있는가? 아니면 열정적인 목사나 강사가 청중들의 정신을 바짝 들게 만들며, 열정으로 가득 차게 만드는 모습을 지켜본 적이 있는가? 당신이 열정을 갖고 있으면 주변 사람들도 그것을 갖게 되어 있다.

그렇다면 어떻게 해야 열정을 개발할 수 있을까?

그것은 아주 간단하다. 우선, 열정적으로 생각하라. 낙천적이며 긍정적이고 진취적인 열의를 보여라. 즉, '이것은 굉장한 일이다. 나는 이 일에 100% 전념하겠다'는 느낌을 스스로 기르는 것이다.

생각하는 대로 된다. 그러므로 열정을 생각하면 열정적인 존재가 되는 것이다. 일을 더 잘하고 싶다면 자신이 하고자 하는 일에 열정을 가져 보라. 만약 당신이 열정을 갖는다면 다른 사람들도 당신이 발산하는 열정에 전염되어 당신은 최고의 성과를 얻게 될 것이다.

당신이 당신의 직무에 대해 올바른 마음가짐을 유지하면 부하직원들 역시 올바른 업무태도를 갖게 되는데 여기에는 그만한 보상이 따르게 된다. 그리고 상사는 당신이 부하직원을 제대로 다룸으로써 얻어내는 성과의 질과 양을 보고 당신을 평가한다. 그것을 이런 식으로 생각해 보라.

당신은 영업 본부장으로 누구를 승진시키겠는가? 부하직원들의 실적이 우수한 지서장인가? 아니면 부하직원들의 실적이 평범한 수준에 머무르는 지서장인가?

또한 생산부서장으로 승진시킬 사람으로 누구를 추천하겠는가? 자기 부문의 할당량을 채우는 부서원인가? 아니면 제 할당량을 채우지 못하는 부서원인가?

다음은 부하직원들이 더 많은 실적을 거두도록 만들 수 있는 두 가지 효과적인 제안이다.

1. 부하직원들이 올바른 마음가짐을 지니고 보고 배울 수 있도록 당신 스스로 자기 일에 대해 항상 긍정적인 태도를 보여주어라.
2. 일할 때마다 이렇게 자문하라.

"나는 모든 면에서 남이 모방할만한 가치를 지니고 있는가?"
"내가 가진 습관들은 부하직원들이 모방해도 좋을 만한 것들인가?"

자기 자신을 격려하라

몇 달 전, 어느 자동차 영업사원이 자신의 성공적인 세일즈기법에 관해 이야기를 해주었는데 그 내용을 여기에 소개하고자 한다.

"제가 하는 일 중에서 무엇보다 중요한 것은 날마다 2시간에 걸쳐 예상 고객에게 전화를 걸어 상담 약속을 잡는 것입니다. 하지만 3년 전에는 그 일이 저에게 매우 커다란 난제였습니다. 저는 성격적으로 숫기가 없고 두려움이 많았는데, 전화하는 목소리에 그러한 어감이 그대로 묻어났던 것입니다. 그래서 저와 통화한 사람들은 의례 '관심 없습니다'라며 그대로 전화를 끊기 일쑤였죠. 그런데 우리 부서는 월요일마다 영업부장님이 판매 회의를 열었습니다. 그 회의는 서로를 격려하고 영감을 불어넣는 분위기 속에서 이루어졌는데, 덕분에 제 기분도 좋아지곤 했죠. 그리고 월요일에는 다른 날에 비해 더 많은 상담 약속을 잡을 수 있었습니다. 문제는 그러한 분위기가 화요일이나 다른 날까지 연장되지 않는다는 데 있었죠. 저는 그것을 고민하다가 다음과 같은 생각을 하게 되었습니다. '판매부장님의 말씀이 나에게 격려가 된다면 스스로 나 자신을 격려하지 못할 이유는 없지 않은가?' 그리하여 저는 예상 고객에게 전화를 걸기 전에 저 자신을 격려하겠다고 마음을 먹었죠. 그리고 그날부터 곧바로 그것을 실천해 보았습니다. 저는 아무에게도 말하지 않고 주차장으로 나가 비어 있는 차 안에서 몇 분 동안 저 자신에게 말을 걸었습니다. '나는 훌륭한 자동차 영업사원이며 이제부터 최고가 될 것이다. 나는 좋은 자동차를 팔고 있고 좋은 거래를 성사할 것이다. 이제부터 내가 전화할 사람들은 자동차가 필요하기에 나는 그들에게 자동차를 팔 것이다.' 놀랍게도 처음부터 그 '충전' 효과가 두각을 나타냈습니다. 우선 전화를 거는 것이 두렵지 않을 만큼 기분이 좋아졌죠. 저는 스스로 전화를 걸고 싶어졌습니다. 물론 지금은 더 이상 주차장 자동차 안에서 자기 격려하지는 않지만, 그 기법 자체는 아직도 활용하고 있습니다. 전화를 걸기 전에 마음속으로 '나는 최고의 세일즈맨이다. 나는 분명 실적을 거둘 것이다'라고 다짐하곤 합니다."

정말로 좋은 아이디어가 아닌가?

정상에 서고 싶다면 자신이 이미 정상에 서 있다는 느낌이 들어야 한다. 자기 자신을 격려하여 스스로 더욱더 커지고 강력해진 기분을 만끽하라.

자신을 칭찬하는 것과 자신에게 채찍질을 가하는 것

　나는 최근에 실시한 어느 연수회에서 참석자들에게 '지도자가 되는 길'에 대해 각각 10분에 걸쳐 발표하게 하였다. 그런데 연수생 중의 한 명이 아주 비참한 모습을 보여주고 말았다. 그는 자기 차례가 돌아오자 무릎이 후들 후들 떨렸고 손도 덜덜 떨렸으며 할 말을 잊은 듯 꿀 먹은 벙어리처럼 마냥 서 있기만 했다. 그렇게 5~6분 정도 헤매던 그는 완전히 낙심한 모습으로 주저앉고 말았다.

　그 세션이 끝난 후, 나는 그에게 다음번 세션 시간에는 다른 사람보다 15분 일찍 나와 달라고 부탁하였다. 그리고 다음의 세션 시간에 그는 약속 대로 15분 일찍 나와 있었다.

　우리는 마주 앉아 전날 그의 모습에 관해 토론을 나누었다. 나는 그에게 말을 하기 5분 전에 정확히 무슨 생각을 하고 있었느냐고 물었다. "글쎄요. 지금 생각나는 것은 무척 겁이 났다는 것뿐입니다. 저는 망신을 당하리라는 사실을 알고 있었죠. 실패자가 될 것이 뻔했습니다. 계속 이런 생각만 들었죠. '대체 내가 뭐라고 지도자가 되는 길에 대해 운운한단 말인가?' 저는 할 말을 생각해내려고 애를 썼지만 실패하리라는 생각밖에 떠오르지 않았습니다."

　나는 거기서 그의 말허리를 잘랐다.

　"바로 그 부분입니다. 당신의 문제에 대한 해답은 바로 거기에 있습니다. 일어나서 말을 하기 전에 당신은 자신에게 끔찍한 정신적 타격을 주었던 것입니다. 당신은 스스로 실패하리라고 자신을 설득시켰죠. 당신의 발표가 잘 되지 않은 것은 당연한 결과입니다. 용기를 개발하는 대신 두려움을 개발했기 때문이죠. 오늘 저녁 세션은 정확히 4분 후에 시작됩니다. 나는 당신에게 시킬 일이 있습니다. 남은 몇 분 동안 당신 자신을 격려하십시오. 홀 건너편의 빈방에 가서 자신에게 이렇게 말씀하십시오. '나는 위대한 발표를 할 것이다. 사람들이 들어둘 필요가 있고 내가 말하고 싶은 얘기를 들려줄 것이다' 스스로 완벽한 확신이 들 때까지 이 말을 반복해서 자신에게 들려주십시오. 그런 다음 회의실로 와서 다시 발표해 주십시오."

당신도 그 자리에서 달라진 그 사람의 발표를 들었어야 했다. 짧지만 강력한 자기 격려는 그가 훌륭한 발표를 할 수 있도록 도와주었다. 여기서 우리가 배워야 할 점은 자신을 격려하고 칭찬하라는 것이다. 결코 자기 비하적인 자기 징벌을 연습하지 말라. 당신은 당신이 생각하는 크기만큼 대접받는 것이다. 따라서 자신을 가치 있게 생각할수록 당신은 그만큼 가치 있는 존재가 된다.

자기 나름대로의 CM으로 자신 자신을 선전하라.

세계 최대의 음료업체라고 할 수 있는 코카콜라는 날마다 '코크'에 대해 좋은 소식을 선전한다. 그들이 끊임없이 전 세계를 향해 '코크'를 선전하는 데에는 그만한 이유가 있다. 만약 그들이 선전을 중단한다면 당신은 코카콜라에 대해 냉담해지게 될 것이다. 그러면 매출액은 급감하게 되리라. 물론 코카콜라 사는 결코 그런 일이 일어나지 않게 할 것이다. 그렇기에 그들은 당신에게 거듭거듭 '코크'를 선전한다.

날마다 우리는 더 이상 자기 자신을 선전하지 않는 반쯤 죽어있는 사람들을 보게 된다. 그들은 자신들의 가장 중요한 상품인 자기 자신을 존중하지 않는 것이다. 그들은 삶에 무관심하고 소심한 기분으로 무작정 살아갈 뿐이다. 그리고 자신을 시시한 존재라고 느끼기 때문에 실제로 그렇게 된다.

이렇게 반쯤 죽어있는 사람은 다시금 자신을 선전할 필요가 있다. 자신이 일류급 인재임을 깨닫고 자신에 대해 솔직하고 진심 어린 믿음을 가질 필요가 있는 것이다.

스스로 의욕을 북돋워라

톰 스테일리는 잘나가는 그것도 '빨리' 잘나가는 젊은이이다. 톰은 하루에 3번씩 이른바 '톰 스테일리의 60초 CM'으로 스스로 자기 자신을 정기적으로 선전한다. 또한 그는 늘 자기 지갑 속에 CM 대본을 갖고 다닌다.

다음은 그 내용의 정확한 전문이다.

「톰 스테일리는 중요한, 진짜 중요한 사람이다. 톰, 너는 통이 큰 사람이야. 그러니 생각도 크게 해봐. 모든 것에 대해 크게 생각해봐. 너는 일류급 직장에서 최상의 업무를 수행할 만큼 많은 능력을 갖추고 있어.

톰, 너는 행복, 진보, 번영을 믿고 있어.

행복에 대해서만 말해봐

진보에 대해서만 말해봐

번영에 대해서만 말해봐

톰, 너는 엄청난 추진력, 정말 많은 추진력을 갖고 있어.

그것을 발동시켜봐.

톰, 그 무엇도, 아무것도 널 막을 수 없어.

톰, 너는 열정적인 사람이야. 그 열정을 겉으로 나타내 봐.

톰, 너는 인상도 좋고 기분도 좋은 상태야. 항상 그렇게 살도록 해.

톰 스테일리, 너는 어제도 위대한 사람이었고 오늘은 더 위대한 사람이될 거야. 이제 시작해 봐. 톰, 전진하는 거야.」

톰은 그 CM 덕분에 자신이 성공적이며 역동적인 사람이 되었다고 말한다. "저에게 저 자신에 대해 선전하기 전에 저는 다른 사람들에 비해 열등한 존재라고 생각했습니다. 하지만 이제 저는 승리하기 위해 필요한 것을 갖고 있으며 실제로 승리하는 삶을 살고 있다는 것을 깨닫고 있죠. 저는 언제나 승리할 것입니다."

다음은 당신 자신에게 자신을 선전하는 CM을 만드는 방법이다.

첫째, 스스로 "무엇이 나의 최고의 자질인가?"라고 자문하여 당신의 자산, 장점들을 꼽아 보라. 그리고 자기 자신을 묘사하는 데 있어서 부끄러워하지 말라.

둘째, 그 사실들을 종이에 적어본다. 당신의 CM 대본을 적어 보고 나서 톰 스테일리의 CM을 다시 한번 읽어 보라. 톰이 자기 자신에게 어떻게 말하는지 눈여겨보라. 그리고 당신도 그처럼 직접적인 어투로 말해 보라. 자신에게 CM을 들려줄 때는 자기 자신 이외에 아무도 생각하지 않아야 한다.

셋째, 하루에 최소한 한 번 이상 CM 내용을 큰 소리로 읽어 보라. 이때, 거울 앞에서 하는 것이 많은 도움이 될 것이다. 결연한 마음으로 강력하게 자신의 CM을 반복하라. 몸 안에 피가 더 빨리 돌게 만들라. 열정을 갖고 그 일을 해 보라.

넷째, 날마다 여러 번 마음속으로 당신의 CM을 방송하라. 용기가 필요한 일을 감행하기 전에 그렇게 하라. 낙심할 때마다 그것을 읽어 보라. CM을 언제나 손이 닿는 곳에 놓아두고 있다가 필요할 때 사용하라. 어쩌면 많은 사람들이 이 성공기법에 대해 조소를 보낼지도 모른다. 그것은 그들이 '성공은 생각을 관리하는 데서 나온다'는 사실을 믿지 못하기 때문이다.

하지만 제발! 평범한 사람들의 판단을 있는 그대로 받아들이지 말라. 당신은 평범하지 않다. '자신을 자기 자신에게 선전하는' 원리에 대해 의심이든다면 당신이 아는 사람 중에서 가장 성공적인 사람에게 그 일을 어떻게 생각하냐고 물어보라. 그에게 묻고 확인한 다음, 자신을 자신에게 선전하는 일을 시작해 보라.

성공자처럼 생각하라

당신의 생각을 업그레이드하고 당신의 행위를 업그레이드한다면 그것이 성공을 가져다줄 것이다. 다음은 성공자처럼 생각함으로써 자신을 더욱더 가치 있는 존재로 만드는 데 도움이 될 손쉬운 방법이다. 아래의 도표를 지침으로 활용해 보라.

⟨내가 어떻게 생각하고 있는가? 체크 리스트⟩

상황	자문
걱정이 될 때	성공자라면 이 일에 대해 걱정할까? 가장 성공적인 사람이라면 이 일로 불안해할까?
아이디어	성공자는 이런 아이디어를 갖고 어떻게 할까?
외모	내가 최대한도의 자존심을 가진 사람으로 보이는가?
언어	나는 성공적인 사람의 언어를 사용하고 있는가?
읽은 글	성공자는 이 글을 읽을까?
대화	성공자는 이 일에 관해 얘기할까?
화가 날 때	성공자는 내가 지금 화가 난 일에 대해 화를 낼까?
농담	이것이 성공자로서 할 만한 종류의 농담일까?
일	성공자는 자기 일을 다른 사람에게 어떻게 설명할까?

다음과 같은 의문을 가져 보라.

"성공자는 이것을 어떤 식으로 처리할까?"

더욱더 위대하고 성공적인 사람이 되기 위해 이 질문을 사용하라.

반드시 기억해 두어야 할 일

다음과 같은 사항을 기억해 두어라.

1. 겉모습에서부터 중요하게 보여라.

그것이 중요한 생각을 해내는 데 도움이 된다. 당신의 겉모습은 당신 자신에게 메시지를 던져준다. 그것이 당신의 정신을 고양하고 자신감을 키우는데 도움이 되게 하라. 또한 당신의 겉모습은 다른 사람들에게도 말을 전달한다.

2. 자기 일이 중요하다고 생각하라.

그런 식으로 생각할 때 일을 더 잘할 수 있는 방법에 대한 정신적인 신호를 받게 될 것이다. 당신의 일을 중시하면 부하직원들도 자신들의 일을 중요하게 생각할 것이다.

3. 하루에도 여러 번 자신을 격려하라.

자신에게 자신을 선전하는 CM을 만들어 보라. 기회가 있을 때마다 자신이 최고의 인간임을 상기하라.

4. 인생의 모든 상황에서 이렇게 자문해 보라.

"성공자라면 이럴 경우, 어떤 식으로 생각할까?"

그리고 그 답변에 따라라.

Chapter 07

주변 환경을 관리하라

 환경을 지배하라

마음을 위한 영양 섭취

당신의 마음은 놀라운 기계이다. 그 마음이 효율적인 방식으로 움직이면 당신에게 성공을 가져다주지만 똑같은 마음일지라도 그 반대로 작용할 때 비참한 패배를 가져다준다.

마음은 모든 '창조물' 중에서도 가장 섬세하고 민감한 도구이다. 이제 무엇이 마음의 작용방식을 만들어내는지 살펴보기로 하자.

오늘날 수백만의 사람들이 지나치게 다이어트를 의식하고 있다. 음식의 칼로리를 계산해서 섭취하는 것은 기본이고 비타민, 미네랄을 비롯하여 그밖에 다이어트 보조식품을 위해 수백만 달러를 지출하고 있다. 사실, 우리는 영양학적 연구를 통해 음식이 우리의 몸에 지대한 영향을 미친다는 사실을 알고 있다. 이처럼 육체는 우리가 섭취하는 음식의 성분으로 구성되며 마찬가지로 마음은 마음의 양식으로 구성된다. 마음의 양식은 한꺼번에 먹을 수도, 가게에서 구입할 수 있는 것도 아니며 그것은 곧 우리의 주변 환경을 말한다. 우리의 표면 의식과 잠재의식에 영향을 미치는 무수한 사물과 사건들이 마음의 양식인 것이다.

그리고 어떠한 종류이든 마음의 양식은 우리의 습관, 마음가짐, 성격을 결정 짓는다. 다시 말해 우리는 나름의 능력을 타고나지만, 그것의 개발 수준이나 개발방식은 어떤 종류의 정신적 양식을 먹느냐에 따라 달라지는 것이다.

결국 육체가 육체적 음식의 성분을 반영하듯 마음은 주변 환경이라는 정신적 음식의 성분을 반영하게 된다.

만약 당신이 현재 살고 있는 나라가 아니라 다른 나라에서 자라났다면 어떤 사람이 되었을 것이라고 생각하는가? 예를 들면 어떤 종류의 음식을 좋아했을까? 좋아하는 옷은 지금과 똑같았을까? 어떤 종류의 오락을 즐겼을까? 또한 어떤 종류의 일을 했을까? 어떤 종교를 믿었을까?

물론 이런 질문에 정답이 있을 수 없다. 그러나 당신이 만약 다른 나라에서 자라났다면 당신은 분명 육체적으로도 다른 사람이 되어 있을 것이다.

그 이유는 무엇일까?

그것은 바로 사람은 누구나 주변 환경의 영향을 받으며 자라나기 때문이다. 속담에도 있듯이 '우리는 환경의 산물'인 것이다.

이 말을 기억하라. 환경은 우리의 삶에 강한 영향을 미치고 우리의 행동양식을 결정짓도록 만든다. 당신의 습관이나 버릇 중에서 다른 사람에게 배우지 않은 것이 있는지 잘 생각해 보라. 아마도 걷는 방식, 기침하는 방식, 잔을 집어 드는 방식처럼 비교적 사소한 것에서부터 음악, 문학, 연예 오락, 의복 등에 대한 취향까지 모든 측면에서 주변 환경의 영향을 받았을 것이다.

무엇보다 중요한 것은 생각의 크기, 삶의 목적, 마음자세, 성격까지도 주변 환경의 영향을 받는다는 점이다.

따라서 부정적인 사람들과의 장기간에 걸친 교제는 우리의 사고를 부정적으로 만들며, 소심한 사람들과의 밀접한 접촉은 우리에게 소심한 습관을 심어준다. 마찬가지로 생각을 크게 하는 사람들과의 교제는 우리의 사고 수준을 끌어올려 주며 야심만만한 사람과의 밀접한 접촉은 우리에게 야망을 불어넣는다.

세월이 흐르면서 당신은 계속 변화할 것이다.

그것은 누구나 아는 사실이지만, 구체적으로 어떻게 변화하느냐 하는 문제는 미래환경, 즉 우리가 섭취하는 마음의 양식에 달려 있다. 그러면 우리의 미래환경에서 만족과 번영을 거두기 위해 우리가 무엇을 할 수 있는지 생각해 보기로 하자.

당신 자신을 재조명하라

우선, 성공을 이루기 위해 자기 자신을 재조명하라.

성공을 향해 나아가는 데 있어서 첫 번째 장애물은 목표를 성취 불가능한 것으로 생각하는 마음이다. 이러한 마음자세는 우리의 사고를 평범한 수준으로 끌어내리는 수많은 억압적인 힘에서 비롯된다.

어린 시절, 우리는 모두 원대한 꿈을 갖고 있었다. 깜찍할 정도로 어린 나이에 우리는 이미 미지의 세계를 정복하고 지도자가 되며 대단히 중요한지위에 올라서고 흥미롭고 신나는 일을 성취하며 부유하고 유명한 존재가 되기 위한 마음, 다시 말해 최고·최대·최선의 존재가 되고 싶은 마음을 갖고 있었다.

하지만 그 후에 무슨 일이 일어났던가?

우리는 위대한 목표들을 성취하기 위한 일을 시작하기도 전에 수많은 억압적인 영향력의 작용 하에 놓이고 말았다. 우리는 사방에서 '몽상가가 되는 것은 어리석은 짓이다', '그 아이디어들은 비실제적이고 어리석고 순진하고 바보 같은 생각들이다', '그 일을 이루기 위해서는 돈이 있어야 한다', '출세하려면 운이 좋아야 하거나 유력한 친구가 있어야 한다', '넌 너무 늙거나 어려'라는 말을 듣게 되는 것이다.

이렇게 '너는 출세할 수 없으니 쓸데없이 노력할 생각은 하지 말라'는 식의 공세를 받은 이후, 대부분의 사람은 다음의 세 그룹으로 나뉘게 된다.

◆ 첫 번째 그룹

완전히 포기하는 사람들이다. 이들은 자신이 필요한 조건을 갖추지 못했고 진정한 성공과 성취는 특별하게 운이 좋거나 타고난 사람들의 몫이라고 마음속 깊이 설득당한다. 이들은 자신들의 현 상태를 합리화하고 자신들이 진실로 얼마나 '행복'한지 설명하기 위해 무슨 짓이든 하기 때문에 쉽게 구분할 수 있다.

최근, 나는 안전하긴 하지만 별 볼 일 없는 자리에서 꿈도 희망도 없이 살아가는 매우 지적인 30대 초반의 어느 남성으로부터 그가 현재의 직업에 만족하는 이유를 몇 시간에 걸쳐 들어야만 했다. 그는 훌륭하게 자신을 합리화했지만, 사실은 자신을 속이고 있을 뿐이었고 그러한 사실은 그 자신도 잘 알고 있었다. 그가 진정으로 원하는 것은 성장하고 발전할 수 있는 도전적인 상황에서 일해 보는 것이었다. 하지만 그는 '수많은 억압적 영향력'에게 자신이 큰 일에 도전하기에 부적격한 사람이라고 설득당한 것이다.

'틀에 박힌 삶' 속의 안주를 합리화하는 것은 언젠가는 기회를 잡을 거라고 기대하며 정처 없이 방황하는 삶만큼이나 좋지 못한 인생의 행로이다.

◆ 두 번째 그룹

부분적으로 포기한 사람들이다. 앞선 경우보다 훨씬 소수인 이들은 성공에 대한 많은 희망을 품고 성인으로 성장한다. 그리고 이들은 자신을 준비시키고 열심히 일하며 계획을 세우지만, 10년 정도 지나면서 점점 장애가 만만치 않게 느껴지고 최고의 자리를 위한 경쟁도 더욱더 험난하게 보이기 시작한다. 그래서 그들은 더 큰 성공이 그만큼 노력을 기울일만한 가치가 없다고 판단하게 된다.

사실, 그들의 내면에는 실패에 대한 두려움, 사회적 비난에 대한 두려움, 불안정에 대한 두려움, 기득권 상실에 대한 두려움 등의 두려움이 도사리고 있다. 그들 중에는 이러한 두려움에 억눌려 일어서서 달려가는 대신 기어가는 것을 선택한 재주 많고 똑똑한 사람들이 포함되어 있다.

◆ 세 번째 그룹

결코 포기할 줄 모르는 사람들이다. 이들은 전체의 2~3%밖에 안 되는 사람들로 결코 염세주의의 말에 따르지 않고 억압적인 세력에 항복하지 않는다. 대신 이들은 성공을 꿈꾸며 최고의 성취를 이루는 사람들이기에 가장 행복한 그룹이기도 하다. 이들은 각자의 부문에서 최고의 영업사원, 최고의 주역, 최고의 지도자들이며 나름대로 신나고 보람 있고 가치 있는 삶을 즐긴다. 그리고 이들은 날마다 다른 사람들과의 새로운 만남을 완벽히 즐겨야 할 모험으로 알고 기대감을 갖는다.

이제 우리 솔직해지자.

우리는 모두 세 번째 그룹 속에 매년 더 크게 성공하는 무리 속에, 늘 일을 벌이고 성과를 거두는 사람들 속에 속하기를 원한다. 그러나 이 그룹에 속하기 위해서는 주변 환경의 억압적인 영향력과 맞서 싸워야만 한다. 이제 부지불식간에 당신의 발목을 잡고자 하는 첫 번째와 두 번째 그룹 속의 사람들을 이해하기 위해 한 가지 사례를 연구해 보라. 예를 들어 당신이 여러 평범한 친구들에게 최대한 진심 어린 어조로 '언젠가 나는 이 회사의 부회장이 될 거야'라고 말했다고 가정해 보자.

그러면 어떤 일이 일어날까? 친구들은 아마도 당신이 농담한다고 생각할 것이다. 그리고 당신이 진심이라는 것을 알게 된다면, 아마도 이렇게 말할 것이다.

"이봐, 아직 세상을 모르는군. 좀 더 배워야겠어."

더불어 당신의 등 뒤에서 당신에게 분별력이 있는 건지 없는 건지 의심스럽다고 쑥덕일지도 모른다.

하지만 앞서와 똑같은 말을 회장에게 가서 최대한 진심 어린 어조로 말해 보라. 그가 어떻게 반응할 것이라고 생각하는가? 분명한 것은 그가 평범한 친구들처럼 조롱하듯이 웃지 않을 것이라는 점이다. 아마도 그는 정색을 하며 이렇게 자문할 것이다.

"이 친구가 진심으로 하는 소리인가?"

다시 한번 강조하지만, 그는 절대로 당신을 비웃지 않을 것이다. 왜냐하면 거물은 거대한 생각을 보고 절대 비웃지 않기 때문이다.

기억하라! 당신의 뜻을 이룰 수 없을 것이라고 말하는 사람들은 대부분 성공하지 못하고 기껏해야 평범한 수준을 벗어나지 못 한 사람들이다. 그러므로 타인의 의견은 독약이 될 수도 있다.

당신이 뜻을 이룰 수 없을 것이라고 설득하려는 사람들에 대한 방어기제를 개발하라. 부정적인 조언은 당신이 뜻을 이룰 수 있다는 것을 입증해 보라는 도전으로만 받아들여라.

특별히 정말 특별히 주의해야 할 점은 부정적 사고의 소유자들이 당신의 성공 계획을 망쳐놓지 않도록 하는 것이다. '부정자 negator'들은 어디에든 있으며 그들은 다른 사람의 긍정적인 발전을 방해하는 데서 즐거움을 만끽한다.

대학에 다니는 동안, 나는 두 학기 정도를 W.W.와 친하게 지냈다. 그는 돈이 부족할 때마다 기꺼이 주머니를 털어 주고 그 밖에도 여러 가지 방식으로 도움을 제공하는 좋은 친구였다. 그러나 그러한 의리감에도 불구하고 그는 삶과 장래 그리고 기회에 대해 100% 냉소적이며 비뚤어진 시각을 갖고 있었다. 그는 진정한 '부정자'였던 것이다.

그와 친하게 지내는 동안 나는 희망, 긍정적인 사고방식, 기회 등을 역설하는 특정 신문의 칼럼을 즐겨 읽곤 하였다. 그런데 W.W.는 내가 그 칼럼을 읽는 것을 보거나 그 칼럼에 대한 얘기를 꺼내면 입이 험악해지면서 이렇게 얘기하곤 했다.

"맙소사, 데이빗. 그 앞 페이지를 읽어봐. 그게 바로 네가 인생에 대해 배울 수 있는 부분이라고. 넌 그 칼럼니스트가 약자들에게 감언이설을 지껄이는 것으로 손쉽게 돈을 벌고 있을 뿐이란 사실을 알아야 해." 우리가 인생에서의 성공에 관해 토론할 때, W.W.는 나름대로 돈 버는 비결을 얘기하곤 했는데 그 내용은 다음과 같았다.

"데이빗, 돈을 버는 방법에는 세 가지가 있어. 첫째는 돈 많은 여자와 결혼하는 것이고 두 번째는 멋지고 깔끔하고 합법적인 방법으로 도둑질하는 것이고 세 번째는 올바른 사람, 즉 능력이 있는 사람을 알아두는 것이야."

W.W.는 나보다 7살 연상이었고 공학과에서 상위권의 성적을 거두는 친구였다. 그리하여 나는 한때 동생과 같은 눈길로 그를 우러러보며 성공하기 위해 필요한 조건에 대한 나의 믿음을 접어두고 그 부정자의 철학을 받아들일 뻔했다.

하지만 다행스럽게도 나는 그와의 장시간에 걸친 대화 끝에 내가 실패자의 목소리를 듣고 있다는 사실을 깨닫게 되었다. 내가 보기에 W.W.는 나를 자신의 사고방식으로 전향시키려 하기보다는 자기 자신을 설득하기 위해 그런 얘기를 하는 듯했다.

그리고 대학을 떠난 이후 11년 동안 그를 만나지 못했는데, 어느 날 그와 나를 동시에 알고 있는 또 다른 친구로부터 그가 워싱턴에서 벌이가 신통치 않은 제도공으로 살고 있다는 소식을 들었다. 나는 그 친구에게 W.W.가 어떻게 변했느냐고 물었다.

"학교에 다닐 때보다 훨씬 더 부정적으로 변했다는 점만 빼고는 그다지 변한 게 없더군. 아이가 넷이나 되는데, 그의 수입으로는 정말 빠듯한 삶이라고 할 수 있지. 굉장히 힘들어 보였어. 지금보다 다섯 배는 더 많은 돈을 벌 수 있는 똑똑한 친구가 그렇게 살고 있다니… 단지 자신의 머리를 이용하는 방법만 알면 되는데."

부정자들은 어디에서든 볼 수 있다. 그리고 그들 중에는 거의 나를 넘어뜨릴 뻔했던 그 친구처럼 마음씨만큼은 좋은 사람들도 있다. 하지만 개 중에는 자신을 발전할 생각도 하지 않으면서 당신 역시 실패하길 바라는 질투심 많은 사람들도 있다. 그들은 자신을 사회 부적응자라 생각하며 당신도 그런 인간으로 만들고 싶어 하는 것이다.

환경과 성공의 관계

특별히 주의하라. 부정자들을 연구해 보라. 그들이 당신의 성공계획을 망치지 못하게 하라.

최근, 어느 젊은 친구가 나에게 자신의 카풀 동승자를 바꾼 이유를 설명해 주었다.

"이전 동승자는 출퇴근길에 처음부터 끝까지 자신이 다니는 직장에 대한 험담만 늘어놓았죠. 그는 경영진이 무슨 일을 하든 잘못을 찾아냈고 모든 상사들을 부정적으로 보았죠. 그의 시각에 따르면 모든 것이 잘못된 것뿐이었죠. 그래서 저는 매일 아침, 경직되고 찜찜한 마음으로 직장에 도착해야 했습니다. 그리고 매일 저녁 퇴근길에도 그날 잘못된 모든 일에 대한 그의 푸념과 고함을 들으며 우울하고 의기소침한 기분으로 집에 들어가야 했죠. 그러다 마침내 저는 정신을 차리고 다른 동승자를 찾게 되었습니다. 덕분에 이제는 완전히 다른 세상에서 살고 있습니다. 지금은 사물의 양면을 동시에 바라볼 줄 아는 사람과 함께 다니고 있기 때문입니다."

그 젊은 친구는 자신의 환경을 과감히 바꾸었다. 정말 똑똑하지 않은가? 유유상종이라고 하여 사람들은 당신이 어떤 사람을 사귀느냐에 따라 당신을 평가하게 된다. 그리고 당신의 동료 중에는 부정적인 사람이 있는가 하면 긍정적인 사람도 있게 마련이다. 또한 어떤 사람들은 '해야 하기 때문에' 일을 하고, 또 어떤 사람들은 발전을 위해 야망을 갖고 일한다.

그리고 우리의 사고방식은 우리가 속한 그룹의 직접적인 영향을 받는다. 그러므로 올바르게 생각하는 무리 속에 끼어있게 하라.

환경 속에서 주의해야 할 함정

당신의 작업환경 속에는 주의해야 할 함정들이 매우 많다. 어떤 그룹이든 은밀하게 자신들의 무능함을 의식하고 당신의 앞길을 가로막으며 발전하지 못하게 하려는 사람들이 있게 마련이다. 실제로 수많은 야심만만한 사람들이 남보다 더 능률적이며 생산적으로 일한다는 이유만으로 비웃음을 사고 심지어 위협을 받았다. 그러한 현실에 과감히 맞서도록 하라. 질투심 강한 어떤 족속들은 당신이 위로 올라가려 한다는 이유만으로 당신에게 낭패감을 안겨주고 싶어 한다.

예를 들어 공장에서 생산 속도를 올려 능률을 향상시키려는 사람은 간혹 다른 직원들의 반발을 사기도 한다.

그런 부정적 사고의 소유자들을 무시해 버려라.

사실, 당신에 대한 부정적 발언들은 당신의 생각과 달리 개인적인 유감 때문에 나온 말들이 아니다. 그것은 단지 말하는 사람 스스로 겪어온 패배와 좌절감의 표현일 뿐이다.

부정적인 사람이 당신을 그들의 수준으로 끌어내리게 하지 말라. 그들을 마치 물과 기름처럼 피하도록 하라. 그리고 진취적으로 생각하는 사람들과 어울려라. 그들과 함께 앞으로 위로 나아가라. 당신은 그렇게 할 수 있다.

올바른 생각만으로 말이다!

특히 주의해야 할 것은 당신에게 충고하는 사람이다. 대부분의 조직체 내에는 '내부 사정에 정통하고' 당신에게 열심히 정보를 물어다 주는 조언자들이 있게 마련이다.

언젠가 나는 이제 막 일을 시작한 똑똑한 젊은이에게 회사생활의 실상을 설명하는 어느 조언자의 충고를 엿들은 적이 있다. 그는 아무것도 모르는 젊은이에게 이런 말을 들려주고 있었다.

"이곳에서 잘 지내려면 여기 있는 모든 사람과 거리를 두는 게 좋아. 그들과 친해지면 자네에게 일을 산더미처럼 맡기려 할 테니까. 특히 부서장 Z씨는 상대하지 않도록 조심하라고. 자네에게 일거리가 충분치 않다고 생각하면 당장에 일거리를 잔뜩 안겨줄 테니까…"

그 조언자는 거의 30년 동안이나 회사생활을 하면서도 말단직원의 신세를 면치 못한 친구였다. 이제 막 회사생활을 시작한 젊은 친구에게 이 얼마나 황당한 조언인가!

조언은 반드시 성공자에게서 구하도록 하라

제대로 아는 사람에게 조언받는 것을 원칙으로 삼아라. 성공자에게 접근하는 것이 쉽지 않다는 잘못된 통념을 버려라. 사실 그들은 그렇게 접근 불가능한 사람들이 아니다. 일반적으로 성공적인 사람일수록 겸손하며 남을 도와줄 준비가 되어 있다. 그들은 자신들의 일과 성공에 대해 진심으로 관심을 갖고 있기에 그 일을 지속하며, 자신들이 은퇴했을 때 누군가 유능한 사람이 자기 일을 이어가길 바란다. 정작 괴팍하고 알기 어려운 사람들은 '아직 크게 되지 못한' 사람들이다.

시간당 40달러를 버는 어느 중역은 이렇게 말한다.

"나는 바쁘지만 내 사무실 문에 '방해하지 마시오'라는 팻말을 걸어두지는 않죠. 카운슬링은 내 주요한 업무 중의 하나랍니다. 물론 우리는 사내의 모든 사람을 상대로 이런저런 사내 훈련 프로그램을 시행하고 있지만 개인적인 카운슬링, 즉 '개별 지도'는 구하는 사람들만 얻을 수 있는 것입니다. 나는 늘 회사 일이나 개인적인 문제로 나를 찾아오는 사람들을 도와줄 준비가 되어 있습니다. 자신의 업무를 비롯하여 그것과 타 업무 간의 연계 방법에 대해 진정한 관심과 호기심을 나타내는 직원들이야말로 내가 가장 도와주고 싶은 사람들이죠. 하지만 그것을 찾을 만큼 절실하지 않은 사람들에게까지 시간을 내서 조언을 제공할 수는 없습니다."

문제가 생기면 우선 일류급 문제해결사를 찾아가라. 실패자에게 조언을 구하는 것은 마치 돌팔이 의사에게 암 치료법을 묻는 것과 마찬가지이다.

다양한 직업에 종사하는 사람들과 어울려야 하는 이유

지난달, 아내와 나는 다른 다섯 쌍의 부부와 함께 어느 백화점 중역 부부의 집에 초대되어 멋진 저녁 시간을 보낸 적이 있다. 그때 나는 다른 사람들보다 좀 더 오래 머물며 나와 잘 아는 사이인 집주인에게 그날 저녁 내내 나의 머릿속에 맴돌았던 질문을 던졌다.

"정말 멋진 저녁 시간이었습니다. 하지만 한 가지 궁금한 게 있군요. 나는 오늘 밤 주로 백화점의 간부들이 초대될 것이라 예상했는데 의외로 손님들은 다른 분야에 종사하는 분들이더군요. 작가, 의사, 엔지니어, 회계사 그리고 교사였죠?"

그러자 그 백화점 간부는 빙그레 미소를 지으며 말했다.

"다른 직업을 가진 사람들과 어울리는 것은 훨씬 더 참신하고 신나는 경험이죠. 사실, 우리는 늘 백화점 동료들과 어울리고 있잖아요. 비슷한 관심사를 가진 사람들하고만 어울리다가는 자칫 구태의연하고 틀에 박힌 삶에 빠져들지도 모르죠. 저는 사람들에 대해 아주 관심이 많습니다. 날마다 각각 다른 직업에 종사하는 수 천 명의 고객이 우리 매장을 찾아오는데 제가 그들의 생각, 관심사, 관점을 깊이 알아둘수록 그들이 원하는 상품과 서비스를 제공하는 일을 더 잘할 수 있지 않겠습니까?"

다음은 당신의 사회적 환경을 최상급으로 만드는 데 도움이 될 몇 가지 간단한 '규칙'이다.

1. 부지런히 새로운 그룹들을 만나라.

사회적 환경을 작고 똑같은 그룹 안으로만 제한하는 것은 권태, 답답함, 불만을 낳을 뿐이다. 성공하기 위해서는 다양한 계층의 사람들을 이해하는데 있어서 전문가가 되어야 한다. 하나의 소그룹만을 연구함으로써 사람들을 알려고 하는 것은 마치 소책자 한 권을 읽음으로써 수학을 마스터하려는 것과 같다.

새로운 친구를 만들고 새로운 조직에 들어가 당신의 사회적 활동 범위를 넓혀 나가라. 다양한 사람들과의 접촉은 다양한 사물과의 접촉과 마찬가지로 인생에 풍미를 더하고 시야를 더 넓혀준다. 그것은 훌륭한 마음의 양식이다.

2. 당신과 관점이 다른 친구들을 선택하라.

편협한 마음의 소유자는 장래성을 기대할 수 없다. 중요한 위치와 책무는 항상 사물의 양면을 동시에 볼 줄 아는 사람에게 이끌리게 되어 있는 것이다. 만약 당신이 여당의 지지자라면 야당에서 친구를 구하고, 야당 지지자라면 여당에서 친구를 구하라. 또한 당신과는 다른 종교를 가진 사람과 교제하라. 원칙적으로 자신과 상반된 입장의 사람과 사귀도록 하라. 단, 친구로 사귈 사람은 진정한 잠재력을 가지고 있어야 할 것이다.

3. 사소하고 중요치 않은 일에 개의치 않는 친구들을 선택하라.

당신의 아이디어나 대화 내용보다 당신의 집 평수나 제반 설비에 관심을 갖는 사람은 사소한 일에 집착하는 사람들이다. 당신의 심리적 환경을 보호하라. 긍정적인 것에 관심을 두는 친구, 당신이 성공하길 진심으로 바라는 친구들을 선택하라. 당신의 계획과 이상을 격려하는 친구들을 발견하라. 소심한 생각을 가지고 있는 사람을 친구로 사귄다면 당신 자신도 점점 소심한 사람이 될 것이다.

험담은 강력한 독소

요즘, 환경문제가 급부상하면서 우리는 먹거리로 인한 몸 안의 독소를 지나칠 정도로 의식하고 있다. 그리하여 모든 식당에서는 음식에 독소 성분이 들어가지 않도록 노심초사한다. 만약 그런 일이 한 번이라도 일어난다면 아마도 그 식당은 문을 닫아야 할 처지에 놓일 것이다.

또한 정부는 수백 가지 신체적 독소로부터 대중을 보호하기 위해 숱한 법률을 만들어왔다. 이처럼 우리는 독소 성분으로부터 육체를 지키기 위해 애를 쓰고 있는데 이것은 일단 좋은 현상이라고 본다. 하지만 알게 모르게 우리에게 침투하는 정신적 독소에 대해서는 소홀히 하는 경향이 있다. 정신적 독소는 두 가지 측면에서 육체적 독소와 다르며 우선 그것은 육체가 아닌 마음에 더욱 미묘한 방식으로 영향을 미친다. 그래서 독에 중독된 사람은 대개 그 사실을 자각하지 못한다.

이 정신적 독소는 우리가 생각하는 것보다 훨씬 더 '엄청난' 일들을 벌인다. 그것은 사소하고 중요치 않은 일에 초점을 맞추게 함으로써 우리가 가진 생각의 크기를 축소시킨다. 그것은 사실 왜곡에 토대를 두기 때문에 사람들에 대해 비뚤어진 생각을 갖게 만들고 험담을 늘어놓게 한다. 이런 정신적 독소는 단 1%도 올바른 생각이 아니며 완전히 잘못된 생각이다. 날마다 '상사의 결혼생활이나 재정상의 문제', '출세를 위한 누군가의 처세술', '어떤 동료의 전근 가능성', '동료가 특혜를 받는 이유', '경영진이 새로운 사람을 영입한 이유' 같은 수천 가지 얘기들이 입을 통해 옮겨지는 것이다.

그러한 얘기들은 보통 이런 식으로 이루어진다.

"내가 얼마 전에 들은 건데… 아니 왜냐하면… 그래, 난 놀라지 않았어… 그가 그렇게 만든 것이지… 물론 우리끼리 얘긴데…"

대화는 심리적 환경의 커다란 일부분으로 그중 어떤 것은 당신에게 격려가 되는 건강한 성격을 지니고 있다. 그것은 마치 봄날의 따스한 햇살을 받으며 산보하고 있는 듯한 기분이 들게 하며 마치 승자가 된 듯한 기분을 안겨주기도 한다.

하지만 개중에는 마치 방사능으로 오염된 지역을 걷고 있는 듯한 기분이 들게 하는 대화도 있다. 그것은 당신을 숨 막히게 하고 불편하고 거북한 느낌이 들게 하며 당신을 패배자로 만들어버린다.

물론 처음에는 자신이 그 부정적 대화를 즐기고 있을 뿐이라고 생각한다.

그리하여 타인에 대한 부정적인 험담의 독소 어린 재미를 만끽하는 듯이 보인다. 하지만 사실은 자신이 성공적인 사람들에게 점점 믿지 못할 껄끄러운 존재가 되어 가고 있다는 사실을 알지 못하고 있는 것이다. 내가 친구들과 함께 벤자민 프랭클린에 대한 얘기를 하고 있을 때, 그런 독소에 중독된 사람이 들어왔다. 그리고 그는 곧바로 우리의 화제에 끼어들어 프랭클린의 사생활에 대한 단편적이며 부정적인 내용을 늘어놓았다. 물론 그의 말이 사실일 수도 있다. 하지만 중요한 점은 당시의 대화 주제는 벤자민 프랭클린의 사생활이 아니었다는 사실이다. 나는 우리가 잘 아는 현존하는 인물이 대화의 주제가 아니었던 점을 다행으로 생각해야만 했다.

대화를 나누는 것은 분명 좋은 일이다. 하지만 긍정적인 면에 집중하도록 하라. 자유토론, 일과 관련된 대화, 단순한 잡담은 모두 우리에게 필요한 일이다. 그러나 그것은 건설적으로 이용되었을 때만 우리에게 도움이 된다.

다음과 같은 테스트로 자신이 험담을 늘어놓는 부정자가 될 성향을 보이고 있는지 알아 보라.

1. 다른 사람에 대한 루머를 퍼뜨리는가?
2. 항상 타인에 대해 흥미로운 소재가 있는가?
3. 스캔들에 대한 얘기를 듣길 좋아하는가?
4. 사실에 근거해서만 타인을 판단하는가?
5. 루머를 듣기 위해 다른 사람을 부추기는가?
6. '이건 아무에게도 말하지 마'로 대화를 시작하는가?

7. 은밀한 정보를 들었을 때, 그 비밀을 지킬 수 있는가?
8. 다른 사람에 대해 한 말에 대해 죄책감을 느끼는가?

이 점을 잠시 생각해 보라.

도끼를 들고 이웃의 가구를 산산조각 낸다고 해서 당신의 가구가 더 멋있어 보이는 것은 아니다. 마찬가지로 다른 사람에게 언어적 도끼와 수류탄을 사용한다고 해서 당신이나 내가 더 돋보이는 것은 아니다.

일류를 지향하라

"일류를 지향하라."

이것은 당신이 무슨 일을 행하든, 즉 어떤 상품이나 서비스를 구입하든 지켜야 할 훌륭한 원칙이다. 나는 언젠가 일류 지향적 사고의 절대적인 진실성을 입증하기 위해 연수생들에게 한 푼을 아끼려다 천 냥을 잃어버린 사례를 얘기해 달라고 요청한 적이 있다. 그때, 들은 얘기 중에 다음과 같은 사례가 있다.

"어느 날, 행상인에게 값이 저렴한 옷을 구입하게 되었습니다. 저는 그게 염가품인 줄 알았는데, 정말로 싼 게 비지떡이더군요."

"자동차의 변속기에 이상이 생겨 뒷골목의 카센터에 공인된 정비소 보다 25달러나 싼 가격에 일을 맡겼죠. 그런데 그 집에서 달아준 새 변속기는 1,800마일까지만 성능을 유지해주더군요. 하지만 그 카센터는 문제를 책임지려 하지 않았죠."

"저는 수개월 동안 돈을 절약하기 위해 그야말로 싸구려 식당에서만 식사를 했습니다. 그곳은 불결했고 음식도 형편없었으며 서비스라는 것은 눈을 씻고 찾아보아도 없었습니다. 물론 손님들도 초라한 행색의 사람들뿐이었죠. 그런데 하루는 친구와 함께 시내 최고의 레스토랑에서 점심을 먹게 되었습니다. 그런데 음식, 서비스, 분위기가 모두 훌륭한 데다가 가격도 제가 앞서 싸구려 식당에 지불했던 돈에 조금만 더 보태면 되더군요. 덕분에 저는 큰 교훈을 배웠답니다."

그 밖에도 어떤 사람은 '비용이 저렴한' 회계사를 고용했다가 국세청에 불려가 곤욕을 치른 경험을 들려주었고, 또 다른 사람은 '싸구려' 의사를 찾아갔다가 완전히 잘못된 진단을 받은 이야기를 해주었다. 그리고 주택 수리업체, 호텔, 그 밖에 상품과 서비스 부문에서 이류급을 찾아갔다가 돈이 더 들어간 경우도 있었다.

그 과정에서 나는 "일류급을 찾아갈 형편이 안 되었어요"라는 변명을 숱하게 들었다. 그런 문제에 대해 가장 간단한 해답을 들려주자면 "그렇게 하지 않을 여유는 더욱더 없다"는 것이다. 그리고 장기적으로 볼 때, 일류급을 찾아가는 것이 이류급을 찾아가는 것보다 비용이 적게 먹힌다. 예를 들면 이류급 신발을 3켤레 있는것보다 일류급 신발 1켤레 사는 게 더 좋다.

사람들은 잠재 의식적으로 당신을 질적으로 평가한다. 그러므로 품질에 대한 본능을 개발하라. 그것은 그만한 값어치가 있다. 일류급을 사는 것은 이류급을 사는 것과 비용이 비슷하게 먹히거나 대부분 더 저렴한 법이다.

성공적인 환경을 만들어라

1. 우선 자신의 주변 환경을 의식하라. 육체적 음식이 육체를 만들듯 정신적 음식이 마음을 만든다.

2. 환경이 자신에게 유리한 쪽으로 작용하도록 만들어라. 억압적인 힘, 이른바 부정적인 사람들이나 '너는 그것을 할 수 없어'라고 말하는 사람들로 인해 패배를 생각하는 일이 없게 하라.

3. 소심한 사고방식의 소유자들이 당신의 발목을 잡지 않게 하라. 질투심 많은 사람들은 당신이 실수하는 것을 보고 싶어 한다. 그들에게 만족감을 주지 말라.

4. 성공적인 사람에게 조언을 구하라. 당신의 미래는 중요하다. 패배자의 삶을 살아가는 조언가로 인해 당신의 미래를 위험에 빠뜨리지 말라.

5. 수많은 심리적 햇볕을 쬐어라. 새로운 그룹 사람들을 많이 만나라. 당신이 해볼 만한 새롭고 자극적인 일거리를 찾아 보라.

6. 당신의 주변 환경에서 정신적 독소를 몰아내라. 험담을 피하라. 사람을 화제로 삼았을 때는 긍정적인 면만을 얘기하라.

7. 모든 일에 있어서 일류를 지향하라. 그렇게 하지 않을 여유는 더욱더 없다.

Chapter 08

당신의 태도를
당신의 편으로 만들어라

성공을 가져다주는 태도

마음을 읽어라

당신은 마음을 읽을 수 있는가? 마음을 읽는다는 것은 생각보다 쉬운 일이다. 실제로 당신은 날마다 다른 사람들의 마음을 읽고 그들도 당신의 마음을 읽는다.

어떻게 그것이 가능할까? 우리는 태도 평가를 통해 자동으로 그렇게 하고 있는 것이다.

우리는 행동을 통해 생각을 표출한다. 태도는 곧 마음의 거울이다. 그것은 우리의 생각을 반영한다.

따라서 당신은 친구의 표정이나 독특한 버릇을 관찰함으로써 그가 자신의 일에 대해 어떻게 생각하는지 알 수 있다. 마찬가지로 당신은 영업사원, 학생, 남편, 아내의 마음을 읽을 수 있다. 아니, 그렇게 할 수 있을 뿐만 아니라 실제로 그렇게 하고 있다.

태도란 의외로 많은 것을 나타낸다.

그것은 때로 '소리'도 내는데, 비서가 "안녕하세요? 슈메이커 씨의 사무실입니다"라고 말할 때, 그녀는 단순히 자신의 사무실을 밝히는 것 이상의 일을 하는 셈이다. 그 단순한 인사말을 통해 비서는 "난 당신이 좋습니다. 전화 주셔서 고맙습니다. 난 당신이 중요하다고 생각합니다. 난 나의 일을 좋아합니다"라고 말하고 있는 것이다.

하지만 또 다른 비서는 똑같은 인사말을 통해 다음과 같은 메시지를 전달할 수도 있다. "당신은 나를 귀찮게 하는군요. 난 당신이 전화하지 않았으면 좋겠어요. 난 나의 일이 지겹고 날 귀찮게 하는 사람들이 싫어요."

어떻게 사람의 마음을 읽을 수 있는가?

우리는 표정, 음성 그리고 억양을 통해 상대방의 태도를 읽는다.

사실, 우리가 사용하는 언어는 근세에 만들어진 것으로 그 전에 인간은 무수한 세월 동안 신음, 한탄, 툴툴거림, 으르렁거림 등과 같은 표현양식을 갖고 살아왔다. 인간은 무수한 세월에 걸쳐 언어가 아닌 동작과 얼굴 표현, 소리 등을 통해 다른 인간들과 의사소통을 해왔다. 그리고 우리는 아직도 같은 방식으로 사람과 사물에 대한 우리 자신의 마음가짐과 감정을 표현하고 있다.

예를 들어 갓난아이들을 상대할 때는 육체적 접촉 이외에 몸동작이나 표정, 소리만이 의사소통을 할 수 있는 유일한 수단임에도 불구하고 우리는 아기들의 거짓을 분별해내는 신비한 능력을 갖추고 있다.

올바른 태도가 가져오는 것

리더십 분야에서 권위자로 인정받는 어윈 H. 쉘 교수는 이렇게 말한다. "일을 성취하는 데에는 분명 재능이나 능력 이상의 뭔가가 있는 것이 분명하다. 나는 그 연결고리 혹은 촉매라 불릴 수 있는 것을 '태도'라는 단 하나의 단어로 규정지을 수 있다고 믿고 있다. 우리의 태도가 올바를 때 최대 능률을 발휘하며 더불어 좋은 성과를 얻게 되어 있다."

태도는 성패의 차이를 만들어낸다.

태도가 올바른 영업사원은 할당량을 채우고, 태도가 올바른 학생은 올 A 학점을 받으며 태도가 올바른 부부가 진정 행복한 결혼생활을 영위할 수 있다. 그리고 태도가 올바를 때, 대인관계에서 성공하며 지도자가 될 수 있다.

올바른 태도는 모든 상황에서 승리할 수 있게 해주는 것이다.

그러므로 다음의 세 가지 태도를 기르도록 하라. 그것이 모든 상황에서 당신 편이 되어줄 것이다.

▶ '나는 활기찬 사람이다'라는 태도를 길러라.
▶ '당신은 중요하다'는 태도를 길러라.
▶ '서비스가 최우선이다'라는 태도를 길러라.

열정이 없는 사람은 타인의 열정을 불러일으킬 수 없다

나는 아직도 대학 2학년 때의 역사 과목을 생생히 기억하고 있는데, 그 이유는 내가 역사에 대해 많은 것을 배웠기 때문이 아니라 성공적인 삶의 기본 원리인 다른 사람을 활기차게 만들려면 우선 스스로 활기찬 사람이 되어야 한다는 것을 역사 수업을 통해 알게 되었다.

그 당시, 역사학은 수강생이 매우 많았기 때문에 강의는 부채꼴 모양의 강당에서 이루어졌다. 중년의 나이에 풍부한 교양을 갖춘 역사학 교수는 애처로울 정도로 재미가 없는 분이었는데, 그는 역사를 생생하고 매혹적인 과목으로 만드는 대신 죽어 있는 데이터를 중심으로 수업을 진행하였다. 어찌나 강의가 권태로웠는지 잡담을 나누거나 조는 학생들이 워낙 많아 교수는 두 명의 조교를 시켜 강당 안을 돌아다니며 학생들의 잡담을 중지시키거나 조는 학생들을 깨워야 할 정도였다.

그리고 간혹 교수는 강의를 중단하고 학생들을 향해 손가락질하며 경고를 하였다. 물론 그 경고는 학생들에게 별다른 영향력을 미치지 못했다.

나는 다음과 같은 의문을 떠올리지 않을 수 없었.

'왜 학생들은 교수가 하는 말을 무시하는 것일까?'

대답은 간단했다. 학생들이 교수의 말에 아무런 관심도 보이지 않는 이유는 교수 자신이 역사에 대해 아무런 관심을 두고 있지 않았기 때문이다. 그는 역사학에 권태를 느끼고 있었고 그것이 그대로 밖으로 표출되었던 것이다.

다른 사람을 활기차게 만들려면 그리하여 그들을 열정적으로 만들려면 당신 자신이 열정적인 사람이 되어야 한다.

나는 다른 수백 가지 상황에서 이러한 원리를 실험해 왔는데, 언제나 그것이 진실임이 밝혀졌다. 열정이 없는 인간은 결코 타인에게 열정을 불어넣을 수 없다. 하지만 열정적인 인간은 금방 열정적인 추종자를 갖게 마련이다.

열정적인 세일즈맨은 열정이 없는 구매자에 대해 결코 걱정할 필요가 없다. 열정적인 교사는 무관심한 학생들 때문에 속 썩을 필요가 없으며 활기찬 목사는 졸음에 겨운 신도들 때문에 고민할 필요가 없다. 열정은 늘 상황을 더 좋게 만든다.

성과는 열정에 비례하는 것이다.

열정의 힘을 개발하는 3단계 과정

다음은 열정의 힘을 개발하는 데 도움이 되는 3단계의 과정이다.

1. 더 깊이 파고들어라.

당신이 별로 관심을 두지 않는 두 가지 분야, 예를 들어 트럼프나 특정 장르의 음악 혹은 특정한 스포츠를 선택하여 스스로 물어보라.

"나는 이것에 대해 얼마나 잘 알고 있는가?"

아마도 당신의 대답은 "그리 많이 알고 있지 못해"일 것이다.

나는 지난 몇 년 동안 현대미술에 대해 아무런 관심을 가지지 못했다. 그리하여 현대미술을 잘 알고 사랑하는 친구에게 자세한 설명을 듣기 전까지 내가 알고 있는 것은 잡다한 지식 나부랭이를 짜깁기 한 것에 지나지 않았다. 그런데 그것을 깊이 연구하면서부터 나는 현대미술에 완전히 매혹되고 말았다.

이것은 열정을 개발할 수 있는 결정적인 비결을 알려준다. 즉, 별로 흥미가 없는 대상에 대해 열정을 갖고 싶다면 그것에 대해 더 깊이 배우면 되는 것이다.

나는 때로 연수생들에게 '깊이 파고들기'를 통해 열정이 개발되는 과정을 보여주기 위해 온실을 예로 들어 설명한다. 즉, 무심코 말하는 듯이 연수생들에게 이런 질문을 던지는 것이다.

"혹시 온실을 만들고 판매하는 일에 관심 있는 분이 있나요?"

그런데 나는 지금까지 처음부터 '그렇다'는 대답을 들어본 적이 없다. 그러면 나는 사람들에게 온실에 대한 몇 가지 사실을 설명하기 시작한다. 우선 사람들의 생활 수준이 향상되면서 점점 생활필수품 이외의 분야에 대한 관심이 높아지고 있다는 사실을 상기시킨다. 그리고 미세스 아메리카가 난초와 오렌지꽃들을 키우는 얘기를 양념 삼아 들려주고 오늘날 수많은 가정에서 개인 수영장을 가질 만한 여유가 있다는 사실을 고려한다면 그에 비해 비용이 적게 드는 온실 역시 집안에 만들어 둘만한 것임을 지적한다. 더 나아가 50가구당 한 가구에 600달러의 가격으로 온실을 팔 수 있다면 온실 제작시장은 총 60억 달러 규모로 성장할 것이며 종자와 묘목 판매시장도 덩달아 25억 달러의 규모로 커질 것이라고 설명한다. 이 교육법의 유일한 난점은 10분 전만 하더라도 온실에 대해 완전히 냉담했던 사람들이 이제는 다른 주제로 화제를 바꾸는 걸 원치 않을 정도로 온실에 대해 뜨거운 반응을 보인다는 점이다.

깊이 파고들기 기법을 이용하여 다른 사람에 대한 열정을 개발하라. 그가 하는 일, 그의 가족, 그의 배경, 그의 생각과 야망 등 상대방에 대해 가능한 한 모든 것을 알아내라. 그러면 그에 대한 관심과 열정이 점점 늘어나게 될 것이다. 계속 파고들면 분명 공통의 관심사를 발견할 수 있다. 거기서 더 파고 들면 마침내 매혹적인 한 인간을 발견하게 되리라.

파고들기 기법은 새로운 장소에 대한 열정을 개발하는 데에도 효과를 발휘한다. 몇 해 전, 나의 젊은 친구 몇 명이 디트로이트에서 중부 플로리다주로 이사를 가게 되었다. 그들은 집을 팔고 하던 사업을 정리한 다음 친구들에게 작별을 고한 후, 새로운 땅으로 갔는데 6주일 만에 다시 디트로이트로 돌아왔다.

물론 그들이 돌아온 이유는 먹고사는 문제와는 전혀 상관이 없었다. 그들은 이렇게 말했다.

"그 작은 도시에서는 도저히 살 수 없더군요. 그리고 우리의 모든 친구들이 디트로이트에 있잖아요? 그래서 우리는 돌아오기로 했습니다." 시간이 흐른 후, 그들과 좀 더 깊은 대화를 나누게 되면서 그들이 진정으로 작은 도시를 싫어한 이유를 알게 되었다. 플로리다에서의 짧은 체류 기간 동안 그들은 그곳의 역사, 도시계획, 사람들의 피상적인 면만 보고 다녔던 것이다. 결국 그들은 마음은 디트로이트에 두고 몸만 플로리다로 갖고 간 셈이었다.

이런 경우, 새로운 지방에 대한 열정을 키우는 한 가지 방법은 단순히 그곳을 공부해 보는 것이다. 그곳에 대한 모든 가능성을 알아두어라. 그곳 사람들과 어울려 보라. 부임 첫날부터 그 사회의 일원이 된 것처럼 느끼고 생각하라. 그러면 새로운 환경에 대한 열정을 갖게 될 것이다.

사람이든 장소이든 사물이든 그 무엇에든 열정을 갖고 싶다면 더 깊이 파고들어 보라. 더 깊이 파고들다 보면 열정이 늘어나게 될 것이다. 이러한 원리를 자신이 원치 않는 일을 해야 할 경우, 응용해 보라. 현재 자신이 맡은 일에 대해 권태감이 느껴질 때도 이 원리가 도움이 될 것이다. 더 깊이 연구하다 보면 관심이 늘어나는 것을 깨닫게 된다.

2. 행하는 모든 일에 활기를 불어넣어라.

열정이 있느냐 없느냐 하는 것은 당신의 언행을 통해 자연히 드러나게 되어 있다. 악수를 한 번 하더라도 활기차게 하라. 손을 잡고 힘차게 흔드는 것이다. 당신의 악수가 "당신을 알게 되어 반갑습니다" 혹은 "다시 만나게 되어 정말 기쁘군요"라고 말하게 하라. 활기가 없는 악수는 아예 악수를 안하는 것만 못하다. 그것은 상대방에게 "이 사람은 마치 죽어있는 사람 같구나" 하는 생각이 들게 만든다. 큰 성공을 거둔 사람 중에서 무기력하게 악수를 하는 사람이 있는지 찾아보라. 분명 찾기가 힘들 것이다. 당신의 미소에 생기를 불어넣어라. 눈으로 미소를 지어라. 그 누구도 인위적이며 부자연스러운 미소를 좋아하지 않는다. 미소를 지을 때는 치아가 드러나도록 활짝 웃어라. 당신의 치아가 그다지 매력적이지 않다고 하더라도 그것은 중요한 문제가 아니다. 미소를 지을 때, 그들은 자신들이 좋아할 만한 따스하고 열정적인 인격체를 보게 되는 것이다.

당신의 '고맙습니다'에 생기를 불어넣어라. 구태의연하고 마치 기계에서 흘러나오는 것처럼 자동적인 '감사합니다'는 죽어 있는 표현이다. 그것은 아무런 의미도 없으며 더불어 아무런 성과도 가져다주지 않는다. 진정한 마음을 담아 열정적으로 '감사하다'고 표현하라.

당신의 말에 습관적으로 진솔한 감정을 불어넣으면 사람들의 집중적인 주목을 받을 수 있다. 그리고 사람들은 자신이 하는 말을 진심으로 믿는 사람을 가까이하게 되어 있다. 그러므로 당신의 말에 활기를 불어넣어라. 당신의 화술에 생기를 불어넣어라. 상대방이 클럽 회원이든 예상 고객이든 자녀이든 당신의 말에 열정을 불어넣어라. 당신의 말에 활력을 불어넣을 때, 자동적으로 당신 자신에게도 활력이 생겨난다. 이것을 당장 시험해 보라. 힘차게 큰소리로 "나는 오늘 기분이 최고다!"라고 말해 보라. 기분이 어떤가? 그 말을 하기 전보다 실제로 기분이 더 좋아졌다는 느낌이 들지 않는가? 그런 식으로 당신 자신을 활력으로 가득 채워라.

생기를 불어넣어라. 당신의 모든 행동과 말이 사람들에게 "이 친구는 확실히 살아있어", "진심으로 하는 말이군", "그는 성공할 거야"라는 메시지를 전달하게 하라.

3. 좋은 소식을 전파하라.

누군가가 갑자기 뛰어 들어와 '내가 좋은 소식을 갖고 왔어'라고 말하면 그는 그 장소에 있던 모든 사람으로부터 주목받게 된다. 좋은 소식은 단순히 주목받는 것 이상의 효과를 발휘한다. 그것은 사람들을 기쁘게 하며 열정을 불러일으키고 심지어 소화도 잘되게 하는 것이다.

단순히 세상에 좋은 소식의 전파자보다 나쁜 소식의 전파자가 더 많다는 이유만으로 길을 잘못 들지 말라. 나쁜 소식을 전파하는 것으로는 그 무엇도 얻을 수 없다.

가족들에게 좋은 소식을 전해보라. 오늘 있었던 좋은 일을 얘기해 보라. 당신이 겪은 즐거운 일들만 전해주고 불쾌한 일들은 기억 저편으로 묻어버려라. 좋은 소식을 전파하라. 나쁜 소식을 전하는 것은 아무런 의미가 없다. 그것은 단지 당신의 가족에게 걱정을 안겨주고 안절부절못하게 만들뿐이다. 날마다 집 안에 그늘이 아닌 햇살이 비치게 하라. 아이들이 날씨에 대해 불평하는 것을 본 적이 있는가? 그들은 부정적인 뉴스 전파자가 그들에게 불쾌한 기온을 의식하도록 교육하기 전까지는 뜨거운 날씨를 무시하며 살아간다. 날씨가 어떠하든 아이들이 날씨나 기온에 대해 긍정적으로 말하는 버릇을 갖게 하라.

당신의 기분에 대해서도 좋은 소식을 전파하라.

늘 기분이 최고인 것처럼 행동하고 말하라. 그리고 가능한 한 기회가 있을 때마다 '기분이 최고야'라고 말한다면 기분이 더욱더 좋아질 것이다. 반면, 사람들에게 '나는 지금 기분이 엉망이야'라고 말한다면 기분이 더욱더 엉망이 되고 만다. 기분은 대부분 어떻게 생각하느냐에 따라 달라지기 때문이다. 사람들은 활기차고 열정적인 인간을 가까이하고 싶어 한다는 사실을 기억하라. 불평꾼과 반쯤 죽어 있는 사람 곁에 있는 것은 불편한 일이다.

함께 일하는 사람들에게 좋은 소식을 전달하라. 기회가 있을 때마다 그들을 격려하고 칭찬하라. 회사에서 하는 일의 긍정적인 측면을 얘기해 주어라. 그들의 문제에 귀를 기울여라. 도움을 주어라. 사람들을 격려하고 지지를 끌어내라. 그들이 한 일을 칭찬하며 어깨를 두드려 주어라. 희망을 주어라. 그들의 성공 가능성을 믿고 있으며 신뢰하고 있다는 것을 알려 주어라.

스스로 올바른 길을 걸어갈 수 있도록 이러한 일들을 정기적으로 수행하라. 사람과 헤어질 때마다 이렇게 자문하라.

"이 사람은 나와 함께 나눈 대화로 기분이 더 좋아졌을까?"

이러한 자기 훈련법은 분명히 효과를 발휘한다.

좋은 소식은 좋은 소식을 낳는다. 그러니 열심히 좋은 소식을 전파하라.

내가 최근에 방문한 어느 브러시 제작업체의 사장은 자신의 책상 위에 방문객의 의자에 면한 쪽으로 다음과 같은 좌우명을 소형 액자에 넣어 세워두고 있다.

"나에게 좋은 말이 아니면 아무 말도 하지 말라."

나는 그 좌우명이 낙관적인 사람들을 고무하는 데 효과적일 것이라고 칭찬하였다. 그러자 그는 미소를 지으며 이렇게 말했다.

"그것은 매우 효과적인 좌우명이죠. 특히 제 자리에서 볼 때, 그것은 한층 더 중요성을 지닙니다."

그러면서 액자를 돌려 자기 쪽의 면을 보여주었는데 거기에는 이런 글이 적혀 있었다.

"그들에게 좋은 말이 아니면 아무 말도 하지 말라."

좋은 소식을 전파하는 것은 당신에게 활기를 불어넣고 기분이 좋아지게 만들 뿐만 아니라, 다른 사람들의 기분도 좋아지게 한다.

'당신은 중요하다'는 식의 태도를 길러라

인간은 어디에 살든 혹은 무식하든 유식하든 교양이 있든 없든 아이이든 노인이든 '중요한 존재가 되고 싶다'는 욕망을 갖고 있다.

이 점을 깊이 생각해 보라.

모든 사람, 즉 당신의 이웃, 당신 자신, 당신의 부인, 당신의 상사는 모두

'특별한 사람'이 되고 싶은 자연스러운 욕망이 있다. 중요한 존재가 되고 싶다는 것은 인간의 가장 강력하고 불가항력적인 욕망이다.

특히 성공적인 광고업자는 사람들이 명성, 우수성, 인정을 갈구한다는 사실을 잘 알고 있다. 그렇기 때문에 매출액을 올리는 대부분의 광고문구는 '똑똑한 젊은 주부를 위한', '탁월한 취향을 가진 분들을 위한', '당신은 최고만을 원한다', '모든 사람의 부러움을 받을', '여성에겐 부러움을, 남성에겐 찬탄을 이끌어내고 싶은 여성들을 위한'이라는 문구가 들어간다. 이러한 문구들은 결과적으로 사람들에게 다음과 같은 강한 메시지를 전달한다.

이처럼 중요한 존재가 되고 싶어 하는 사람들의 갈망을 충족시킬 때, 당신은 성공을 향해 나아갈 수 있다. 그것은 당신의 성공 도구상자에 들어 있어야 할 기본적인 도구이다.

그런데 문제는 아무리 '당신은 중요하다'는 태도가 효과를 발휘하고 거기에 아무런 비용이 들어가지 않는다고 하더라도 그것을 실천하는 사람이 소수에 지나지 않는다는 점이다.

인간의 존엄성

그 이유를 밝히기 위해서는 약간의 설명이 필요하다. 철학적으로 볼 때, 우리의 종교, 법률, 문화 전체는 개인의 중요성에 대한 믿음에 바탕을 두고 있다.

예를 들어 당신이 비행기를 타고 여행하다가 어느 고립된 산간 지역에 불시착했다고 가정해 보자. 당신의 조난 소식이 알려지자마자 당신을 찾는데 대규모 수색 작전이 벌어질 것이다. 물론 그 누구도 '그 친구가 중요한 사람인가?'라고 묻지 않는다. 당신이 인간이라는 점을 제외하면 당신에 대해 아무것도 알지 못한 채, 사람들은 헬리콥터와 육상 수색팀을 비롯한 온갖 수단을 동원하여 당신을 찾아 나선다. 아마도 그들은 당신을 발견하거나 모든 희망을 포기할 때까지 수천 달러의 비용을 물 쓰듯 하면서 당신에 대한 수색작업을 지속할 것이다.

어린아이가 산속에서 길을 잃거나 우물에 빠지고 그밖에 어떤 위험한 상황에 놓였을 때, 그 아이가 '중요한' 가문의 출신인지 아닌지를 따질 사람은 없다. 누구든 그러한 상황에 놓이면 아이를 구하기 위해 총력을 기울일 것이다. 왜냐하면 모든 아이는 중요하기 때문이다.

인간은 모두 위대한 신의 창조물이다. 한 명 한 명의 인간은 그만큼 귀한 존재이며 신의 섭리 속에서 귀중한 위치를 차지한다.

그러면 이제 실질적인 측면을 돌아보기로 하자.

대부분 사람은 일상적인 생활 속에서 불행하게도 인간의 중요성에 대한 개념을 쉽게 잊어버리고 만다. 그렇기 때문에 오늘날 대부분 사람은 '당신은 아무것도 아니야. 당신은 아무런 가치도 없어. 당신은 나에게 절대적으로 무의미한 존재야'라고 말하는 듯한 태도를 보인다. 이처럼 '당신은 중요치 않아'라는 듯한 태도가 세상에 널리 퍼져 있는 데에는 그만한 이유가 있다.

대부분 사람은 상대방을 바라보며 이렇게 생각한다.

"그는 나를 위해 아무것도 해줄 수 없어. 그러므로 그는 중요치 않아."

하지만 이것은 중대한 실수이다.

당신에게 있어 타인이 중요한 이유

상대방의 지위나 수입과 상관없이 그는 당신에게 중요한 존재인데, 여기에는 중요한 두 가지 이유가 있다.

첫째, 사람들은 자신을 중요한 존재로 느끼도록 해줄 때, 당신을 위해 더 많은 일을 해준다.

몇 년 전, 나는 매일 아침 버스를 타고 출퇴근하였다. 그때, 버스 운전사는 늙은 심술꾸러기였는데 나는 사람들이 잠깐이면 버스를 탈 수 있는 위치에서 손을 흔들거나 고함을 치며 달려오는데도 그가 매몰차게 버스를 출발 시키는 모습을 수십 아니 수백 번도 더 보았다. 그런데 이상하게도 그 매몰찬 운전사가 딱 한 명의 승객에게만은 특별대우를 해주는 것이 아닌가! 운전사는 그 사람에 대해서만큼은 여러 차례 특혜를 베풀었고 그 승객을 기다리며 출발을 미루기도 하였다.

그 이유는 과연 무엇이었을까?

그 승객은 운전사가 마치 중요한 존재라도 되는 듯한 느낌이 들도록 만들었다. 매일 아침 그 승객은 운전사에게 진심 어린 어조로 "좋은 아침입니다, 선생님"이라고 인사를 했다. 때로 그는 운전사와 가까운 좌석에 앉아 "책임이 아주 막중하시군요", "날마다 이런 혼잡한 길을 운전하려면 신경이 강철 같아야 하겠어요"와 같은 말을 건넸다. 그 승객은 운전사가 마치 180명의 승객을 태운 제트 여객기를 조종하는 사람이라도 되는 양 추켜세웠다. 그리고 운전사는 그 보답으로 그 승객을 특별히 예우해 주었다.

'작은' 사람을 '큰' 사람처럼 느끼게 해주면 그만한 이익이 뒤따르는 법이다.

오늘날 수많은 사무실에서 비서들이 영업사원의 세일즈를 돕거나 방해 하고 있는데 그것은 전적으로 세일즈맨이 비서들을 어떻게 대하느냐에 달려 있는 문제이다.

상대방이 당신이 중요하다고 느끼고 관심을 두게 만들어라. 그가 당신에 대해 관심을 가질 때, 당신을 위해 더 많은 일을 해줄 것이다. 고객은 당신에게서 더 많은 상품을 살 것이며 동료들은 당신과 협조하기 위해 애쓸 것이며 상사 역시 당신을 돕기 위해 더 많이 노력할 것이다.

크게 생각할 줄 아는 사람은 언제나 다른 사람들을 최상의 모습으로 바라봄으로써 그들의 가치를 더해준다. 그들은 다른 사람들을 '크게' 생각해 줌으로써 그들에게서 최고의 모습을 이끌어내는 것이다.

다른 사람이 자신을 중요하게 느끼도록 해주어야 할 두 번째 중요한 이유는 바로 이것이다. 상대방이 자신을 중요하게 느끼도록 돕는 것은 당신 자신을 중요하게 느끼는 데에도 도움이 된다.

수개월 동안 나를 태워준 엘리베이터 안내원 중의 한 명은 어디를 보아도 중요하게 보이는 구석이 전혀 없는 사람이었다. 50세쯤 되어 보이는 그녀는 아무런 매력도 없었고 일하는 모습에서 어떠한 활력도 찾아볼 수 없었다. 아마도 중요한 존재가 되고 싶어 하는 그녀의 바람이 전혀 이루어지지 않고 있음이 분명했다.

그런데 내가 그녀의 엘리베이터를 정기적으로 이용하게 된 지 얼마 지나지 않아 나는 그녀가 머리모양을 고쳤다는 사실을 눈치챘다. 물론 그것은 멋스러움과는 전혀 거리가 먼 스타일이었고 분명히 혼자 집에서 만든 것이었다. 어쨌든 깔끔하게 정리되어 있었고 분명 예전보다는 나아 보였다. 그녀를 보고 나는 이렇게 말했다.

"미스 S, 머리 모양이 마음에 드는군요. 정말 보기 좋습니다."

그녀는 얼굴을 붉히며 "고맙습니다, 선생님"이라고 말하더니 멈춰야 할 층을 놓칠 뻔했다. 그녀는 칭찬을 듣고 나서 너무 기쁜 나머지 정신이 없었던 것이다.

다음 날 아침, 엘리베이터 안으로 들어가자 놀랍게도 "좋은 아침입니다, 슈워츠 박사님"이라는 인사말이 들려왔다. 나는 그때까지 그녀가 다른 사람의 이름을 불러주는 것을 들어본 적이 없었다. 그리고 내가 그 빌딩의 사무실을 사용한 남은 몇 달 동안, 그녀가 나를 제외한 다른 사람의 이름을 불러주는 것도 들어보지 못했다. 나는 그 안내원이 자신을 중요한 사람으로 느끼도록 진심으로 칭찬해 주었고, 그녀는 그 답례로 나의 이름을 불러준 것이다.

무엇보다 그녀는 자신의 중요함을 느끼게 해준 보답으로 나 자신의 중요함을 느낄 수 있게 해주었다.

타인의 협력을 얻는 요령

우리 자신을 속이지 말자. 스스로 마음속 깊이 자신을 중시하지 않는 사람은 평범한 인생으로 남아있을 수밖에 없다. 다시 한번 강조하지만 성공하기 위해서는 반드시 자신을 중요하게 느껴야 한다. 그리고 다른 사람이 그 자신의 중요성을 느끼도록 돕는 것은 당신 자신의 중요성을 느낄 수 있게 해준다는 점에서 당신에게 커다란 이익이 된다.

이것을 한 번 시험해 보고 그 결과를 지켜보라. 다음은 그 실천 방법이다.

◆ 감사하라.

무엇이든 다른 사람이 당신을 위해 해준 것에 대해 감사하는 것을 원칙으로 삼아라. 결코 누구에게도 그 사람의 정성을 당연시한다는 인상을 주지 말라. 따스하고 진심 어린 미소로 감사하는 훈련하라. 미소는 상대방에게 당신이 그들을 주목하며 호의를 느끼고 있다는 것을 알려준다. 당신이 상대방에게 의존하고 있다는 것을 알림으로써 감사함을 실천하라. '당신이 없었다면 큰 곤경에 처했을 거예요'라는 진심 어린 말은 듣는 사람에게 자신의 중요성을 느끼게 해준다. 그리고 우리는 그렇게 자신이 중요한 존재라고 느낄 때, 일을 더 잘하게 된다. 시의적절하고 정직한 칭찬과 함께 감사하는 훈련을 해라.

사람은 칭찬을 들을 때, 더욱더 분발하게 된다. 누구나 칭찬을 들을 때, 삶의 보람을 느끼는 것이다.

누구든 자신이 좋은 일을 하고 있으며 중요한 존재라는 확증을 받고 싶어 한다. 결코 큰일을 이룬 것에 대해서만 칭찬해야 한다고 생각하지 말라. 작은 일에 대해서도 칭찬해주어라. 사람들을 '아주 중요한 사람들', '중요한 사람들', '중요치 않은 사람들'로 나누는데 시간과 정력을 낭비하지 말라. 그 누구도 예외로 만들지 말라. 청소부든 대기업의 부회장이든 사람은 누구나 당신에게 중요하다. 누군가를 이류 인생으로 대하는 자세는 당신에게 결코 일류급 결과를 가져다 줄 수 없다.

◆ 사람들의 이름을 불러 주라.

어느 제조업체는 매년 상품에 구매자의 이름을 집어넣는 것만으로 더 많은 서류 가방, 연필, 성서, 그밖에 수백 종의 상품들을 팔고 있다. 사람들은 누군가가 자신의 이름을 불러주는 것을 좋아한다. 이름을 불러줄 때, 상대방의 사기가 올라가는 것이다.

이와 관련하여 당신은 두 가지 사항을 염두에 두어야 한다.

첫째, 이름을 똑바로 불러야 하며 철자가 틀리면 안 된다. 만약 잘못된 발음이나 철자로 이름을 부른다면 상대방은 당신이 자신을 중시하지 않는다고 생각할 것이다.

둘째, 잘 모르는 사람과 이야기할 때는 적절한 호칭을 붙여 주어야 한다. 그것은 당신의 부하직원뿐만 아니라 어느 계층에 있는 사람이든 마찬가지이다. 자잘한 명칭까지도 사람들이 자신을 중요한 존재로 느끼는 데 엄청난 도움이 되는 것이다.

◆ 영광을 독식하지 말고 투자하라.

최근, 나는 어느 기업의 세일즈 컨벤션 행사에 손님으로 참석하게 되었다. 그날 저녁 만찬이 끝나자 판매 담당 부사장은 지난해 최고의 실적을 거둔 영업지부들의 지부장인 한 남성과 여성에게 상을 수

여하고, 그들에게 그들 조직이 그처럼 이례적인 실적을 거둔 과정을 각기 15분씩 얘기해 달라고 부탁했다.

첫 번째 지부장은 자리에서 일어나 자신이 그 일을 이뤄낸 과정을 설명해나갔다. 그는 마치 자신의 노력과 정성만이 매출액 향상에 결정적인 기여를 한 것 같은 인상을 주었다.

그가 말을 하는 동안 나는 그의 지부에 속한 세일즈맨들의 얼굴에서 분노의 기색이 떠오르는 것을 알아챌 수 있었다. 지부장은 모든 것을 자기 개인의 영광으로 돌리고 그들의 노고를 무시했던 것이다. 그리하여 세일즈맨들이 힘들게 일하여 매출액을 증가시킨 사실은 완전히 묻히고 말았다. 두 번째 지부장은 자신의 차례가 돌아왔을 때 짤막하게 말을 마쳤다. 하지만 그녀는 앞서와 전혀 다른 태도로 얘기를 했다. 우선 그녀는 자기 조직이 성공을 거둔 까닭은 영업부원 전체의 헌신적인 노력이 있었기 때문 이라고 설명했다. 그리고 부원들 개개인을 일어나게 만들어 그들의 노력을 개인적으로 치하해 주었다. 이들의 차이점에 주목하라.

첫 번째 지부장은 부사장의 칭찬이 전적으로 자신에게만 향하도록 만들었다. 그러면서 그는 자연히 부하직원들의 분노를 샀고, 그의 영업조직은 사기가 땅에 떨어지고 말았다. 두 번째 지부장은 공을 자기 부원들에게 돌림으로써 긍정적인 효과를 거두었다. 그녀는 칭찬이 돈과 마찬가지로 투자해놓고 이익을 건질 수 있는 것임을 그리

> 고 부하직원들에게 공을 돌림으로써 그들이 내년에는 더욱더 열심히 일해주리라는 사실을 알고 있었던 것이다.
> 칭찬이 곧 힘이라는 사실을 기억하라.
> 당신이 받은 칭찬을 투자하라. 그 칭찬을 되돌릴 때, 그것은 더욱더 큰 실적으로 돌아올 것이다. 당신이 칭찬을 나눌 때, 당신이 자신들의 가치를 진정으로 인정하고 있다는 것을 알게 된다.

다음은 날마다 커다란 효과를 발휘할 만한 일상적인 수련법이다. 자신에게 날마다 이렇게 자문해 보라.

"오늘 아내와 가족을 행복하게 만들기 위해 내가 할 수 있는 일은 무엇인가?"

이것은 아주 간단한 질문이지만, 놀라울 정도로 효과가 있다.

어느 날 저녁, 나는 영업 연수 프로그램의 일환으로 '세일즈의 성공에 유리한 가정환경 만들기'에 대해 토론을 하였다. 나는 내 말의 요점을 설명하기 위해 영업사원들에게 "크리스마스, 결혼기념일, 아내의 생일을 제외하고 가장 최근에 특별한 선물로 아내를 놀라게 한 적이 언제였는가?"라고 물어보았다.

그런데 그들의 대답에 나조차 충격을 받았다. "그들 상당수가 언제였는지 기억조차 나지 않는다"고 답했다.

그러면서도 대부분 남자는 아내가 자신들을 더 이상 왕으로 대접해 주지 않는 이유를 궁금해하고 있다!

나는 사려 깊은 선물의 힘을 세일즈맨들에게 깊이 각인시키고 싶었다. 그리 하여 다음 날 저녁 세션이 끝나기 전에 플로리스트를 앞으로 불렀다. 나는 그를 세일즈맨들에게 소개하고 나서 이렇게 말했다.

"예기치 못한 작은 기념물이 집안의 분위기를 얼마나 더 좋게 만들어주는지 여러분이 직접 경험해 보길 바랍니다. 이 플로리스트에게 미리 얘기를 하여 최상급의 빨간 장미 한 송이를 불과 50센트에 팔게 해놓았습니다. 여러분의 수중에 50센트도 없다거나 여러분의 아내가 그만한 가치도 지니지 않았다면 제가 여러분의 부인을 위해 장미를 사드리겠습니다. 제가 바라는 것은 오늘 아내에게 그 장미를 들고 가고 내일 저녁 그 결과를 알려달라는 것입니다. 물론 아내에게 그 장미를 어떻게 해서 사 오게 되었는지는 말하지 마십시오."

그들은 나의 말뜻을 이해하였다. 그리고 다음 날 저녁 그들은 한 명도 예외 없이 불과 50센트의 투자로 아내가 얼마나 행복해했는지 증언해 주었다.

가족을 위해 종종 특별한 일을 해 보라. 굳이 값비싼 것을 살 필요는 없다. 중요한 것은 상대방에 대한 배려이다.

가족이라는 팀과 당신이 하나가 되어라. 요즘은 세상이 너무 바쁘게 돌아가다 보니 많은 사람이 가족들을 위해 시간을 내지 못하면서 살고 있다. 하지만 계획을 세운다면 시간을 낼 수 있다.

어떤 회사의 부사장은 자신이 효과를 본 방법을 다음과 같이 소개해 주었다.

"저는 너무 많은 책임을 수반하고 있기 때문에 매일 밤 수많은 일거리를 들고 집에 돌아올 수밖에 없습니다. 그렇다고 제가 가족을 무시하는 것은 아닙니다. 왜냐하면 가족은 제 인생에서 가장 중요한 존재이기 때문이죠. 그들은 바로 제가 힘들게 일하는 가장 중요한 이유입니다. 그래서 저는 일뿐만 아니라 가족에게도 신경을 쓸 수 있도록 스케줄을 조정해 왔습니다. 저녁 7시 30분부터 8시 30분까지는 반드시 어린 두 아이에게 시간을 할애합니다. 게임을 하거나 이야기책을 읽어주고 그림을 그리거나 질문에 답해주는 등 무엇이든 그들이 원하는 것을 해주죠. 아이들과 그렇게 1시간 정도를 보낸 후에는 아이들도 만족할 뿐만 아니라 저 자신도 심기일전 할 수 있답니다. 저녁 8시 30분에 아이들이 잠자리로 들면 저는 2시간 정도 일을 합니다. 그리고 저녁 10시 30분 정도가 되면 일을 그만두고 아내와 함께 남은 시간을 보냅니다. 우리는 아이들, 그녀의 다양한 활동, 장래 계획 등에 대해 여러 가지 얘기를 나누죠. 그 무엇에도 방해받지 않고 대화를 나누는 것은 하루 일과를 마치는 훌륭한 방법이 됩니다. 그리고 저는 일요일은 가족들을 위해 비워두죠. 일요일 하루 전체는 가족들의 것입니다. 계획을 세워 가족들에게도 신경을 쓰는 생활이 가족들뿐만 아니라 저 자신에게도 바람직한 결과를 낳죠. 그것은 새로운 에너지를 불어넣어 줍니다."

돈을 벌고 싶다면 서비스 제일주의 자세를 가져라

돈을 벌어 부를 축적하고 싶어 하는 것은 지극히 자연스럽고 바람직한 현상이다. 돈은 당신의 가족과 당신에게 적당한 생활 수준을 유지할 만한 힘이 되어 준다. 돈은 삶을 충만히 살아갈 수 있는 수단 중의 하나인 것이다.

『수많은 다이아몬드』의 저자인 러셀 H. 콘웰 목사는 사람들에게 돈을 벌라고 역설하는 것에 대해 비판을 받자 이렇게 말했다.

"돈이 있기에 성경을 찍어내고 교회를 세우며 선교활동을 하고 설교자에게 생계비를 지불할 수 있는 겁니다. 만일 돈이 없다면 그 많은 일들은 이뤄질 수 없었을 것입니다."

돈은 바람직한 대상이다. 그런데 이상하게도 많은 사람이 우둔한 방식으로 돈을 벌려고 한다. 우리는 우리의 주변에서 돈을 최우선으로 삼는 사람들을 쉽게 발견하게 된다. 그런데 가만히 살펴보면 그런 사람들은 대부분 돈을 잘 벌지 못한다.

그 이유는 무엇일까?

그것은 돈을 제일로 삼는 사람들은 너무 돈을 의식한 나머지 먼저 씨를 뿌리지 않는다면 수확할 수 없다는 사실을 잊어버리기 때문이다.

어느 여름날 저녁, 자동차를 타고 가다가 신시네티시에서 기름이 떨어진 나는 주유소를 찾아갔다. 그런데 평범해 보이는 그 주유소에는 놀라울 정도로 손님들이 붐비고 있었다.

나는 그곳을 잠시 살펴보았고 그 주유소가 그토록 인기 있는 이유를 깨닫게 되었다. 그곳의 주유원은 내 차에 휘발유를 채워 넣고 후드를 들어 올려 엔진을 점검하더니 자동차 앞 유리창을 닦아주고 내 옆으로 다가와 이렇게 말했다.

"선생님, 죄송하지만 바람이 불어 먼지가 많이 날리고 있습니다. 앞 유리창의 안쪽 면을 닦아드릴 테니 잠시만 비켜주시죠."

그리고는 차 안에 들어와 앞 유리창 안쪽 면을 능숙하게 능률적으로 철저히 닦아주었는데 그 서비스는 이제껏 거쳐온 주유소 100군데 중에서 단 한 번도 경험해 보지 못한 것이었다.

그처럼 작지만 특별한 서비스는 나의 야간 시야를 상당히 넓혀 주었을 뿐만 아니라, 그 주유소를 내 기억 속에 각인시켰다. 그 이후, 나는 3개월 동안 모두 여덟 번이나 신시네티를 지나가게 되었는데, 갈 때마다 그 주유소에 들렀다. 그리고 나는 매번 그곳에서 기대 이상의 서비스를 받곤 하였다.

그런데 무엇보다 흥미로운 점은 내가 그곳에 갈 때마다 그곳은 항상 고객들로 붐볐다는 사실이다. 물론 처음에 내가 그곳에 들렀을 때, 주유원은 이렇게 생각할 수도 있었다.

'이 사람은 다른 주에서 왔군. 이곳을 다시 찾을 확률은 20%도 안 될 거야. 그렇다면 그에게 정해진 서비스 이상의 서비스를 해줄 필요가 있을까? 그는 그냥 뜨내기손님인데.'

하지만 그곳의 주유원은 그런 식으로 생각하지 않았다. 그들은 서비스를 최우선으로 하였고 그렇기 때문에 다른 주유소는 거의 파리만 날리고 있는 동안에도 바쁘게 주유기를 작동시킬 수 있었던 것이다. 그렇다고 그곳의 휘발유가 다른 곳에서 파는 10여 개의 브랜드 제품보다 더 나은 것은 아니고 가격에서 특별하게 경쟁력을 갖춘 것도 아니었다. 차이점은 바로 서비스에 있었다. 남다른 서비스가 그만큼 그곳을 번창시키고 있었던 것이다. 주유원은 처음 방문한 손님의 자동차 앞 유리창의 안쪽 면을 닦아줌으로써 돈의 씨앗을 뿌린 셈이다.

서비스를 최우선시할 때, 돈은 자연히 따라오게 되어 있다.

기대하는 것보다 더 많은 것을 주어라

'서비스 제일주의'는 모든 상황에서 이득을 가져다준다.

나는 처음으로 갖게 된 직장에서 F.H.라는 젊은 친구와 친하게 지냈다. 그는 평범한 사람으로 돈 버는 방법을 찾기보다는 돈이 필요한 이유를 만들어내는데 더 골몰하는 타입이었다. 그리고 그는 매주 자신의 호주머니 문제를 해결하기 위해 업무시간을 사용하기도 하였다. 물론 그가 즐기는 대화의 주제는 '나는 여기서 가장 임금을 적게 받는 사람이야'라는 것이었다. 그는 번번이 임금인상 대상에서 탈락되어 왔던 것이다.

그러던 어느 날, 그는 작정하고 상사를 찾아가 돈을 더 달라고 요구했다. 그런데 30여 분 정도가 지난 후에 F.H.는 씩씩거리면서 되돌아왔다. 그의 표정을 볼 때, 다음 달 월급이 이번 달 액수와 똑같으리라는 것을 알 수 있었.

F.H.는 즉각 분통을 터뜨렸다.

"기가 막혀, 내가 미쳤지! 임금인상을 요구했을 때, 그 노인네가 뭐라고 한

줄 알아? 글쎄 뻔뻔스럽게 나더러 이렇게 묻더군. '임금인상을 요구하는 것이 정당하다고 믿는 이유가 대체 무엇인가?' 그래서 나는 수많은 이유를 갖다 댔지. 다른 직원들의 임금이 인상되는 동안, 내 월급만 동결되어 왔으니까 말이야. 청구서는 쌓여만 가는데 지금까지 월급 액수는 변함이 없었거든. 그리고 난 회사에서 시키는 일은 뭐든지 다 했다고 얘기했네. 그는 이렇게 말하더군. '자네가 돈을 더 받을 만한 실적을 보여준다면 돈을 더 주겠네.' 물론 나는 그들이 대가를 지불한다면 일을 더 잘할 수 있어. 하지만 아직 대가를 지급받지 않았는데 일을 해주는 것은 바보들이나 하는 짓이라고."

F.H.는 돈 버는 방법을 깨닫지 못하는 사람들의 전형적인 사례이다. 그의 마지막 말은 그가 저질러온 실수를 요약해주고 있다. F.H.는 회사에서 자신에게 월급을 더 주길 바랐고 그렇게 해준다면 생산성을 높이겠다고 생각한다. 실적을 보여주겠다는 약속만으로는 임금을 인상할 수 없다. 먼저 더 나은 실적을 보여줄 때만 임금을 인상할 수 있는 것이다.

돈이 자랄 씨앗을 뿌리지 않는다면 돈은 결코 거둘 수 없다. 그리고 여기서 돈의 씨앗은 바로 서비스이다. 서비스를 최우선으로 삼는다면 돈은 저절로 따라오게 되어 있는 것이다.

다시 한번 강조하지만, 서비스를 최우선으로 삼을 때 돈은 저절로 따라 오게 되어 있다.

손님들에게 최고의 서비스를 제공하려는 웨이트리스는 팁에 대해 걱정할 필요가 없다. 그들은 언제나 팁을 풍성히 받게 되어 있다. 하지만 손님들의 빈 커피잔을 본체만체한다면 당연히 손님이 전혀 고마워하지 않을 것이다.

상사의 기대 이상으로 편지를 보기 좋게 작성해주는 비서는 장차 만족 스런 봉급으로 보상받게 되어 있다.

고객에게 완벽한 서비스를 제공하는 세일즈맨은 고객을 잃을 걱정을 할 필요가 없다.

다음은 '서비스 제일주의' 태도를 기르는 데 있어서 도움이 되는 강력한 원칙이다.

언제나 상대방이 기대하는 것 이상을 주어라. 아무리 작은 것일지라도 기대를 뛰어넘는다면 틀림없이 돈의 씨앗이 될 수 있다. 고객에게 특별 서비스를 제공하는 것 역시 고객을 되돌아오게 만들기 때문에 돈의 씨앗이 된다. 아니면 일의 능률을 올려줄 만한 새로운 아이디어를 내놓는 것 역시 분명한 돈의 씨앗이다.

당연하지만 돈의 씨앗에서는 돈이 자란다. 즉, 서비스를 심고 돈을 수확하는 것이다.

날마다 다음과 같은 질문에 답해 보라.

"어떻게 하면 기대 이상의 것을 줄 수 있을까?"

그렇게 해서 얻어진 답변을 실천해 보라. 서비스를 최우선으로 삼는다면 돈은 저절로 벌리게 되어 있다.

성공을 가져오는 태도

그러면 당신에게 성공을 가져다줄 다음과 같은 태도를 몸에 익히도록 하라.

1. '나는 활기찬 사람이다'라는 태도를 길러라.

    모든 성과는 투자한 열정에 비례하게 되어 있다. 자기 자신을 활기차게 만들기 위해 다음의 세 가지를 실천하라.

    - 더 깊이 파고들어라. 뭔가에 무관심하다면 그 대상을 더 깊이 파고들어 연구해 보라. 그것이 열정에 불을 붙여줄 것이다.
    - 자신의 모든 것, 즉 미소, 악수, 대화 심지어 걸음걸이에도 생기를 불어넣어라. 활기차게 행동하라.
    - 좋은 소식을 전파하라. 그 누구도 나쁜 소식을 전하면서 긍정적인 일을 성취할 수는 없다.

2. '당신은 중요하다'는 태도를 길러라.

    상대방을 중요한 존재로 만들어줄 때, 그들은 당신을 위해 더 많은 일을 해준다. 다음의 사항을 기억하라.

    - 기회가 있을 때마다 감사하라. 사람들이 자기 자신에 대해 중요한 존재임을 느끼도록 해주어라.
    - 사람들의 이름을 불러주어라.

3. '서비스 제일주의' 태도를 몸에 익히고 돈이 저절로 굴러들어 오는 것을 지켜보라. 모든 일 속에서 사람들에게 기대 이상으로 베푸는 것을 원칙으로 삼아라.

Chapter 09

사람들에 대해 올바르게 생각하라

 **긍정적으로 생각하라**

성공은 다른 사람의 지지로부터 획득된다

다음은 성공을 위한 기본적인 원칙이다. 이것을 마음 깊이 새겨두고 반드시 기억하라. 그 원칙은 다음과 같다. 성공은 다른 사람들의 지원에 의해 획득 된다. 당신과 목표 사이의 유일한 장애물은 바로 다른 사람들의 '지원'인 것이다.

그 문제를 이런 식으로 바라보라.

회사 간부의 성공은 그의 지시사항을 이행하는 사람들에게 달려 있다. 그들이 지시를 제대로 이행하지 않는다면 회사의 사장은 직원들이 아닌 간부를 해고할 것이다.

세일즈맨의 성공은 자신의 제품을 사주는 고객들에게 달려 있다. 만약 고객들이 제품을 사주지 않는다면 세일즈맨은 성공하기 어렵다. 마찬가지로 대학 학장의 성공은 학생들을 가르치는 교수들에게 달려 있으며 정치가의 성공은 그를 뽑아준 유권자들에게 달려 있고, 작가의 성공은 그의 작품을 읽어주는 독자에게 달려 있다.

역사적으로 볼 때, 지배자의 입김이 막강하던 시절에는 힘과 위협으로 지배자의 자리를 지킬 수 있었고 그 시절의 사람들은 '지배자'에게 협조를 하거나 아니면 말 그대로 목이 달아날 위험을 감수해야만 했다.

하지만 오늘날의 사람들은 자진해서 당신을 지원하거나 아니면 전혀 지원하지 않는 것 중에서 하나를 선택한다는 사실을 기억하라.

이쯤에 당신은 아마도 이렇게 질문할지도 모른다.

"좋아요, 내가 원하는 성공을 이루기 위해 다른 사람들의 지원이 필요하다는 것은 알겠는데, 그들의 지원을 끌어내고 나의 지도력을 받아들이도록 하려면 어떻게 해야 하죠?"

그 대답은 바로 '사람들에 대해 올바르게 생각하라'는 문장 속에 들어있다. 사람들에 대해 올바르게 생각하면 그들은 당신을 좋아하고 또한 지원해줄 것이다.

이번 장에는 바로 그 방법이 설명되어 있다.

호감 받는 인물이 되는 법

이 지구상에는 하루에도 수천 번씩 이러한 장면이 연출된다.

그것은 바로 위원회나 모임이 열려 승진 대상, 새로운 직무, 클럽의 회원 자격, 신임 사장, 신임 관리자, 신임 영업부장의 자리에 앉힐 사람을 정하는 장면이다. 이때, 위원장은 사람들에게 이렇게 물어본다.

"자, 후보자들에 대한 여러분의 생각을 말씀해주십시오."

그러면 이런저런 지적이 쏟아져 나오는데, 후보자에 대해 다음과 같은 긍정적인 의견이 나올 수도 있다.

"그는 좋은 사람입니다. 아는 사람들은 모두 그를 좋게 평가하죠. 그는 기술적으로도 뛰어납니다."

"그는 품위 있는 사람입니다. 그리고 아주 인간답죠. 저는 그가 우리 그룹과 아주 잘 맞을 거라고 생각합니다."

반면, 부정적이고 뭔가 마땅치 않은 발언이 나오기도 한다.

"저는 우리가 그 친구를 좀 더 주의 깊게 살펴보아야 한다고 생각합니다. 그는 사람들과 잘 어울리지 못하는 것 같습니다."

"그의 학력이나 기술적인 경력이 훌륭하다는 것을 알기에 그의 능력에 이의를 제기하지는 않겠습니다. 하지만 저는 그의 부서 사람들이 그를 제대로 받아들일지 의문이군요. 그는 통솔력이 매우 부족합니다." 여기서 우리가 특별히 중요하게 생각해야 할 문제는 열에 아홉은 '호감을 사는 능력'이 가장 첫 번째의 요소로 꼽힌다는 점이다. 대부분의 경우, '호감을 사는 능력'이 다른 기술적인 요소보다 훨씬 더 중요시되는 것이다. 심지어 대학교수를 선출하는 경우에도 이러한 원칙이 어김없이 적용된다. 그럴 경우, 누군가의 이름이 거론되면 사람들은 보통 "그가 그 자리에 맞을까?", "학생들이 그를 좋아할까?", "그가 다른 교직원들과 잘 협조해 나갈까?" 등의 말을 하며 심사숙고한다.

부당하다고 생각되는가? 학문적 깊이와 거리가 먼 질문이라고 여겨지는가? 절대로 그렇지 않다. 만약 후보자가 호감을 사지 못할 인물이라면 학생들을 효과적으로 지도하지 못할 게 뻔하기 때문이다.

이 점을 반드시 기억하라.

요즘에는 높은 자리로 '끌려 올라가는' 것이 아니라 오히려 '밀려 올라 간다'고 보는 게 옳다. 오늘날에는 그 누구도 다른 사람을 출세의 사다리에 서 끌어 올려줄 만큼 시간이나 인내심이 남아돌지 않는 것이다. 다만, 개개인은 스스로 남보다 월등한 실적을 보임으로써 선택받게 된다.

생각이 큰 사람들은 호감을 받기 위해 노력한다

　성공적인 사람들은 다른 사람들에 대해 올바르게 생각하는 기법을 별로 입에 담지 않는다. 하지만 당신은 생각이 큰 성공자들이 사람들로부터 호감을 사기 위해 얼마나 철저하게 계획을 세우는지 알게 된다면 아마도 깜짝 놀라고 말 것이다.

　린든 존슨 대통령의 경우를 생각해 보라. 그는 대통령이 되기 훨씬 이전부터 개인적인 설득력을 개발하던 중, 자신만의 성공비결 10가지를 개발했다. 그 원칙들은 누구든 존슨 대통령을 옆에서 지켜본 사람이라면 그것이 그의 언행을 통해 실천되고 있음을 알 수 있을 만큼 철저히 지켜졌는데 그 내용은 다음과 같다.

1. 사람의 이름을 기억하는 법을 배워라. 이름을 기억하지 못한다는 것은 상대방에 대한 관심이 충분히 표출되지 않았다는 것을 의미한다.
2. 함께 있어도 전혀 부담되지 않을 만큼 편안한 사람이 되어라.
3. 어떤 일을 당해도 느긋하고 여유 있는 성품을 기르자.
4. 이기적으로 행동하지 말라. 자신이 모든 것을 안다는 듯한 인상을 주지 않도록 조심하라.
5. 사람들이 자신과의 교제를 통해 뭔가 가치 있는 것을 얻을 수 있을 만큼 자신의 흥미로운 자질을 개발하라.
6. 자신의 성격을 연구하여 '모난 부분'을, 심지어 그것이 스스로 의식하지 못하는 부분이라 할지라도 없애버려라.

7. 자신이 지금까지 품어왔고 지금도 가진 모든 오해를 진실한 그리스도인다운 자세로 치료하고자 노력하라. 모든 불평을 내버려라.

8. 진실로 다른 사람을 좋아하게 될 때까지 다른 사람을 좋아하는 것을 연습하라.

9. 누군가가 성공하거나 슬픔과 실의에 잠긴 것을 보면 결코 때를 놓치지 말고 축하해 주거나 동정을 표하라.

10. 사람들에게 정신적인 힘이 되어 주어라. 그러면 그들은 당신에게 진실한 애정으로 보답할 것이다.

이 간단하지만 엄청나게 강력한 원칙을 실천함으로써 린든 존슨은 대통령으로 선출될 수 있었고 쉽게 의회의 지지를 받아냈다.

이 원칙들을 다시 한번 읽어 보라. 여기에서는 보복의 정신을 전혀 찾아볼 수 없다.

위대한 사람들, 즉 경제, 예술, 과학, 정치, 그 밖에 자기 분야에서 최고에 이른 사람들은 따스한 마음씨의 소유자들이다. 그들은 다른 사람들의 사랑을 받는 데 있어서 전문가이다.

'우정'은 결코 돈으로 살 수 없다

우정을 돈으로 사려고 하지 말라. 그것은 팔거나 살 수 있는 것이 아니다. 진심 어린 마음으로 베푸는 것 자체를 좋아하고 상대방에 대한 애정으로 선물을 주는 것은 훌륭한 훈련 방법이지만 진심이 없다면 선물은 대가나 뇌물밖에 되지 않는다.

작년에 크리스마스를 며칠 앞두고 나는 중소규모의 트럭 수송업체 사장실에 앉아 있었다. 그런데 내가 막 떠나려 할 즈음, 그 지역의 타이어 재생업체에서 내 친구에게 술 상자를 선물로 보내왔다. 친구는 몹시 분개한 표정을 짓더니 싸늘한 목소리로 배달부에게 그것을 발송인에게 다시 보내달라고 요구했다. 그리고 배달부가 떠나자 나에게 사정을 설명했다.

"오해하지 말게. 나도 선물을 주고받는 것을 좋아하지."

그러더니 그는 그 해 크리스마스 시즌을 맞이하여 업계 친구들이 자신에게 보내온 수많은 선물들을 열거하고 이렇게 덧붙여 말했다.

"하지만 누가 보아도 나와 거래를 구축하기 위한 명백한 뇌물일 경우에는 받고 싶지 않네. 그 선물을 보내온 업체는 내가 3개월 전에 거래를 끊은 곳이지. 거래를 중단한 이유는 그들이 일을 올바르게 처리하지 않았을 뿐만 아니라 직원들 역시 내 마음에 들지 않았기 때문이라네. 그런데도 그곳의 영업사원들은 계속 나에게 전화를 걸어왔지. 그런데 지난주에 그 회사의 영업사원이 찾아와 나를 화나게 했다네. 글쎄, 뻔뻔스럽게도 이렇게 말하는 것이 아닌가! '저희는 정말로 다시 사장님 회사의 일을 하고 싶습니다. 그래서 올해에는 산타에게 특별히 부탁할 생각이죠.' 내가 만일 그 술을 되돌려보내지 않는다면 당장에 아무개가 전화를 걸어와 '사장님, 산타가 보낸 선물이 마음에 드셨나요?'라고 말할 걸세."

우정은 결코 돈으로 살 수 없다. 그리고 우정을 돈으로 사려고 한다면 다음과 같이 두 가지 손해를 보게 된다.

첫째, 돈을 낭비한다.

둘째, 경멸감을 낳는다.

주도적으로 우정을 쌓아나가라. 지도자는 언제나 그렇게 한다.

스스로 앞장서서 우정을 쌓아라

'그가 먼저 움직이도록 해야지', '그들이 먼저 전화해야 해', '그녀가 먼저 말하게 해'라고 말하는 것은 쉽다. 그리고 다른 사람들을 무시하는 것 역시 아주 쉽다. 하지만 그것은 타인에 대한 올바른 사고방식이 아니다. 우정의 토대를 만들어 가는 주체가 당신이 아닌 다른 사람이라면 당신은 많은 친구를 갖지 못할 수도 있다. 사실, 사람들을 사귀는 데 있어서 주도적인 입장을 취하는 것이 진정한 리더십의 특징이다.

다음에 사람들이 모이는 자리에 참석할 기회가 있으면 '가장 활발하게 자신을 소개하며 돌아다니는 사람이 그 자리에서 가장 중요한 사람'이라는 사실에 주목하라.

당신에게 다가와 손을 내밀며 "안녕하세요, 저는 아무개라고 합니다"라고 말하는 사람은 십중팔구 거물이다. 그리고 조금만 더 깊이 생각해 본다면 그 사람이 중요한 인물이 된 까닭은 그처럼 적극적으로 우정을 쌓기 때문이라는 사실을 깨달을 수 있다.

사람들에 대해 올바르게 사고하라. 내 친구는 그것을 이렇게 표현한다. "나는 그에게 중요치 않을지 모르지만, 그는 내게 중요한 사람이야. 그것이 바로 내가 그와 사귀어야 하는 이유이지."

낯선 사람에게 기분 좋게 말을 건네면 상대방의 기분도 한결 좋아진다. 그 결과, 당신의 기분도 풀리고 여유를 가질 수 있다. 다시 말해 다른 사람에게 뭔가 즐거운 말을 건넬 때마다 자기 자신에게 보탬이 되는 것이다.

다음은 약간 주도적인 입장에서 친구를 사귀는 5가지 방법이다.

1. 파티장이든 회의장이든 비행기 안이든 직장이든 그 어디에서든 기회가 있을 때마다 다른 사람에게 자기 자신을 소개하라.
2. 상대방이 당신의 이름을 틀림없이 기억하는지 확인하라.
3. 상대방의 이름을 제대로 발음하고 있는지 확인하라.
4. 상대방의 이름을 적어두고 제대로 썼는지 반드시 확인하라. 가능하다면 주소와 전화번호도 적어 두어라.
5. 특히 낯선 사람에게 기분 좋은 말을 건네 보라. 그것은 당신의 기분을 고조 시켜 목전의 일에 뛰어들만한 마음의 준비를 갖추게 해 준다.

이러한 원칙을 실천하는 것이야말로 다른 사람에 대해 올바르게 생각하는 길이 된다. 물론 그것은 평범한 사람들이 생각하는 방식이 아니다. '평범'은 결코 주도적으로 자신을 소개하거나 남을 소개하지 않는다. '평범'은 남이 먼저 자신을 소개해주길 기다릴 뿐이다.

주도적으로 행동하라. 성공한 사람처럼 행동하고 말하라. 기존에 사람들을 대하던 방식에서 탈피하라. 소심한 자세를 버려라. 비범한 사람처럼 보이는 것을 두려워하지 말라. 상대방이 누구인지 알아내고 그가 당신을 제대로 알고 있는지 확인하라.

다른 사람의 단점을 수용하는 자세

최근, 나는 동료와 함께 생산재 판매직 지원자를 예비 심사하는 일을 맡은 적이 있다. 그 일을 하는 과정에서 테드라는 사람이 좋은 자격조건을 갖추고 있음을 알게 되었다. 그는 비범한 머리를 갖고 있었고 외모도 준수했으며 커다란 야망을 품고 있는 듯했다. 그런데 그에 대해 관심을 두고 지켜본 우리의 눈에 그의 단점이 눈에 들어왔다. 테드는 다른 사람들에게 완벽함을 기대하고 있었다. 그리하여 문법적인 실수, 담뱃재를 떨어뜨리는 행위, 옷에 대한 뒤떨어지는 감각 등 사소한 일들에 대해서도 분노를 터뜨렸다.

그는 자신의 단점을 지적 받고는 깜짝 놀라는 표정을 지었다. 그러나 그는 그 일자리를 얻고 싶어했기 때문에 자신의 단점을 극복할 방법을 알려달라고 부탁해 왔다.

그래서 우리는 다음의 세 가지 사항들을 제안하였다.

1. 그 누구도 완전하지 않다는 사실을 깨닫는다. 물론 어떤 사람은 다른 사람에 비해 더 완벽에 가깝지만, 그 누구도 절대적으로 완벽할 수는 없다. 인간이 지닌 가장 인간적인 측면은 그들이 실수를 저지른다는 점이다.
2. 타인에게 자신과 다르게 살아갈 권리가 있다는 사실을 깨닫는다. 어떤 일에서든 신처럼 군림하려 들지 말라. 상대방이 자신과 다른 습관을 지녔다고 해서 아니면 자신과 다른 옷, 다른 종교, 다른 파티, 다른 자동차를 선호한다고 해서

싫어하지 말라. 다른 사람의 언행에 대해 무조건 찬성할 필요도 없지만 그렇다고 자신과 다르게 행동하는 사람을 미워해선 안 된다.
3. 지나치게 개혁자로 나서지 말라. 당신의 사고방식에 좀 더 '공존 공생'의 정신을 집어넣어라. 대부분 사람은 '당신이 틀렸어'라는 말을 듣는 것을 싫어한다. 물론 당신은 자신의 의견을 펼칠 권리를 갖고 있지만, 상황에 따라서는 그 의견을 입 밖에 내지 않는 것이 더 바람직하다.

테드는 이러한 원리를 성실하게 적용하였고 몇 개월이 지난 후에는 새로운 시각으로 무장되어 있었다. 그는 사람들을 있는 그대로 자연스럽게 받아들였다.

그는 자신의 변화에 대해 이렇게 말한다.

"과거에 제 속을 썩이던 일들이 이제는 재미있는 일들로 보이기 시작했습니다. 마침내 제 머릿속에 '모든 사람이 똑같고 완벽하다면 세상은 얼마나 재미가 없겠는가?'라는 생각이 떠오른 것입니다."

그 누구도 완벽하게 선하거나 악할 수는 없다. 완벽한 사람은 존재하지 않는 것이다.

자기 생각을 이성적으로 통제하지 않는다면 거의 모든 사람에게서 마땅치 않은 면모를 발견할 수 있다. 하지만 생각을 올바르게 관리한다면, 즉 사람들에 대해 올바르게 사고한다면 똑같은 사람을 만나더라도 좋아하고 감탄할 만한 수많은 자질들을 발견하게 된다.

정신적인 방송국의 두 채널

당신의 마음은 정신적인 방송국이다.

그 방송국에서는 두 가지의 채널을 통해 당신에게 메시지를 발송하는데, 그 채널은 바로 채널 P(긍정성)와 채널 N(부정성)이다.

그러면 이제 그 방송국 시스템이 돌아가는 방식을 살펴보기로 하자. 오늘 당신의 상사를 '제이콥'이라고 부르자. 당신을 사무실로 불러들여 당신과 함께 당신의 업무를 점검했다고 가정해 보라. 그는 당신이 일을 잘했다고 칭찬했지만 동시에 앞으로 더 잘할 수 있는 방식에 대해 구체적인 제안을 들려주었다.

이윽고 밤이 되자, 당신은 낮에 있었던 그 일을 떠올리며 생각에 잠긴다. 이때, 당신이 채널 N에 주파수를 맞춘다면 아나운서는 다음과 같은 방송을 하게 될 것이다.

"조심해야겠어! 제이콥이 나를 궁지에 빠뜨리려 하고 있군. 그는 심술쟁이야. 그의 충고를 들을 필요 없어. 젠장! 조가 제이콥에 대해 해준 얘기가 기억 나는군 그의 말이 옳았어. 다음에 나를 불러들이면 맞받아쳐야지. 아니지, 불러주길 기다리느니 내일 당장 그를 찾아가 무슨 의도에서 그처럼 비판을 한 것이냐고 따져봐야지…"

하지만 채널 P에 주파수를 맞춘다면 아나운서는 이런 말을 들려줄 것이다. "제이콥은 아주 좋은 사람이야. 그가 한 말들은 모두 건전한 내용들이지. 그의 말대로만 하면 더 좋은 일자리와 지위 그리고 더 높은 임금을 얻을 수 있어. 그 사람이 나에게 은혜를 베풀어준 셈이야. 내일 찾아가서 건설적인 도움에 감사해야지. 빌이 옳았어. 제이콥은 함께 일할만한 좋은 사람이야…"

만약 당신이 채널 N에 주파수를 맞춘다면 아마도 상사와의 관계에서 심각하면서도 치명적인 실수를 저지를 게 분명하다. 하지만 반대로 채널 P에 주파수를 맞춘다면 상사의 제안으로 분명한 이득을 얻을 것이며 동시에 그와 더 가까워질 것이다. 그는 아마도 당신을 반갑게 맞아들일 것이다.

결과를 지켜 보라.

긍정적으로 생각하는 방법

사고의 연쇄반응

채널 P나 N에 주파수를 맞추는 시간이 길어질수록 현재 채널의 메시지에 대한 관심이 늘어나면서 다른 쪽으로 채널을 돌리는 것이 더욱더 힘들어진다는 사실에 유념하라. 그 이유는 긍정적이든 부정적이든 한 가지 생각은 다른 비슷한 생각들의 연쇄반응을 불러일으키기 때문이다.

예를 들어 특정한 사람의 사투리를 부정적으로 생각하기 시작하면 그 사람의 정치적·종교적 신념, 그의 자동차, 그의 개인적인 습관, 그의 부부관계 심지어 그가 머리를 빗는 방식처럼 전혀 무관한 측면까지 부정적으로 보이게 마련이다. 이러한 사고방식으로는 자신이 원하는 목적지에 도달할 수 없다.

생각 방송국은 어디까지나 당신의 것이므로 그것을 잘 관리하라. 그리고 다른 사람에 대해 생각할 때는 채널 P에 주파수를 맞추는 습관을 몸에 익혀라.

만약 채널 N의 방송이 들리면 즉시 중단시키고 채널을 돌려라. 채널을 돌리기 위해 당신이 할 일은 상대방의 긍정적인 자질을 떠올리는 것이다. 그렇게 되면 생각의 연쇄반응으로 한 가지 생각이 또 다른 생각으로 이어지며 계속해서 긍정적인 면이 보이고 당신 자신도 기쁜 마음을 갖게 된다.

타인의 나쁜 영향을 피하는 법

혼자 있을 경우에는 채널 P나 N 중에서 어느 한 쪽에 귀를 기울이게 되지만, 다른 사람과 대화할 때에는 불가피하게 당신의 사고방식이 상대방의 영향을 받게 된다.

이때, 우리는 자신이 다른 사람의 사고방식에 대해 올바르게 받아들이고 있는지 점검해볼 필요가 있다.

생각은 생각을 낳게 된다. 따라서 다른 사람에 대한 부정적인 말에 귀를 기울이면 당신 역시 그 사람에 대해 부정적인 생각을 가질 위험이 높다. 제대로 경계하지 않는다면 부정적인 의견에 대해 "그래, 그게 전부가 아닐지도 몰라. 나도 이미 그 얘기 들었어"라고 불난 집에 부채질할 수도 있다. 그리고 그런 대화는 부메랑이 되어 자신에게 악영향을 미치게 되어있다.

다른 사람 때문에 채널이 P에서 N으로 바뀌는 경우를 예방하는 방법에는 두 가지가 있다.

하나는 "미안하지만 존, 자네에게 물어볼 말이 있네…" 와 같은 말로 가능한 한 신속하고 조용하게 화제를 바꿔버리는 것이다. 그리고 또 다른 방법은 "존, 너무 늦어서 이만 실례해야겠네!" 혹은 "급히 만나야 할 사람이 있거든. 미안하지만 이만 가봐야겠네"와 같은 말로 핑계를 대고 그 자리를 빠져 나오는 것이다.

결코 다른 사람이 당신의 사고방식에 편견을 심어놓지 않게 하겠다고 굳게 서약하라. 언제나 채널을 P의 주파수에 맞춰놓아라.

일단 사람들에 대해 좋은 생각만 하는 기법에 익숙해지면 더 큰 성공을 거두게 된다.

어느 뛰어난 보험설계사가 사람들에 대한 좋은 사고방식이 자신에게 가져다 준 이익에 대해 다음과 같이 들려주었다.

"처음 보험업에 뛰어들었을 때는 정말로 힘들었습니다. 고객들의 수만큼이나 많은 설계사와 경쟁을 벌여야 하는 것 같았죠. 그리고 예상 고객 중 열에 아홉은 자신에게 더 이상 보험이 필요치 않다고 믿고 있다는 사실을 알게 되었습니다. 그럼에도 불구하고 저는 지금 그 일을 매우 잘 수행하고 있는데, 그 이유는 제가 보험영업의 기술적인 측면을 잘 알고 있기 때문이 아닙니다. 그렇다고 제 말을 오해하지 마십시오. 기술적인 측면 역시 매우 중요한 문제이며 솔직히 저보다 보험증권이나 계약조항에 대해 잘 아는 훌륭한 설계사들도 많이 있습니다. 제 성공은 한 가지 요소에 토대를 두고 있는데 그것은 바로 제가 예상 고객들을 진심으로 좋아한다는 점입니다. 다시 말하지만 저는 고객들을 정말로 좋아합니다. 제 동료 설계사 중에는 고객들을 좋아하는 척하는 사람들도 있지만 그런 자세로는 결코 효과를 볼 수 없죠. 그런 자세로는 개도 속일 수 없습니다. 아무리 상대방에게 관심 있는 척한다고 하더라도 자신만의 독특한 버릇, 눈빛, 표정 등 모든 것이 자신의 본심을 드러내게 마련이죠. 물론 저 역시 예상 고객에 대한 정보를 수집할 때, 다른 설계사들과 마찬가지로 그의 나이, 직장, 연봉, 자녀 수 등을 알아봅니다. 더불어 저는 대다수의 설계사들이 관심을 두지 않는 부분, 즉 그 예상 고객을 좋아할 만한 이유를 찾아냅니다. 그가 하는 일이나 그의 과거 경력에서 좋아할 만한 훌륭한 이유를 찾아내는 것입니다. 그리고 고객을 생각할 때마다 저는 그를 좋아할 만한 이유를 점검해 봅니다. 그런 다음 그에게 보험에 관해 얘기하기 전에 그에 관해 호감이 가는 이미지를 마음속에 그려보죠. 그다지 대단한 기법은 아니지만, 분명히 효과를 발휘합니다. 제가 진심으로 고객을 좋아하면 상대방도 조만간 저를 좋아하게 되는 것이죠. 자리에 앉을 때에도 그의 맞은편이 아닌 옆에 앉아 함께 보험계획을 세워나갑니다. 그리고 저는 고객의 친구이기에 그는 저의 판단을 신뢰하고 믿어줍니다. 요즘에는 곧바로 제 진심을 받아들이는 사람이 거의 없지만, 제가 꾸준히 상대방을 좋아하면 상대방도 마음을 돌리고 보험계약을 하게 되죠. 지난주에 저는 아주 까다로운 사람을 세 번째로 방문하게 되었습니다. 그런데 그는 문 앞에서 저를 보자마자 제가 미처 인사말을 꺼내기도 전에 심한 말을 퍼붓기 시작했죠. 그는 숨도 쉬지 않고 저에게 비난 세례를 퍼붓더니 '다시는 찾아오지 마시오'라고 했습니다. 그래서 저는 그의 말이 끝난 후, 5초 정도 그의 눈을 들여다보다가 진심을 담아 부드럽게 말했습니다. '하지만 S씨, 저는 오늘 당신의 친구로서 여기에 온 것입니다.' 그것은 정말로 제 진심이었죠. 그런데 바로 어제 그 고객이 1만 달러짜리 보험상품을 가입해 주었답니다."

솔 포크는 시카고에서 가전업체의 왕으로 불리는 그는 오늘날, 연간 6천억 달러 이상의 매출을 올리고 있다.

그러한 솔 포크는 자신의 성공비결이 손님들을 대하는 자신의 태도에 있다 고 말한다.

"저는 늘 고객을 우리 집에 찾아온 손님처럼 대합니다."

사람들을 대하는 사고방식도 그래야만 하지 않을까? 그리고 그것이야 말로 일할 때마다 적용해야 할 성공 공식이 아닐까?

고객들을 자기 집에 찾아온 손님처럼 대해 보라.

마찬가지로 주변의 모든 사람을 일류급으로 생각하면 일류급 결과를 얻을 수 있다.

이 책의 초판을 검토해준 사람 중에는 비즈니스 컨설팅 업체를 운영하는 친한 친구도 포함되어 있다. 그런데 그가 앞선 사례를 읽고 난 뒤 이렇게 말했다.

"이건 사람들을 좋아하고 존경함으로써 거두는 긍정적인 결과이군. 그렇다면 나는 사람들을 좋아하지 않을 때 벌어질 수 있는 일을 겪은 내 친구와 나의 경험담을 들려주기로 하지"

그것은 매우 의미심장한 의미를 담고 있는 이야기였다.

"언젠가 소규모 청량음료 업체에 컨설팅 서비스를 제공하기로 계약을 맺은 적이 있지. 그런데 계약금이 무려 9,500달러나 되었다네. 그 의뢰인은 정식 학교 교육을 별로 받아보지 못 한 사람이었지. 그런데 계약 당시 사업도 잘 안 풀리는 상태였고 최근 몇 년간 몇 차례의 실수로 큰 손해를 보았다네. 우리가 계약한 지 3일 후, 동료와 나는 우리 사무실로부터 45분 거리에 있는 그의 공장에서 차를 몰고 나오는 길이었지. 지금도 그것이 어떻게 시작되었는지 기억나진 않지만 어쨌든 우리는 그 의뢰인의 부정적인 측면을 얘기하기 시작했다네. 그렇게 차를 몰고 가는 동안 우리가 나눈 얘기라곤 '얼마나 허약한 심성의 돌대가리를 의뢰인으로 맞이했는가' 하는 것뿐이었지. 그런데 그날 오후, 회의 분위기는 아주 냉랭했다네. 지금 생각해보면 우리의 의뢰인이 어떻게 했는지는 모르겠지만 우리가 자신에 대해 느끼는 감정들을 감지했던 것 같았지. 그는 마치 '이 사람들은 내가 바보라고 생각하고 약간의 감언이설로 시간을 보내려 한다'고 생각하는 눈치였다네. 이틀 후, 나는 그에게서 단 두 문장의 편지를 받았다네. '나는 이번 컨설팅 계약을 취소하기로 결정했습니다. 지금까지의 서비스로 청구할 것이 있으면 청구해 주십시오.' 겨우 40분 정도 동료와 부정적인 생각을 나눈 결과 9,500달러짜리 계약이 날아간 것일세. 더욱더 속상한 것은 한 달 후에 알게 된 사실이지만 그 고객이 전문적인 도움을 받기 위해 다른 도시의 컨설팅 업체와 계약을 맺었다는 점이라네. 우리가 그의 수많은 긍정적인 측면에 집중했다면 결코 그를 잃어버리지 않았을 것일세. 그는 많은 장점을 갖고 있었지. 대부분 사람처럼 말일세."

대화의 아량을 베푸는 일의 이점

다음은 우리가 삶을 즐기면서 기본적인 성공원리를 발견할 수 있는 방식이다.

　이틀 동안, 가능한 한 많은 대화를 나누며 사람들의 얘기에 귀를 기울여 보라. 그리고 누가 가장 많은 이야기를 하며 누가 가장 성공적인 사람인지 주의 깊게 살펴 보라.

　나는 그 실험을 수백 번이나 해 보았는데, 그 결과는 '말을 가장 많이 하는 사람과 가장 크게 성공한 사람은 대부분 동일하지 않다'는 것이다. 성공적인 사람일수록 거의 예외 없이 대화의 아량을 베푼다. 즉, 그는 상대방 자신과 상대방의 견해, 상대방의 성취, 상대방의 가족, 상대방의 직업, 상대방의 문제에 대해 얘기하도록 만드는 것이다.

　상대방이 더 많은 이야기를 하도록 아량을 베푸는 것은 다음과 같은 두 가지 방식으로 더 큰 성공의 길을 닦도록 해준다.

　첫째, 친구를 얻게 한다.

　둘째, 사람들에 대해 더 많은 것을 배우게 한다.

　평범한 사람은 그 누구보다 자기 자신에 대해 많은 말을 하고자 한다. 따라서 그런 사람에게 말할 기회를 준다면 당연히 호감을 사게 되어 있다. 같은 맥락에서 볼 때, 상대방에게 말할 기회를 베푸는 아량은 친구를 사귈 수 있는 가장 손쉽고 간단하며 확실한 길이다.

　그리고 그러한 아량으로 다른 사람에 대해 더 많은 것을 배우는 것 역시 매우 중요한 요소이다. 제1장에서 말했던 것처럼 사람들이야말로 우리가 성공의 연구실에서 연구해야 할 가장 중요한 대상이다. 그들의 사고방식, 강점과 약점 그리고 그들이 무엇을 왜 하는지 알아낼수록 우리는 그들에게 자신이 원하는 방식으로 영향을 미칠 수 있는 준비를 갖추게 되는 것이다.

한 가지 사례를 들어보기로 하자.

뉴욕의 어느 광고대행사의 이야기이다. 그 광고 대행사도 다른 모든 광고 대행사와 마찬가지로 사람들에게 제품을 사야 할 이유를 알리는 일을 전문으로 하고 있다. 그 대행사는 그 밖에도 카피라이터들에게 매년 1주일간 매장 일을 시키며 회사에서 선전하는 제품에 대해 사람들이 하는 말을 들을 수 있게 하였다. 그 이유는 그렇게 고객들의 말을 듣다 보면 더 훌륭하고 효과적인 광고문을 작성하는 데 필요한 단서를 얻을 수 있기 때문이다.

한편, 수많은 진보적인 기업들이 회사를 떠나는 직원들을 상대로 소위 '터미널 인터뷰'를 수행하고 있다. 그 이유는 직원들에게 회사에 남아 달라고 요구하기 위해서가 아니라 회사를 그만두는 이유를 알아내기 위해서이다. 회사는 그렇게 알아낸 지식을 토대로 직원 관계를 개선해나갈 수 있다. 경청이 이익을 가져다주는 것이다.

경청은 영업사원들에게도 혜택을 준다. 대부분 사람은 유능한 영업사원을 생각할 때, '말 잘하는 사람'을 떠올리지만, 일선의 영업 실장들은 말 잘하는 사람에게 높은 점수를 주지 않는다. 왜냐하면 영업 실장들은 대부분 질문을 던지고 바람직한 답변을 얻어내는 데 능숙한, 즉 '말을 잘 듣는' 사람들이기 때문이다.

대화의 욕심쟁이가 되지 말라.

상대방의 말에 귀를 기울이고 친구를 얻고 배워라.

타인에게 친절을 베푸는 것의 효과

모든 대인관계에서 '친절'은 당신이 사용할 수 있는 최상의 정신안정제이다. 아무리 좋은 신경안정제를 준비한다고 하더라도 다른 사람들을 위해 자잘한 일을 해주는 것의 1/10의 효과도 거둘 수 없다.

또한 사람들에 대한 올바른 사고방식은 좌절감과 스트레스를 없애준다. 쉽게 말해 스트레스의 주요 원인은 타인에 대한 부정적인 감정이다. 따라서 타인에 대해 긍정적인 생각을 품으면 참으로 놀랍고 경이로운 세계를 경험할 수 있다.

일이 자신이 원하는 방식으로 진행되지 않을 때, 사람들에 대한 사고방식도 시험을 받게 된다. 승진 인사에서 탈락했을 때 당신은 어떤 생각을 하게 될까? 자신이 속한 클럽에서 직책을 맡지 못했을 때는 어떠할까? 당신이 한 일에 대해 비판을 받았을 때는? 실패했을 때의 사고방식이 성공할 때까지, 걸리는 기간을 결정한다는 사실을 기억하라.

일이 제대로 풀리지 않을 때

일이 뜻대로 풀리지 않을 때, 타인을 대하는 사고방식의 정답은 금세기 최고 위인 중의 한 명인 벤자민 페어리스의 사례에서 찾아볼 수 있다. 보잘것 없는 환경에서 자라나 US 스틸의 대표이사가 된 페어리스는 이런 말을 남겼다.

"그것은 주어진 상황을 어떻게 바라보느냐에 달려 있습니다. 예를 들어 저는 그 어떤 선생님도 싫어해 본 적이 없습니다. 저 역시 다른 학생처럼 징계

받곤 했지만 언제나 제 잘못으로 인해 징계가 필요한 것으로 생각했죠. 저는 또한 지금까지 제가 모셔온 모든 상사를 좋아했습니다. 언제나 그들을 만족시키고 가능하다면 기대 이상으로 해내기 위해 노력했죠. 물론 좌절하고 실망할 때도 있었습니다. 승진하기를 원했는데 다른 사람이 대신 그 자리를 차지했을 때 말입니다. 하지만 제가 무슨 '사내 정치' 혹은 상사의 편견이나 오판의 피해를 입은 것이라고 생각해본 적은 단 한 번도 없습니다. 따라서 화를 내거나 분노로 사표를 내던지기보다는 상황을 논리적으로 분석했죠. 그렇게 따져보면 분명 다른 사람이 저보다 더 승진할 만한 자격을 갖추고 있었습니다. 그리하여 다음번 기회에 제가 승진할 자격을 갖추기 위해 무엇을 해야할지 생각하게 되었죠. 동시에 저는 실패했다고 해서 저 자신에게 화를 내며 자책하는 일로 시간을 낭비하지 않았습니다."

일이 잘못되었을 때, 벤자민 페어리스의 말을 기억하라. 그리고 다음의 두 가지 수칙을 실천하라. 첫째, 자신에게 물어보라.

"다음번에 더 나은 자격을 갖추기 위해 내가 할 수 있는 것은 무엇일까?"

둘째, 좌절하는데 시간과 에너지를 낭비하지 말라.

자책하지 말라. 다음번에 성공하기 위한 계획을 세워라.

다음의 원칙들을 실천하라

- 사람들로부터 호감을 살 만한 면모를 지녀라. 사람들이 좋아할 만 한 사람이 되어라. 그것이 사람들의 지지를 끌어내고 자신의 성공계획에 추진력을 더해 준다.

- 주도적으로 우정을 쌓아나가라. 기회가 있을 때마다 다른 사람들에게 자신을 소개하라. 다른 사람들의 이름을 똑바로 알아두고 상대방도 당신의 이름을 똑바로 알아두게 하라. 새로 사귄 친구가 당신에 대해 더 잘 알고 싶어 한다면 연락처를 알려주어라.
- 인간의 다양성과 한계를 받아들여라. 그 누구에게도 완벽성을 기대하지 말라. 상대방은 당신과 다를 권리를 갖고 있다는 사실을 기억하라. 그리고 결코 너무 앞서나가는 개혁자가 되지 말라.
- 좋은 생각 방송국인 채널 P에 주파수를 맞춰라. 다른 사람에서 혐오할 만한 자질이 아닌 좋아하고 감탄할 만한 자질을 찾아내라. 그리고 제삼자에 대한 다른 사람의 편견에 물들지 않도록 주의하라. 사람들에 대해 긍정적인 생각을 하고 긍정적인 결과를 거둬라.
- 대화의 아량을 베풀어라. 성공적인 사람처럼 행동하라. 다른 사람에게 말을 시켜라. 상대방이 자신의 의견, 주장, 업적에 관해 얘기하게 만들어라.
- 언제든 친절을 베풀어라. 그것이 상대방의 기분을 좋게 만들며 당신 자신의 기분 역시 좋게 해준다.
- 곤경에 처했을 때, 타인을 탓하지 말라. 실패했을 때 품는 생각이 성공하기까지 걸리는 시간을 결정한다는 사실을 기억하라.

Chapter

행동을 습관화하라

행동하는 습관을 가져라

실천의 중요성

　오늘날 사회 각계의 지도자들은 이구동성으로 핵심 요직에 앉을 초일류 전문가들이 부족하다고 말한다. 한마디로 말해 위에는 아직 자리가 많이 있는 것이다. 어느 대기업 중역의 말처럼 비슷하게 자격을 갖춘 사람은 많지만 대부분 한 가지 성공 요소가 빠져 있는데, 그것은 바로 일을 완수하고 끝을 보는 능력이다.

　기업의 경영직, 최고의 영업직, 과학계, 군대, 정부의 핵심 요직에서 일을 수행하려면 특별한 능력이 요구된다. 그렇기 때문에 회사의 경영진은 요직을 맡아줄 인재를 구할 때, '그가 그 일을 하려고 하는가?', '그가 일을 끝까지 완수할까?', '그는 솔선수범하는 사람인가?', '그는 끝을 보는 사람인가? 아니면 그냥 말만 하는 사람인가?' 등을 따져보게 된다. 이러한 질문은 모두 한 가지 목적, 즉 후보자가 실행가이냐 아니냐를 알아내는 데 초점이 맞춰져 있다.

　훌륭한 아이디어만으로는 충분치 않다. 실행에 옮겨진 어중간한 아이디어가 실행되지 못한 훌륭한 아이디어보다 100% 더 바람직한 법이다.

　자수성가형 위인인 존 워너메이커[1] 는 종종 이런 말을 하곤 했다.

　"생각하는 것만으로는 아무것도 나오지 않는다."

　실제로 인공위성에서부터 마천루 그리고 유아용 음식에 이르기까지 인류

---

1) 미국 백화점의 왕, 우리나라에 YMCA 건물을 기증하였다.

가 이뤄낸 모든 것들은 아이디어를 실행에 옮긴 결과물이다.

능동주의자와 수동주의자

성공적인 사람이든 평범한 사람이든 사람들을 연구해 보면 그들은 두 부류로 나눠진다. 성공적인 사람은 모든 일에 능동적이기 때문에 보통 '능동주의자'로 불린다. 반면, 평범하고 성공과 거리가 먼 사람들은 수동적이라 '수동주의자'라고 불린다.

따라서 우리가 만약 이 두 그룹을 연구한다면 성공원리를 발견할 수 있을 것이다.

능동주의자는 실행가이다. 그들은 행동하고 일을 진행하며 아이디어와 계획을 실천에 옮긴다. 반면, 수동주의자는 '비실행가'이다. 그들은 일하면 안 된다거나 할 수 없다거나 너무 늦었다는 것을 입증하기까지 실행을 늦추는 사람이다.

능동주의자와 수동주의자 간의 차이점은 여러 가지 면에서 여실히 드러난다.

우선 능동주의자는 바캉스를 계획하면 실제로 휴가를 신청하여 바캉스를 떠난다. 반면 수동주의자는 바캉스를 계획하더라도 그것을 '내년'으로 연기해 버린다.

이들의 차이점은 큰일에서도 나타난다.

능동주의자는 스스로 사업을 벌이길 원하고 그렇게 해낸다. 반면 수동주의자는 스스로 사업을 하길 원하지만 그렇게 하지 않는 게 더 바람직하다는 그럴듯한 이유를 찾아낸다.

능동주의자는 원하는 일을 행함으로써 그 부산물로 자신감, 내적 안정감, 자립심 그리고 더 많은 수입을 얻는다. 반면, 수동주의자는 원하는 것조차 실행하지 않기 때문에 원하는 일을 이룰 수 없고 그 부산물로 자신감과 자립심을 상실한 채, 평범한 인생을 살아간다.

능동주의자가 행동하는 동안, 수동주의자는 '행하려고 하지만 행하지 않는다.'

사람은 누구나 능동주의자가 되고 싶어 한다. 당신 역시 그렇다면 행동하는 습관을 몸에 익히도록 하라.

완벽한 조건은 존재하지 않는다

수많은 사람이 행동하기 전에 모든 조건이 딱 맞아떨어지길 기다리다가 수동주의자가 되고 만다. 물론 완벽한 상태는 바람직하지만 무엇이든 인간이 만들거나 계획한 것은 절대적으로 완벽할 수는 없다. 그러므로 완벽한 조건이 갖춰지길 기다리다가는 영원히 기다리게 되어 있다.

'조건'에 반응하는 세 가지 사례

다음은 세 사람이 '조건'에 반응하는 과정을 보여주는 세 가지 사례이다.

지엔이 결혼하지 못한 이유

　회계사인 미스터 지엔은 시카고에서 혼자 살아가는 30대 후반의 독신남으로 그의 가장 큰 소망은 결혼하는 것이다. 그는 사랑, 동반자, 가정, 아이 그리고 일을 원했기에 실제로 결혼에 골인할 뻔한 적도 많이 있다. 하지만 결혼할 시기가 가까워질 때마다 그는 매번 결혼할 여자에게서 문제점을 발견하곤 하였다.

　특히 2년 전, 지엔은 마침내 이상적인 여성을 만났다고 생각하였다. 그녀는 매력적이었고 쾌활하며 지적이었다. 어느 날 결혼계획을 의논하다가 그녀로부터 거북한 말을 듣게 되었다. 그리하여 자신이 올바른 여성과 결혼하는 것임을 확인하기 위해 결혼 전에 4장의 계약서를 만들어 그녀의 동의를 받고자 하였다.

　깔끔하게 타이핑이 된 그 서류에는 지엔이 생각해 낼 수 있는 모든 내용이 언급되어 있었다. 예를 들면 종교 관련 조항에는 부부가 함께 다닐 교회, 매주 교회에 가는 횟수, 헌금 액수까지 기재되어 있었고 자녀 관련 조항에는 자녀들의 수와 임신시기까지 자세히 명시되어 있었다. 그 밖에도 그는 앞으로 사귈 친구들의 부류, 미래 아내의 직장, 미래의 거주지, 미래의 생활비 등까지도 상세히 언급해 놓았다. 그리고 맨 마지막에는 페이지의 절반가량 되는 분량으로 미래의 부인이 끊어야 할 습관과 몸에 익혀야 할 습관들이 구체적으로 명시되어 있었다.

　지엔의 예비 신부는 그 최후통첩 같은 계약서를 받아보더니 우리가 예상하는 대로 결별을 선언했다.

지엔은 그 경험담을 들려주면서 당혹스러운 어투로 이렇게 말했다.

"그 계약서를 작성한 것이 그처럼 잘못된 일입니까? 결혼은 인륜지대사인데 조심해서 나쁜 것은 없잖아요."

하지만 분명 지엔은 잘못하였다. 마찬가지로 우리도 결혼을 계획하는 상황에서뿐만 아니라, 어떠한 상황에서든 지나치게 조심하고 몸을 사릴 수 있다. 한마디로 말해 기준을 너무 높이 잡는 것이다. 지엔은 결혼을 계획했던 방식과 똑같은 태도로 그밖에 모든 것을 처리하였다.

성공적인 사람은 문제가 일어나기 전에 예방하는 능력이 아니라 문제가 일어났을 때 그에 대처하고 해결해나가는 능력을 갖추고 있다. 우리는 실행하지 않고 마냥 기다리는 사람이 되지 않도록 자신의 완벽주의와 슬기롭게 타협할 각오가 되어 있어야 한다. 공연히 지레 걱정하지 말고 '걱정도 팔자다'라는 속담을 기억하라.

제이엠이 새집에서 살게 된 이유

누구든 어떤 큰일을 결정할 상황에 놓이면 행동할 것인지 가만히 있을 것인지 그리고 할 것인지 안 할 것인지를 놓고 마음의 갈등을 겪게 마련이다. 이번 사례는 어떤 결정을 내려야 할 상황에서 행동을 선택하여 커다란 이득을 올린 젊은이에 관한 이야기이다.

제이엠은 20대의 젊은이로 아내와 자식이 있고 얼마 안 되는 수입으로 근근이 생활하는 평범한 사람이다. 작은 아파트에 살고 있던 그들 부부는 더 넓은 공간, 더 깨끗한 환경, 아이들이 뛰어 놀만한 새집을 갖고 싶어 했다.

하지만 새집을 사는 데에는 한 가지 장애물이 있었는데 그것은 바로 계약금이었다. 어느 날, 제이엠은 다음날 월세로 낼 수표를 작성하다가 그러한 자신의 상황이 무척 혐오스러워졌다. 그러다가 그는 월세의 액수가 새집을 샀을 경우에 내야 할 월부금과 같다는 사실을 깨달았다.

제이엠은 아내를 불러 말했다.

"다음 주에 새집을 살까 하는데 어떻게 생각해?"

"그게 무슨 말이에요? 농담이죠? 당신도 알다시피 우리 형편에 그건 불가능해요. 우린 계약금을 낼 돈조차 없다고요."

하지만 제이엠은 단호하게 말했다.

"우리 같은 처지의 수많은 부부가 언젠가는 새집을 사고 싶어 하지만 그 중 절반 정도만이 그 꿈을 이루고 있지. 장애는 언제나 나타나게 마련이야. 우린 집을 살 수 있을 거야. 아직 계약금을 마련할 방법은 생각해내지 못했지만 결국 생각해 낼 거라고."

그리하여 그들은 마음에 쏙 드는 근사한 집을 발견했는데 그 집의 계약금은 1,200달러였다. 이제 그들의 문제는 1,200달러를 모으는 것뿐이었다. 제이엠은 통상적인 방법으로 돈을 대출 받으면 채무액이 늘어나 주택을 담보로 융자금을 받을 수 없다는 것을 알고 있었다.

그러나 뜻이 있는 곳에 길이 있다는 말처럼 갑자기 제이엠에게 묘안이 떠올랐다. '건축업자와 접촉하여 1,200달러를 빌리는 형식으로 계약금 문제를 해결하면 되지 않을까?' 그리고 제이엠은 실제로 그렇게 했다. 처음에 건축업자는 그의 제의에 냉담한 반응을 보였지만 제이엠이 끈질기게 설득하자

마침내 그의 요구를 들어주었다. 결국 건축업자는 제이엠에게 1,200달러를 빌려주는 형식으로 계약금 문제를 처리하고 월 원리금 100달러에 이자를 붙여 상환 받기로 했다.

이제 제이엠이 할 일은 매달 100달러를 마련하는 것뿐이었다. 제이엠 부부는 그 문제로 머리를 맞대고 고민한 끝에 월 25달러를 절약할 수 있는 계획을 세웠다. 하지만 여전히 매달 75달러를 내는 것이 문제였는데 이때 제이엠에게 또 다른 아이디어가 떠올랐다.

그는 다음 날 아침, 사장을 찾아가 자신의 사정을 설명했고 사장은 그가 새 집을 산다는 소식을 듣고 기뻐해 주었다. 이때, 제이엠은 이렇게 말했다.

"그런데 사장님, 그 계약을 성사하기 위해서는 매달 최소한 75달러를 더 벌어야 합니다. 그러니 제가 그만한 자격을 지니고 있다고 생각하신다면 그만큼을 더 벌 수 있도록 기회를 주십시오. 우리 회사에는 주말에만 하는 일이 있는데, 제가 그 일을 할 수 있도록 해주실 수는 없나요?" 제이엠의 성실성과 야심에 깊은 인상을 받은 사장은 주말에 제이엠이 10시간씩 초과근무하게 해주었고, 덕분에 제이엠 부부는 새집으로 이사 갈 수 있었다.

제이엠의 성공사례를 요약해 보자.

첫째, 목표에 대한 확고한 결단이 영감의 불씨를 댕겨 목표를 실현할 수 있는 길이 생각나도록 해주었다.

둘째, 제이엠은 그 일로 엄청난 자신감을 얻었다. 그는 이제 다른 어려운 상황에서도 쉽게 자신 뜻을 실행에 옮길 수 있게 되었다.

셋째, 제이엠은 아내와 아이들에게 쾌적한 환경을 만들어줄 수 있었다. 그가 모든 조건이 완벽해질 때를 기다리며 주택구입을 미뤘다면 결코 자기 집을 장만할 수 없었을 것이다.

시디는 자신의 사업을 시작했지만…

여기에 소개된 미스터 시디의 이야기는 아이디어를 실천에 옮기기 전에 모든 조건이 완벽해지기를 기다리다가 좋은 아이디어를 사장해 버린 사례이다.

2차 세계대전 직후, 시디는 미국 우체국의 세관 부서에 취직하였다. 그는 그 일을 좋아했지만 5년이 지나자 제한된 작업 공간, 고정된 업무시간, 낮은 임금 그리고 승진 기회가 비교적 적은 연공서열제에 불만을 느끼게 되었다.

그러다가 그는 한 가지 아이디어를 떠올리게 되었다. 그 당시 그는 성공적인 수입을 올리는데 필요한 지식을 쌓아둔 상태였다. 그리하여 '원가가 적게 먹히는 선물용품과 완구 수입업체를 차려볼까?'라는 생각을 하게 되었다. 그는 그 분야에 대해 잘 모르지만 커다란 성공을 거둔 수입업자들을 많이 알고 있었다.

하지만 시디는 그렇게 결심을 한 지 10년이 지난 오늘날에도 여전히 세관에서 일하고 있다.

왜 그럴까? 그것은 그가 결단을 내리려 할 때마다 뭔가 문제가 발생하면서 그의 실행을 번번이 가로막았기 때문이다. 자금 부족, 불황, 갓난아기의 탄생, 임시적인 안정의 필요성, 교역을 제한하는 새로운 법률, 그 밖에 여러 가지 문제가 연기할 만한 구실이 되어 주었다.

사실, 시디는 스스로 수동주의자가 되었다. 그는 계획을 실행에 옮기기 전에 완벽한 조건이 갖춰지길 원했던 것이다. 그러나 외부의 조건은 결코 완벽해질 수 없었기에 시디가 계획을 실행하는 일도 결코 일어날 수 없었다.

아이디어를 실천에 옮겨라

다음은 조건이 완벽해질 때까지 기다리는 값비싼 실수를 예방하는 데 도움이 될만한 두 가지 수칙이다.

1. 미래의 장애물과 어려움을 예상하라.

모든 모험은 위험, 문제 그리고 불확실성을 수반하게 마련이다. 예를 들어 당신이 시카고에서 로스앤젤레스까지 직접 차를 운전하여 가려고 하는데 자동차 사고, 나쁜 날씨, 술 취한 운전자, 그밖에 어떤 종류의 위험과도 마주치지 않으리라는 절대적인 확신이 들기를 기다린다고 가정해 보자. 언제 출발할 수 있을 것 같은가? 여행을 계획하면서 가야 할 길을 지도에서 찾아보고 자동차 상태를 점검하며 가능한 한 모든 위험 요소를 줄이는 것은 충분히 상식적인 행동이다. 하지만 그렇다고 해서 모든 위험 요소를 제거할 수는 없는 법이다.

2. 문제와 장애가 일어날 때 과감히 맞서라.

성공적인 사람의 시금석은 행동하기 전에 문제를 예방하는 능력이 아니라 문제가 일어났을 때 그것을 해결할만한 능력을 갖추고 있느냐에 달려 있다. 미리 걱정할 필요는 없다.

아이디어는 실천에 옮겨질 때만 가치를 지닌다

사실, 모든 문제를 절대적으로 보장해 주는 보험상품은 존재하지 않는다. 아이디어가 떠오르면 과감히 그것을 실행에 옮겨 보라.

어느 유능한 교수가 그동안 쟁점의 대상이 되어 온 수십 년 전 인물의 전기를 집필할 계획을 나에게 털어놓은 적이 있다. 그의 아이디어는 무척 흥미로웠고, 매혹적이기까지 했다. 더불어 그 교수는 자신이 무슨 얘기를 전하고 싶어 하는지 스스로 잘 알고 있었고 그것을 전할 기술과 에너지를 갖고 있었다. 또한 그 프로젝트는 그에게 내적인 만족, 명예, 돈을 가져다줄 터였다.

그리고 지난해 봄, 우연히 그 교수를 만난 나는 책의 집필이 끝났느냐고 물었다. 하지만 이건 큰 실수였다. 그는 책을 집필하지 않은 것이다. 그는 마치 나에게 그 이유를 말해주어야 할지 말지를 고민하는 듯 잠시 난처한 기색으로 머뭇거리다가 마침내 말문을 열었다. 그동안 너무 바빴고 과다한 책무로 인해 그 뜻을 이룰 수 없었다는 것이다.

그는 집필 작업에 필요한 엄청난 노고와 희생을 마음속에 그려보았고 그 책이 실패작으로 끝날 온갖 이유를 상상했던 것이다.

아이디어는 매우 중요하다. 이 점은 결코 부정할 수 없다. 뭔가를 창조하고 개선하려면 아이디어가 필요한 것이다. 아이디어가 없는 사람은 절대로 성공할 수가 없다.

하지만 무엇보다 중요한 사실은 아이디어 자체만으로는 불충분하다는 점이다. 더 많은 사업을 추진할 수 있는 아이디어, 업무 과정을 단순화시키는 아이디어들은 그것이 모두 실행에 옮겨졌을 때만 가치를 지니게 된다. 오늘날 적어도 날마다 수천 명의 사람이 실행을 두려워하여 훌륭한 아이디어를 사장하고 있다.

자신감을 얻으려면 먼저 행동하라

다음의 두 가지 원칙을 마음 깊이 새겨 두도록 하라.

첫째, 아이디어를 실행에 옮김으로써 그것에 가치를 부여하라. 아무리 좋은 아이디어라 할지라도 실행에 옮기지 않으면 아무런 소용이 없다.

둘째, 아이디어를 실행에 옮기고 마음의 평정을 얻어라.

누군가에게 들은 말인데, 입이나 펜으로 전할 수 있는 단어 중에서 가장 슬픈 것은 '할 수도 있었는데…'라는 말이다.

우리는 날마다 누군가가 이런 식으로 말하는 것을 듣게 된다.

"내가 그때 사업을 시작했더라면 지금쯤 돈방석에 올라앉아 있을 텐데."

"내 예감이 맞았어. 아, 나도 그때 그것을 해보는 건데."

실행에 옮겨지지 않은 좋은 아이디어는 무시무시한 심리적 고통을 낳는다. 반면, 실행에 옮겨진 좋은 아이디어는 엄청난 정신적 만족을 가져다준다.

좋은 아이디어가 있는가? 그렇다면 그것을 실행에 옮겨 보라. 실행을 통해 두려움을 치료하고 자신감을 얻어라.

행동은 자신감을 키우고 강화시키지만, 행동하지 않는 것은 온갖 종류의 두려움을 키운다. 두려움을 물리치고 싶다면 행동하라. 두려움을 키우고 싶다면 기다리고 유보하고 연기하라.

언젠가 나는 젊은 공수부대 교관이 이렇게 말하는 것을 들은 적이 있다. "강하 자체는 사실 그리 무섭지 않습니다. 사람을 진정으로 힘들게 하는 것은 강하를 기다리는 시간이죠. 그래서 저는 훈련병들이 강하 장소까지 가는 동안 시간이 빨리 흘러가는 것처럼 느끼도록 해주기 위해 노력합니다. 그래도 강하 시간이 닥치면 거의 패닉 상태에 빠져 뛰어내리지 못하는 훈련병이 나오게 되죠. 그 훈련병이 다음번 강하 시간에도 뛰어내리지 못한다면 그는 낙오될 수밖에 없습니다. 자신감을 얻지 못하고 계속 강하를 연기할수록 두려움만 커지기 때문입니다."

기다림은 전문가들조차 안절부절못하게 만든다.

『타임』지는 전국 최고의 앵커맨인 에드워드 R. 머로우도 방송 시간이 되기 직전에는 식은땀을 흘리며 초조해한다고 보도한 적이 있다. 그러나 일단 방송을 시작하면 두려움이 순식간에 사라진다는 것이다. 수많은 베테랑 배우들 역시 그와 같은 흥분상태를 경험하고 있다. 그들은 이구동성으로 무대 공포증에 대한 유일한 치료책은 행동이라고 말한다. 관중 앞에 나서는 것이야말로 두려움, 걱정, 불안을 단번에 날려버리는 치료 약이다.

행동은 두려움을 치료한다.

나는 두려움을 치료하기 위해 애쓰는 수많은 영업사원을 만나 보았다. 아무리 숙련된 영업사원이라 할지라도 때로 두려움이 엄습하면 그것을 몰아내기 위해 길거리를 돌아다니거나 커피를 마시곤 하는 것이다. 하지만 그 모든 노력은 별다른 효과를 거둘 수 없다. 어떤 종류의 두려움이 든 그것을 퇴치하는 방법은 행동뿐이다.

누군가에게 전화 거는 것이 두려운가? 그러면 전화를 걸어라. 그러면 두려움이 사라질 것이다. 하지만 그것을 연기하면 전화를 거는 것은 점점 더 어려워지게 마련이다.

의사에게 가서 진단받는 것이 두려운가? 그렇다면 당장 병원으로 가라. 그러면 두려움이 사라질 것이다. 몸에 아무런 이상이 없을 수도 있고 설령 이상이 있다고 해도 자신의 현재 상태를 정확히 알게 된다. 하지만 진단을 미룬다면 두려움이 점점 더 커져 그것 때문에 아프게 될 수도 있다. 상사와 함께 특정 문제에 대해 의논하는 것이 두려운가? 의논하라! 그러면 두려움을 극복하는 길을 발견할 것이다.

기계적으로 정신적인 엔진을 가동하라

아직 성공을 경험하지 못한 젊은 작가가 다음과 같이 고백했다.

"제 문제는 며칠, 몇 주가 지나더라도 글을 단 한 줄도 쓰지 못한다는 데 있습니다. 아시다시피 집필활동은 창조적인 것입니다. 글을 쓰기 위해서는 영감을 받아야 하죠. 영혼의 움직임이 있어야 하는 겁니다."

물론 집필은 창조적인 활동이다. 하지만 성공적인 다수의 작품을 생산해 내는 '비결'을 다음과 같이 설명하는 또 다른 창조적인 작가도 있다.

"저는 '마인드 포스' 기법을 사용합니다. 일단 최종시한을 정해놓는 겁니다. 그래서 저는 우선 책상 앞에 앉습니다. 그런 다음 펜을 들고 기계적으로 글을 쓰는 동작을 시작합니다. 종이에 아무 글이나 적어보는 것이죠. 물론 낙서를 할 수도 있습니다. 그렇게 기계적으로 손가락과 팔을 움직이다 보면 어느새 마음이 순조롭게 활동하기 시작합니다. 때로는 글을 쓰고 있지 않을 때, 아이디어가 떠오르기도 합니다. 하지만 그것은 단지 보너스 같은 것에 지나지 않습니다. 대부분의 좋은 아이디어는 앞서 말한 대로 일을 시작해야 얻어지죠."

행위를 통해 어떤 결과물을 얻으려면 반드시 행위가 있어야 한다. 이것은 자연법칙이다. 그 무엇도 심지어 우리가 날마다 사용하는 수십 가지의 기계적인 장치들도 저절로 움직이지는 않는다.

똑같은 원리가 마음의 작용에도 적용된다. 그것이 자동으로 활동하게 만들려면 먼저 그것을 가동해야 한다. 당신의 행동으로 선택해야 하는 것이다.

방문 영업 회사의 어느 젊은 영업지사장은 영업사원들이 날마다 일찍 성공적으로 일을 시작하도록 '기계적인 방식'으로 훈련시켜온 과정을 다음과 같이 설명해 주었다.

"방문 영업은 여느 방문판매 사업과 마찬가지로 늘 엄청난 저항에 부딪치죠. 따라서 아침의 첫 방문은 베테랑 영업사원들에게도 힘든 일입니다. 그들은 자신이 사람들에게서 매몰찬 반응을 얻을 공산이 크다는 것을 알고 있습니다. 그래서 자연히 아침 영업을 미루기에 십상이죠. 즉, 커피를 한두 잔 마신다거나 동네를 한 바퀴 돌거나 그밖에 첫 번째 방문을 연기할 만한 갖가지 구실을 만들어 냅니다.

따라서 저는 신입사원들을 이런 방식으로 훈련시킵니다.

우선 영업을 시작하는 유일한 방법은 일을 시작하는 것이라고 설명합니다. '깊이 생각하지 말고 연기하지도 말라. 그냥 해 보라. 자동차를 주차하고, 샘플 케이스를 챙겨들고 그 집의 문으로 걸어가 초인종을 누른 뒤 미소를 지으며 인사하라. 그리고 별다른 의식 없이 그저 기계적으로 설명을 하면 된다.' 이런 식으로 방문 영업을 시작하다 보면 두려움이 사라지게 됩니다. 그렇게 방문 영업을 두 번, 세 번 하다 보면 정신이 또렷해지고 설명도 더욱 더 잘하게 되는 것이죠."

이런 기계적인 행동이 두려움을 몰아낸다.

영혼을 움직이는 두 가지 방법

일을 완수하는 사람들은 영혼이 움직이길 기다리지 않고 자신들이 먼저 영혼을 움직이는 사람들이다. 다음의 두 가지 수련법을 실행해 보라.

1. 간단하지만 때로는 불쾌한 비즈니스나 집안 허드렛일을 하기 위해 기계적인 방식을 활용하라. 불쾌한 측면을 깊이 생각하지 말고 무작정 뛰어들어 일을 벌여 보라.

여성에게 있어서 어쩌면 가장 싫은 집안일이 설거지일 것이다. 내 어머니 역시 예외는 아니었다. 하지만 그 일을 능숙하게 기계적으로 재빨리 끝내고 자신이 좋아하는 일에 손을 대신다. 식사가 끝나고 테이블에서 일어설 때, 늘 기계적으로 여러 접시를 집어 들고, 별다른 생각 없이 설거지를 시작하는 것이다. 그리고 몇 분 안에 그 일을 후딱 해치우신다.

오늘 당장 시작해 보라. 당신이 하고 싶은 일은 맨 나중으로 미루어라. 그리고 별다른 생각 없이 일에 대한 두려움이나 걱정 없이 그냥 해보라. 그것이 바로 실행하는 가장 효과적인 방식이다.

2. 기계적인 방식을 이용하여 아이디어를 짜내고 계획을 세우며 문제를 해결하고 최고의 정신력을 요하는 일들을 수행하라. 영혼이 움직여주길 기다리지 말고 당신 스스로 자신의 영혼을 움직여라.

이것은 당신에게 분명히 도움이 될 특별한 기법이다.

우선 종이와 연필을 사용하라. 5센트짜리 연필은 최고의 집중 수단이다. 나는 만약 고급 카펫이 깔려 있고 완벽한 방음장치와 멋진 인테리어를 갖춘 초호화 사무실과 연필 및 종이 중에서 하나를 선택하라면 두말없이 종이와 연필을 선택할 것이다.

종이에 생각을 연필로 적어나가면 자동으로 그 생각에 초점이 맞춰진다. 왜냐하면 마음은 한 가지 생각하면서 동시에 다른 생각을 기록할 수 없기 때문이다. 따라서 종이에 기록할 때, 자연히 마음에도 '기록'을 하게 된다. 직접 실험해 본다면 단순히 생각만 하고 있을 때보다 그걸 종이에 기록해둘

때, 뭔가를 훨씬 더 오래, 정확히 기억할 수 있음을 알 수 있을 것이다.

일단 집중력을 위한 종이와 연필 기법에 통달했다면 시끄럽고 산만한 상황 속에서도 자신 생각을 이어 나갈 수 있다. 생각하고 싶다면 글이나 낙서, 도형 등으로 기록해 보라. 그것은 당신의 영혼을 움직이는 훌륭한 방식이다.

'지금'이라는 말과 '언젠가'라는 말의 차이

'지금'은 성공의 마술 단어이다. 그리고 '내일', '다음 주', '나중에', '언젠가', '어느 날'은 이따금 실패의 단어인 '안 돼'와 동의어로 사용된다. 수많은 사람이 '지금 당장 시작해야지'라고 말해야 할 상황에서 '언젠가는 시작해야지'라는 말로 변함으로써 결국 꿈은 실현되지 못하고 만다.

돈을 저축하는 것으로 사례를 들어 보자.

누구나 돈을 저축하는 것은 좋은 일이라고 알고 있다. 하지만 좋은 일이라고 생각하는 것과 실천하는 것은 별개의 문제이다. 수많은 사람이 저축할 마음은 갖고 있지만 그것을 실행에 옮기는 사람은 비교적 소수에 지나지 않는다.

다음의 사례를 통해 젊은 커플이 재테크 계획을 실천에 옮긴 과정을 살펴보자. 처음에 빌이 매달 집으로 가져오는 돈은 1,000달러였지만 그와 그의 아내 자넷은 매달 1,000달러를 모두 지출하고 말았다. 물론 두 사람은 저축을 하고 싶었지만 언제나 그럴 수 없는 이유가 생겨나곤 했다. 그리하여 그들은 몇 년 동안 '임금이 오르면 저축을 시작해야지', '이번 고비를 넘기면 저축해야지', '다음 달에...', '내년에...'라고 다짐해 왔다.

그러다가 마침내 자넷은 자신들의 우유부단함에 염증을 내고 빌에게 말했다.

"여보, 저축을 하겠다는 거예요? 말겠다는 거예요?"

"물론 하고 싶지만, 당신도 알다시피 지금의 벌이로는 도저히 저축할만한 형편이 안 된다고."

하지만 자넷은 일단 죽기 살기식으로 마음을 먹은 터라 쉽사리 물러서지 않았다.

"우린 지난 수년 동안 저축을 시작하자고 말만 해왔어요. 사실은 그럴 형편이 못 된다고 생각했기 때문에 저축을 못 한 것이죠. 우리 이제부터 할 수 있다고 생각해 봐요. 어떤 광고를 봤는데 지출하고 나서 남은 돈을 저축하는 것보다 저축하고 나서 남은 돈을 지출하는 게 훨씬 쉽다고 하더군요. 우선 당신 수입의 10%로 시작해 보죠. 한 달 내내 크래커와 우유로 끼니를 때울지라도 해야 한다면 그렇게 하자고요."

그리하여 빌과 자넷은 몇 달 동안 쪼들리는 생활을 했지만 이내 새로운 가계 예산에 적응하게 되었다. 그리고 이제 그들은 다른 것을 위해 지출하는 것과 마찬가지로 저축하는 재미를 붙였다.

친구에게 편지를 보내고 싶은가? 지금 당장 그렇게 해 보라. 당신의 사업에 도움이 될만한 아이디어를 얻었는가? 지금 그것을 실천해 보라. 벤자민 프랭클린의 조언대로 살아보는 것이다.

"오늘 할 수 있는 일을 내일로 미루지 말라."

지금 하겠다는 생각이 일을 성취한다는 사실을 기억하라. 언젠가 혹은 어느 시기가 되면 하겠다는 생각은 대개 실패를 의미할 뿐이다.

언젠가 오랫동안 비즈니스 업계에 종사해온 친구를 만나게 되었다. 그녀는 여러 중역과 함께 막 회의실을 나오던 참이었는데, 나는 그녀를 본 순간 가슴에 쌓여 있는 것을 훌훌 털어놓고 싶은 심정임을 눈치챘다. 그녀는 크게 실망한 표정을 짓고 있었다.

"오늘 아침, 회사 방침을 변경하는 문제에 대해 조언을 듣고 싶어 회의를 소집했죠. 그런데 제가 무슨 조언을 들었는지 아세요? 회의실에 6명이나 되는 남자들이 있었는데 그중 한 사람만 약간 도움이 될만한 말을 해줄 뿐이었고 다른 2명은 내가 했던 말을 되풀이했을 정도니 이건 마치 식물인간들을 앉혀 놓고 얘기를 하는 기분이더라고요. 다른 사람들의 생각을 알아낸다는 것은 정말로 힘든 일이로군요."

그녀는 회의에서 아무런 도움도 얻지 못했다. 그럴 경우, 회의가 끝나고 복도를 돌아다니다 보면 회의에 참석했던 젊은 간부들로부터 으레 이런 말을 듣게 된다.

"난 이러저러한 말을 하고 싶었는데…", "왜 누가 이러이러한 걸 제안하지 않았지…?", "난 이러저러하게 생각하지 않는데…", "우린 그걸 했어야 했어…"

회의실에서 아무 말도 하지 못하던 식물인간들은 대개 회의가 끝나고 자신들의 말이 아무런 영향도 미치지 못할 때, 말이 많아진다. 때가 너무 늦었을 때, 식물인간들은 갑자기 활기로 가득 차는 것이다.

흔히 간부들은 나름대로 할 말을 갖고 있게 마련이다. 그런데도 자신의 재능을 감추는 사람은 결국 자기 자신을 해치는 꼴밖에 안 된다. 이제부터 자신의 의견을 당당히 말하는 습관을 기르도록 하라. 그것은 당신 자신을 강하게 만드는 훈련이다. 건설적인 아이디어를 갖고 당당히 나서 보라.

수많은 대학생이 자신의 연구과제를 열심히 준비한다. 그들 가운데 한 명인 A 역시 그 때문에 저녁 시간을 비워놓기로 하였다. 하지만 그는 다음과 같은 일반적인 패턴으로 저녁 시간을 보내고 말았다.

저녁 7시부터 논문을 쓰려고 마음을 먹었지만, 저녁을 약간 과하게 먹은 탓에 잠시 TV를 시청했다. 그런데 프로가 너무 재미있어 잠시가 어느새 1시간이 되고 말았다. 저녁 8시, 그는 책상 앞에 앉았지만 여자친구에게 전화 해주기로 했던 걸 기억하고 다시 일어서야 했다. 그 전화 통화에 장장 40분이 걸렸다. 이후 누군가가 전화를 걸어와 다시 20분 정도 더 통화 해야 했다. 다시 책상 앞으로 돌아오던 A는 이번에는 탁구를 한 게임 정도하고 가자는 유혹에 넘어가고 말았다. 그렇게 해서 다시 1시간이 훌쩍 지나갔다. 탁구를 하고 나니 온몸이 땀에 절었기에 샤워했고, 그다음에는 간식이 먹고 싶어졌다.

그렇게 해서 열심히 공부하겠다고 마음먹었던 저녁 시간이 허무하게 흘러가고 말았다. 마침내 새벽 1시가 되었을 때야 비로소 책을 펼쳐 들었지만 너무 졸려 집중할 수가 없었다. 결국 그는 포기를 하고 다음 날 교수에게 이렇게 말했다.

"교수님, 좀 쉬고 싶습니다. 어제 새벽 2시까지 시험공부를 했거든요."

A는 준비하는데 너무 많은 시간을 낭비한 탓에 실제 행동에 들어가지 못했다. 그런데 이처럼 '과잉 준비성' 피해자는 A뿐만 이 아니다. 많은 사람이

종종 사무실 내에서의 잡담, 커피 타임, 개인적인 볼일, 책상 청소, TV 시청, 그 밖에 자잘한 구실로 시간을 어영부영 보내곤 한다.

하지만 이러한 악습을 끊어버릴 아이디어가 있다. 당신 자신에게 이렇게 말해 보라.

"나는 지금 당장 시작할 수 있다. 일을 연기하는 것은 아무런 이익도 주지 않는다. 나는 '준비'하는데 쓰는 시간과 에너지를 이용하여 지금 당장 일을 추진할 것이다."

진취적인 정신의 힘

어느 공작기계 업체의 중역이 영업 간부들을 모아놓고 이런 말을 들려주었다.

"우리가 이 사업에서 무엇보다 간절히 원하는 것은 건전한 아이디어를 갖고 그것을 실행에 옮기는 사람들입니다. 우리의 생산 부서와 마케팅 부서에서 하는 모든 일은 개선할 필요가 있습니다. 그렇다고 우리가 지금 일을 잘하지 못한다는 뜻은 아닙니다. 실제로 우리는 잘하고 있죠. 하지만 다른 진보적인 기업들과 마찬가지로 우리는 새로운 제품, 새로운 시장, 더욱더 새롭고 효과적인 업무수행방식이 필요합니다. 그리고 그 모든 것은 진취적인 사람들에게 달려 있죠. 그들이야말로 우리 팀의 주도권을 쥐고 있는 사람입니다."

진취성은 특별한 종류의 행동으로 '시키지 않아도 뭔가 가치 있는 일을 행하는 것'을 의미한다. 따라서 진취성이 있는 사람들은 모든 사업과 직업에서 높은 수입이 보장되는 자리를 차지하게 되어 있다.

중견 제약업체의 어느 시장연구 이사는 자신이 그 자리에 오르기까지 거쳐 온 과정을 다음과 같이 들려주었다. 그것은 진취성에 대한 훌륭한 교훈이다.

"5년 전, 저는 한 가지 중요한 아이디어를 생각해 냈습니다. 그 당시 저는 영업부의 선전부장으로 도매업자를 방문하던 중이었는데, 우리가 정작 우리 물건을 구입해 주는 소비자에 대해 잘 모르고 있다는 사실을 깨닫게 되었죠. 그래서 회사 사람들에게 시장연구의 필요성을 얘기했습니다. 물론 처음에는 소귀에 경 읽기였죠. 경영진이 그 필요성을 알지 못했기 때문입니다. 하지만 저는 반드시 우리 회사에서 시장연구를 추진해야 한다는 생각이 있었기에 열심히 그 필요성을 역설했습니다. 그렇게 적극적으로 주장하고 요구한 끝에 매월 '제약 마케팅의 실제'에 대한 보고서를 작성해서 올리라는 지시를 받아냈죠. 저는 가능한 한 모든 곳에서 정보를 모아들였습니다. 그렇게 제가 그 일을 계속 진행하자 경영진과 영업부의 다른 직원들도 제가 하는 일에 진심으로 관심을 나타내기 시작했죠. 그래서 연구 활동의 십자군을 일으킨 지 불과 1년 만에 다른 활동을 그만두고 연구 활동에 전념해달라는 요구를 받았습니다. 물론 나머지는 자연스럽게 발전한 것입니다. 현재 저는 두 명의 차장과 비서를 거느리고 5년 전보다 3배나 더 많은 연봉을 받고 있습니다."

진취적인 정신을 익히는 두 가지 방법

다음은 진취적인 습관을 개발하는 데 도움이 되는 특별한 훈련법이다.

- 십자군의 전사가 되어라.

자신이 해야 할 일을 발견하면 주도적으로 그것을 추진하라.

내가 있는 곳에서 그리 멀지 않은 곳에 새로 분양되는 주택이 있었는데, 무슨 일인지 건물이 2/3정도 증축된 상태에서 공사가 중단되고 말았다. 이후, 그래도 상관없다고 생각하는 사람들이 그곳에 들어와 살게 되었는데 그 지역 최고의 명문가 사람들은 그러한 상황에 자극받아 손해를 보면서까지 자신들의 집을 팔고 그 지방을 떠나버렸다. 그리고 흔히 세상일이 그렇듯 관심을 보이던 사람들도 관심이 없는 사람들의 태도에 전염되어 아무런 문제를 제기하지 않았다. 하지만 L. 해리는 깊은 관심을 보이며 멋진 주거환경을 만들기 위한 십자군 운동을 벌이기로 결심하였다. 우선 해리는 친구들을 규합하여 그 분양지가 엄청난 잠재력이 있으며 그 가치를 실현하려면 지금 당장 어떤 조치해야 한다고 역설하였다. 그리고 그렇지 않으면 그 일대가 이류급 주거환경으로 전락하고 말 것이라고 주장하였다. 해리의 열정과 진취성은 금방 사람들의 호응을 받았고, 공휴지 활용 프로젝트가 시작되면서 원예 클럽들이 조직되고 대규모 조경 및 식수공사가 추진되었다. 그리고 아이들이 뛰어놀 만한 놀이터와 공용수영장도 만들어졌다. 그러자 별다른 관심을 보이지 않던 사람들도 열렬한 후원자로 변했고 그 결과, 전체 분양지는 새로운 생명력과 활력을 얻게 되었다.

지금도 그 일대를 차를 몰고 지나가는 것은 나에게 즐거운 체험이 되곤 한다. 그것은 십자군 전사가 무엇을 해낼 수 있는지 잘 보여주고 있다.

당신의 회사에서 새로운 부서나 새로운 제품 혹은 그 외 다른 측면을 개발해야 한다고 느끼는가? 그렇다면 그것을 위해 십자군 운동을 벌여라. 십자군 운동을 벌여 그 뜻을 이루어라. 확실한 것은 비록 한 사람이 십자군을 일으킨다고 해도 아이디어가 훌륭하다면 금방 수많은 지지자를 얻게 된다는 사실이다.

능동주의자이자 십자군의 전사가 되어라.

- **자원자가 되어라.**

아마도 당신은 어떤 활동에 자원하고 싶었지만, 그것을 실천하지 못한 경험을 갖고 있을 것이다. 그 이유는 무엇일까? 바로 두려움 때문이다. 그 일을 이룰 수 없을 것이라는 두려움이 아니라 사람들이 자신에 대해 내릴 평가가 두려운 것이다. 두려움은 수많은 진취적인 사람들의 발목을 잡아 왔다.

사람들은 소속감을 느끼고 타인이 자신을 받아주며 그들의 찬성을 받길 원한다. 그것은 자연스러운 현상이다. 하지만 자신에게 물어보라.

"나는 과연 어떤 그룹이 나를 받아주길 원하고 있는가? 그들은 은밀한 질투심 때문에 나를 비웃는 그룹인가? 아니면 진보해나가는 그룹인가?"

여기서 무엇이 올바른 선택인지 말해주지 않아도 분명히 알 수 있을 것이다.

자원자들은 주목 받게 되어 있다. 하지만 무엇보다 중요한 점은 그는 일을 자원함으로써 자신의 특별한 능력과 야심을 드러낼 기회를 잡게 된다는 점이다. 그러므로 어떻게 해서든 특별한 과업을 자원해서 맡도록 하라. 당신이 알고 있는 각종 공동체의 지도자들에 대해 생각해 보라. 그들은 능동주의자들의 특성을 가지고 있는가? 아니면 수동주의자들이라 할만한 사람들인가?

십중팔구 그들은 능동주의자들이요 실행자들일 것이다. 방관자로 남는 사람, 미루는 사람, 수동적인 사람은 결코 남을 주도해갈 수 없다. 그러나 실행자, 행동하는 사람은 추종자들을 얻는다.

사람들은 실행하는 사람을 신뢰하게 마련이다. 그들은 그가 스스로 무슨 일을 하고 있는지 알고 있으리라 생각하기 때문이다.

나는 지금까지 "그는 다른 사람을 귀찮게 하지 않아", "그는 행동하지 않아", "그는 남이 시킬 때까지 기다리는 사람이야"라는 이유로 칭찬과 칭송을 받는 경우를 들어본 적이 없다.

당신은 그런 경우를 들어봤는가?

행동하는 습관을 길러라

다음의 주요한 수칙을 지켜라.

1. 능동주의자가 되어라. 실행하는 사람이 되어라.
2. 조건이 완벽히 갖춰질 때를 기다리지 말라. 그런 일은 결코 없을 것이다.
3. 아이디어만으로는 성공을 거두지 못한다는 사실을 기억하라. 아이디어는 실행될 때에만 가치를 지닌다.
4. 행동을 통해 두려움을 치료하고 자신감을 얻어라. 두려워하던 일을 실행

하면 두려움이 사라지게 되어 있다.

5. 정신적 엔진을 기계적으로 가동시켜라. 영혼이 당신을 움직여주길 기다리지 말라. 먼저 행동하고 파고들어 영혼을 움직여라.

6. 현재의 관점에서 생각하라. '내일', '다음 주', '나중에'는 종종 실패의 단어인 '안 돼'와 동의어로 사용된다. '나는 지금 당장 시작 할 것이다'라고 결심하라.

7. 곧바로 일을 하라. 일할 준비를 하는 데 시간을 낭비하지 말라. 당장 실행에 들어가라.

8. 진취적으로 행동하라. 십자군의 전사가 되어라. 주도권을 쥐고 일을 추진하라. 자원자가 되어라. 당신에게 능력과 야심이 있다는 것을 보여주어라.

이제 발동을 걸고 시작해 보라!

Chapter

패배를 승리로 바꾸는 법

 **패배를 극복하라**

패배에 대한 세 가지 반응

　도시빈민가에서 활동하는 사회 사업가나 기타 봉사자들은 나이, 종교, 교육 정도 그리고 배경에 따라 사람마다 많은 차이점을 가지고 있다는 사실을 발견하게 된다. 하지만 빈민가에서 사는 사람들은 한 가지 공통점을 가지고 있는데 그것은 바로 한결같이 실패하고 지치고 좌절한 상태라는 점이다. 그들 개개인은 인생의 갖가지 상황에 정복당한 것이다. 그들은 당신을 만나면 자신들을 좌초시킨 상황에 대해 그리고 그 자신이 겪은 치열한 삶의 이야기를 하고 싶어 안달이다. 그들의 얘기는 보통 "아내가 도망쳤어요"에서부터 "모든 것을 잃고 달리 갈 곳이 없었어요" 혹은 "그렇게 몇 번 실수를 저지르고 나니 이렇게 부랑자가 되어 여기까지 오게 된 겁니다"에 이르기까지 인생살이의 온갖 고달픈 단면을 총망라하고 있다.

　그런데 그러한 그들의 삶은 평범한 사람들의 영역으로 올라와 보면 생활 습관에서 명백한 차이가 있음을 발견하게 된다. 사실, 평범한 사람들도 패배감을 느끼고 살아간다. 그들은 과거의 좌절과 패배로 얻은 상처가 아직 치유되지 않았고 아주 조심스럽게 살고 있다. 따라서 꾸준히 전진하면서도 삶의 스릴을 성공적으로 피하며 자기 자신에게 만족하지 못하는 상태에 머물러 운명이 자신에게 명한 평범함의 굴레를 감내하기 위해 힘겹게 노력하고 있는 것이다.

이제 그보다 더 높은 성공의 세계로 올라가 보면 역시 온갖 다양한 배경과 출신의 사람들을 발견할 수 있다. 거기에는 가난한 집안, 부유한 집안, 결손 가정, 슬럼가 출신의 회사 중역, 유명한 성직자, 정부 관리, 그밖에 각 분야의 최고 인재들이 포진하고 있다. 그들은 우리 사회의 각 분야를 이끌어오면서 온갖 어려운 상황을 겪어온 사람들이다.

이처럼 빈민과 평범한 사람 그리고 성공자는 나이, 지성, 배경, 국적 등 모든 면에서 대동소이하지만 한 가지 측면에서는 서로 일치하지 않는데 그것은 바로 '패배에 대한 반응'이다.

빈민자는 패배했을 때, 다시 일어서지 못한다. 반면, 평범한 사람은 힘겹게 일어서긴 하지만 장애물 앞에서 두려움에 떨고 일단 그 앞을 피하면 다시는 얻어맞지 않기 위해 반대 방향으로 도망친다.

하지만 성공자는 비록 나가떨어지더라도 앞의 경우와 전혀 다르게 반응한다. 그는 오뚝이처럼 다시 일어나 앞선 경험에서 얻은 교훈을 딛고 다시 앞으로 나아가는 것이다.

역경으로 단련된 사람들

나의 절친한 친구 중에 아주 성공적인 경영 컨설턴트가 있다. 그의 사무실은 고급 가구와 카펫으로 장식되어 있고, 한 눈에 보아도 부유함을 느끼게 한다. 여기에 바삐 움직이는 사람들, 중요한 고객들로 늘 붐비기 때문에 회사가 번창하고 있음을 알 수 있다.

그의 성공을 두고 냉소주의자들은 '그처럼 성공하기 위해 사기 꽤나 쳤겠

군'이라고 말할지도 모른다. 하지만 그러한 판단은 틀린 것이다. 그가 성공을 하기 위해 사기를 칠 필요는 없었다. 그의 성공 배경에는 단 하나 '스스로 패배하지 않겠다'고 하는 결의가 있었을 뿐이다.

그는 10년 동안 저축해 온 돈을 창업한 지 6개월 만에 모두 탕진하고 아파트의 임대료를 낼 돈이 없어 수개월간 사무실에서 숙식하면서도 자신의 꿈을 이루기 위해 수많은 '좋은' 일자리를 거절했으며 고객들에게 '예스'보다는 '노'를 100배나 더 많이 들었다.

하지만 나는 그 친구가 성공하기 전까지 무려 7년 동안 믿기 어려울 정도로 어려운 상황을 헤쳐 나가면서도 불평하는 것을 단 한 번도 들어본 적이 없다. 그는 늘 자신의 처지를 이렇게 설명하곤 했다.

"데이비드, 나는 지금 배우는 중이라네. 이 업계는 경쟁이 치열한데다가 특별하게 일정한 유형의 자산이 있는 게 아니기 때문에 더욱더 팔기가 힘들다네. 그렇기 때문에 나는 지금도 계속 배우는 중이야."

그리고 그는 결국 해낸 것이다.

언젠가 나는 그에게 그러한 경험으로 인해 많은 것을 잃어버릴 것이라고 말했다. 하지만 그 말을 듣고 그는 이렇게 대답했다.

"아닐세. 많은 것을 잃어버리는 게 아니라 반대로 뭔가를 얻게 될 거야."

인명사전에 나오는 위인들의 삶을 연구해 보면 그들은 실패하는 상황 속에서 단련되어 온 덕분에 성공을 거둘 수 있었다는 것을 알 수 있다. 다시 말해 성공자들은 반대, 좌절, 장애, 개인적인 불행들과 과감히 맞서온 사람들이다.

실제로 위대한 사람들의 전기나 자서전을 읽어보면 그들이 역경에 수없이 항복할 수도 있었던 상황들을 발견할 수 있다. 좀 더 쉬운 방법으로 당신이 다니는 회사의 사장 혹은 당신의 주변에서 진정한 성공자라 할 만한 사람을 선택하여 그의 인생역정을 조사해 보라. 그러면 그 사람 역시 오늘날 그 자리에 앉기까지 크나큰 역경을 극복해왔다는 사실을 발견하게 될 것이다.

실패를 통해 배워라

반대, 고난, 역경을 경험하지 않고 커다란 성공을 거둔다는 것은 거의 불가능하다. 우리는 역경을 이용하여 앞으로 나아가는 추진력을 얻을 수 있기 때문이다.

이제 그 과정을 살펴보기로 하자.

나는 최근 항공사들의 광고에서 비행기 사고로 죽는 사람이 100억 마일당 1명꼴밖에 안 된다는 글을 본 적이 있다. 오늘날 항공 여행은 분명 멋지고 안전한 여행방식이지만, 여객기 사고는 아직도 일어나고 있으며 그런 사고가 나면 민간 항공국에서 즉시 현장에 나와 원인을 조사한다. 그리하여 반경 수 마일에 걸쳐 사고기의 파편들이 수거되고 다양한 전문가들이 비행기 사고를 재구성한다. 이때, 증인과 생존자들의 인터뷰 자료도 모아진다. 이렇게 해서 조사과정은 사고 원인이 밝혀질 때까지 수 주, 수개월씩 지속된다.

일단 민간항공국(CAA)이 원인을 밝혀내면 그다음에는 똑같은 사건이 재발되지 않도록 즉각적인 조치가 취해진다. 만일 사고원인이 구조적인 결함으로 판명됐다면 같은 기종의 다른 여객기들은 반드시 그 구조적인 결함을 보완해야만 한다. 이렇게 해서 현대 항공기의 수백 가지 안전장치들은 CAA의 조사 결과로 만들어진 것들이다. 다시 말해 CAA는 비극적인 재난, 즉 역경을 연구하여 안전한 항공 여행의 길을 닦고 있는 셈이다. 그들의 노력은 분명 그만한 값어치를 발휘하고 있다.

의사들 역시 역경을 이용하여 건강과 장수를 향해 나아가는 길을 다가가고 있다. 환자가 특정한 원인으로 세상을 떠나면 의사들은 부검을 통해 사인 규명에 들어간다. 이런 식으로 해서 그들은 인체의 기능에 대해 더 다양한 지식을 쌓고 그럼으로써 다른 많은 사람의 생명을 구할 수 있는 것이다. 영업 중역으로 일하는 내 친구는 한 달에 한 번씩 영원 사원들이 중요한 세일즈 건을 놓친 이유를 밝혀내는데 영업 회의 시간을 몽땅 사용하곤 한다. 이렇게 실패로 끝난 세일즈 과정을 재구성하고 조심스럽게 분석함으로써 세일즈맨들은 장차 그와 비슷한 세일즈 건을 놓치지 않는 방법을 터득할 수 있는 것이다.

패배보다 승리를 더 많이 하는 미식축구 감독은 경기가 끝날 때마다 경기의 내용을 자세히 분석하여 선수들에게 그들의 실수를 지적해준다. 어떤 감독들은 아예 경기 장면을 녹화해 두었다가 선수들이 자신들의 형편없는 플레이를 직접 지켜보게 만든다. 목적은 다음 경기에서 더 훌륭한 플레이를 펼치게 하기 위해서이다.

CAA의 관리들, 성공적인 영업 중역, 의사, 미식축구 감독, 그 밖에 사회 각 분야의 전문가들은 이러한 성공원리, 즉 '역경에서 뭔가를 얻어낸다'는 법칙을 충실히 지키는 사람들이다.

그런데 막상 역경을 만났을 때, 우리는 대부분 감정적으로 흥분하여 배워야 할 교훈을 놓치기 십상이다.

교수들은 낙제점에 대한 학생들의 반응이 그들의 성공 잠재력을 가늠하는 척도가 된다는 것을 알고 있다. 내가 과거에 디트로이트의 웨인 주립 대학 교수로 있었을 때, 4학년 학생에게 낙제점을 주어야 했던 적이 있었다. 그것은 그 학생에게 엄청난 타격이고 이미 세워두었던 졸업계획을 취소해야한다는 것은 적잖이 당혹스러운 일이었을 것이다. 어쨌든, 그에게는 두 가지의 길이 남게 되었다.

하나는 재수강을 신청하고 과목을 다시 이수하여 나중에 졸업하는 것이고 다른 하나는 졸업하지 않고 대학 공부를 포기하는 것이다.

나는 그 학생이 좌절하지 않고 역경을 통해 교훈을 얻어 더욱더 도전적인 자세를 갖기를 기대하였다. 내가 그에게 과제물이 합격 기준에 한참 미달한다는 점을 설명하자 그는 그 과목의 공부에 별로 노력을 기울이지 않은 사실을 인정하면서도 다음과 같이 항변했다.

"하지만 교수님, 제 과거 과제물 점수는 늘 최소한 평균 이상이었습니다. 그 점을 고려해 주실 수 없습니까?"

나는 과목당 성적평가는 단 한 번에 이뤄지기 때문에 그럴 수 없다는 점을 지적했다. 그리고 이에 관한 학칙이 아주 엄격해서 일단 점수가 매겨지면 교수의 실수가 아닌 한, 그 어떤 이유로도 점수 변경이 안 된다고 덧붙여 말했다.

점수 변경이 불가능하다는 걸 알자 학생은 몹시 분노하여 말했다. "교수님, 저는 이 과목을 공부하지 않고도 심지어 그것을 전혀 알지 못하더라도 이 도시에서 크게 성공한 사람들의 이름을 50명이나 댈 수 있습니다. 이 과목이 뭐가 그리 대단한 거죠? 어떻게 단 한 과목에서 낙제점을 받았다고 해서 학사학위를 수여 받지 못하게 됩니까? 다른 많은 사람이 교수님과 같은 시각이 아닌 게 천만다행이군요."

나는 그의 말이 끝난 후, 45초 정도 기다렸다가 말문을 열었다. 비난을 받을 때, 잠시 침묵을 지켰다가 말하는 것은 언쟁을 피하는 중요한 기술이다. "자네가 한 말은 대부분 사실이네. 세상에는 이 과목에 대해 전혀 알지 못해도 크게 성공한 사람들이 아주 많지. 그리고 자네 역시 이걸 몰라도 충분히 성공할 수 있다네. 인생 전체를 놓고 보면 이 과목은 자네의 인생에 별 다른 영향을 미치지 않을 걸세. 하지만 자네의 마음가짐에는 영향을 미친다네."

"그게 무슨 뜻입니까?"

"다른 사람들 역시 내가 자네의 성적을 평가했던 것처럼 자네를 평가하겠지. 대학에서와 마찬가지로 사회에서도 중요한 것은 작은 일이라도 책임을 다하는 것이라네. 사회에서도 이류급 성과로는 승진이나 임금인상을 실현할 수 없다네." 나는 학생이 내 말뜻을 충분히 생각해볼 수 있도록 잠시 숨을 돌린 다음 덧붙여 말했다.

"한 가지 제안하고 싶군. 지금 자네는 아주 실망한 상태라는 것을 안다네. 물론 나는 그것을 충분히 이해할 수 있지. 그리고 나에게 화를 내더라도 나는 자네를 달리 보지 않을 걸세. 하지만 이번 일을 긍정적으로 바라보았으면 좋겠군. 이번 일에는 아주 중요한 교훈이 있는데 그건 결실을 보지 못한다면 자신이 원하는 곳에 결코 가지 못한다는 것이라네. 이 교훈을 배우게나. 그러면 지금부터 5년 후에는 그것이 자네가 대학에 투자한 시간 동안 배운 것들 중에서 가장 유익한 교훈이었음을 알게 될 걸세."

며칠 후, 나는 그 학생이 재수강을 신청했다는 사실을 알고 무척 기뻤다. 그 후, 그는 그 과목을 성공적으로 이수하고 나를 찾아와 그전의 대화를 통해 자신을 깨우쳐준 점에 깊이 감사한다고 말했다.

"교수님의 말씀을 통해 많은 교훈을 얻었습니다. 이상하게 들릴지 모르지만 오히려 그렇게 낙제점을 받은 것이 잘된 것이라고 생각합니다."

우리는 역경을 승리로 전환할 수 있다.

먼저 교훈을 발견하고 그것을 실천한다면 실패를 되돌아보며 미소 지을 수 있는 것이다.

패배를 승리로 바꾸는 방법

패배를 승리로 바꾼 사람들

1936년, 위대한 배우 라이오넬 베리모어는 엉덩이뼈에 골절상을 입게되었는데, 그것이 완치되지 않아 고생하였다. 그 당시 대부분의 사람은 그의 영화인생이 끝났다고 생각했지만 베리모어는 그렇게 생각하지 않았다. 그는 그 역경을 이용하여 오히려 더 큰 성공으로의 길을 닦아나갔던 것이다.

그 후, 그는 18년 동안 골절상으로 인한 통증으로 고통스러웠지만, 휠체어에 앉은 상태에서도 수십 가지의 배역을 성공적으로 소화해 냈다.

1945년 3월 15일, W. 콜빈 윌리엄스가 프랑스 전선에서 탱크 뒤로 걸어가고 있을 때, 탱크가 지뢰를 지나가면서 지뢰가 터져 그는 영원히 장님이 되고 말았다. 하지만 그것은 윌리엄스가 목사이자 카운셀러가 되겠다는 자신의 목표를 이루는 데 있어 하등의 장애가 되지 못했다. 그는 대학을 우수한 성적으로 졸업한 이후, 자신의 장애에 대해 이렇게 생각했다고 한다.

'앞이 보이지 않는 것은 내 인생의 자산이 될 것이다. 나는 외모로 사람을 판단하지 않을 수 있으므로 언제든 사람들에게 기회를 줄 수 있다. 즉, 눈이 보이지 않는 덕분에 오히려 사람을 외모로 판단하고 관계를 끊는 실수를 저지르지 않을 수 있는 것이다. 나는 누구나 나를 찾아와 안도감을 느끼고 자신의 마음을 털어놓을 수 있는 대상이 될 것이다.' 이 정도면 잔인하고 참혹한 패배를 승리로 바꾼 참으로 놀라운 삶의 사례가 아닌가? 진정한 패배는 마음 상태에 지나지 않으며 결코 그 이상의 뭔가가 아니다.

주식시장에 성공적인 투자가인 내 친구는 투자 결정을 내릴 때마다 자신의 과거 경험에 비추어 신중하게 생각한다. 그런데 한 번은 그가 나에게 이런 말을 하면서 웃었다.

"내가 15년 전 투자를 시작했을 때, 성공한 것은 정말 몇 번 안 되었다네. 다른 대다수의 아마추어처럼 나는 빨리 부자가 되고 싶은 욕망에 서둘렀지만 오히려 빨리 망하고 말았다네. 그런데도 나는 좌절하지 않았지. 나는 미국 경제의 근본적인 힘과 장기적으로 볼 때, 잘 선택한 주식이 최고의 투자처가 되리라는 것을 알고 있었다네. 그래서 나는 최초의 잘못된 투자는 내가 지불한 교육비의 일부라고 생각했지."

　내가 알기로 슬기롭지 못한 투자자는 엄밀히 말해 '안티-증권인'이라고 할 수 있다. 그들은 자신들의 실수를 분석하여 훌륭한 투자를 하는 대신 주식투자가 도박의 일종이며 조만간 누구나 손해를 보게 되어 있다는 완전히 잘못된 결론에 도달하고 만다.

　지금이라도 모든 역경에서 뭔가를 얻어내겠다고 단단히 마음을 먹어라. 그리고 직장이나 집에서 일이 잘 풀리지 않으면 마음을 진정시키고 문제의 원인을 찾아내라. 그것이 바로 똑같은 실수를 두 번 다시 저지르지 않는 길이다.

　실패도 그것에서 교훈을 얻는 한 가치가 있는 것이다.

자신의 결점과 마주 서라

　우리는 자신의 승리에 대한 공을 쉽게 자신의 것으로 돌려버린다. 즉, 승리를 했을 때, 모든 사람이 그것을 알아주길 바라는 것이다.

　반면, 역경을 만났을 때는 그 책임을 쉽게 다른 사람에게로 전가한다. 세일즈맨은 세일즈에 실패했을 때 고객을 탓하기에 십상이다. 마찬가지로 회사의 일이 잘 풀리지 않을 때, 중역은 종업원이나 다른 중역들을 탓한다. 또한 가정에 문제가 발생했을 때, 남편은 아내에게 아내는 남편에게 각각 책임을 전가하기 쉽다.

　물론 오늘날에는 세상이 워낙 복잡하다 보니 누군가에게 발이 걸려 넘어질 수도 있다. 하지만 사실은 우리 스스로 발을 잘못 디뎌 넘어지는 경우가 더 허다하다. 즉, 자신의 무능함이나 실수 때문에 실패하는 것이다.

그러므로 다음과 같은 성공의 조건을 갖추도록 하라.

우선 가능한 한 완벽한 존재가 되고자 노력하라. 그리고 객관적인 시각을 가져라. 자신을 시험관 속에 집어넣고 제삼자의 입장에서 자신의 현재 모습을 바라보라. 그리하여 전에 결코 발견하지 못했던 약점이 있는지 잘 살펴보라. 그리고 그런 약점이 발견된다면 그것을 고치기 위한 행동에 들어가라. 많은 사람이 자신의 현재 모습에 너무 익숙해진 나머지 스스로 개선해 나갈 수 있는 길을 보지 못하고 있다.

위대한 메트로폴리탄 오페라 스타인 리즈 스티븐슨[1] 은 1955년 7월 판 『리더스다이제스트』에서 자기 인생에서 가장 불행했던 순간에 최고의 조언을 들었노라고 고백하였다. 그녀는 활동 초기에 메트로폴리탄 오페라 극장의 '소프라노 오디션'에서 고배를 마시고 말았다. 스티븐슨에게 있어서 그것은 매우 고통스러운 경험이었다.

"저는 제 목소리가 남보다 좋으며 오디션 결과는 완전히 불공평했고 단지 좋은 배경을 갖지 못해 떨어진 것이라는 말을 듣고 싶었습니다."

하지만 그녀의 스승은 그녀를 나약하게 키우지 않았다. 그녀의 기대와 달리 이렇게 말했다.

"얘야, 용기를 갖고 너의 잘못을 직시하렴."

스티븐슨은 다시 이렇게 말하고 있다.

"자기연민 속에 주저앉고 싶은 마음이 강했던 만큼 선생님의 그 말씀은 제 머릿속에 크게 메아리쳤습니다. 덕분에 그 날밤을 뜬눈으로 지새웠죠. 제 단

---

[1] 메트로폴리탄 오페라극장을 중심으로 활약한, 20세기 전반을 대표하는 메조 소프라노 가수의 한 사람

점을 찾아내기 전까지 잠을 잘 수 없었던 것입니다. 저는 어둠 속에 누워 저 자신에게 물었습니다. '나는 왜 떨어졌는가?', '어떻게 하면 다음번에 합격할 수 있는 거지?' 그리고 저는 제 음역이 별로 좋지 못하며 외국어 실력도 더욱더 완벽하게 다듬어야 하며 오페라 배역들에 대해 더 많이 공부해야 한다는 것을 인정해야 했습니다."

그리고 스티븐슨은 그렇게 자기 잘못을 찾아 나가는 과정이 결국 성공의 밑거름이 되었을 뿐만 아니라, 더 많은 친구를 사귀고 붙임성 있는 성격을 개발하는 데 도움이 되었다고 말했다.

이처럼 자기비판은 긍정적인 효과를 거둘 수 있다. 그것은 성공하는데 필요한 장점과 능력들을 개발하는 데 이용되는 것이다. 반면, 타인을 비판하는 것은 파괴적인 영향을 미칠 뿐이다. 비록 타인이 틀렸다는 것을 '입증'한다 해도 당신은 아무것도 얻을 수 없다.

자기 자신을 건설적으로 비판해 보라. 자신의 무능함을 회피하지 말라. 진정한 프로답게 행동하라. 진정한 프로는 자기 잘못과 약점을 찾아내 고친다. 그것이 바로 그들이 프로가 된 비결이다.

물론 "바로 그런 이유로 나는 패배자야"라고 말할 만큼 눈에 불을 켜고 자기 잘못을 찾으라는 뜻은 아니다. 대신, 당신의 실수에 대해 '나를 더 큰 승리자로 만들어줄 또 다른 요소이다'라고 생각하라.

미국의 위대한 작가 앨버트 허버드는 이런 말을 남겼다.

"실패자란 실수를 저질러놓고 그 경험에서 아무것도 얻지 못하는 사람이다."

운수를 탓하는 일은 그만두어라

사람들은 보통 역경을 만났을 때 운수 탓을 한다. 따라서 '사는 게 다 그렇지 뭐. 공이 어디로 튈지 누가 알겠는가? 재수 없으면 공에 맞게 될 뿐이지'라고 말하면서 놓인 상황을 그대로 방치한다.

하지만 곰곰이 생각해 보라.

공에 무슨 신비로운 이유가 있어서 특정한 방식으로 튀는 게 아니다. 공이 튀는 현상은 공이 던져지는 방식 그리고 공이 부딪친 지면에 의해 결정된다. 따라서 공이 튀는 현상은 '운수'가 아닌 분명한 물리적 법칙으로 설명될 수 있는 것이다.

'그게 바로 공이 튀는 방식이다'라는 식의 접근 방법은 우리에게 아무것도 가르쳐줄 수 없다. 그러한 방식으로는 다음에 똑같은 상황을 만났을 때 실수의 재발을 피할만한 아무런 대비도 할 수 없는 것이다. 미식축구 감독이 토요일 경기에서 지고 난 후, 선수들에게 "선수들, 그게 바로 공이 튀는 방식이다"라고 말한다면 다음 주 토요일에 선수들이 똑같은 실수를 저지르는 것을 전혀 예방할 수 없으리라.

미시건주 디어본시의 시장직을 17년 동안이나 맡았던 오빌 허버드는 미국에서 가장 다채로운 경력과 높은 명망을 지녔던 도시 행정관료였다. 하지만 그는 디어본시의 시장이 되기 전, 10년 동안의 '불운'을 탓하며 정계에서 은퇴할 수도 있었다.

우선 그는 장기간의 승자가 되기 전에 시장 후보 지명전에 나섰다가 3차례나 '불운'하게 고배를 마셨다. 그리고 주 상원의원 후보 지명에도 3차례나 도전했지만 모두 실패했고, 연방 하원 의원 지명에서도 한차례 패배한 바 있다.

하지만 오빌 허버드는 그러한 역경들을 꼼꼼히 연구했고 그것들을 정치교육의 일환으로 받아들였다. 그리고 오늘날 그는 지방정부의 가장 민첩하고 탁월한 정치가 중 한 명으로 손꼽힌다.

실패했을 경우, 운수 탓을 하지 말고 역경을 연구함으로써 교훈을 얻도록 하라. 수많은 사람이 자신들의 평범함을 '가혹한 운명', '고달픈 운명', '얄궂은 운명', '불운한 운명' 등으로 설명한다. 하지만 그러한 사람들은 마치 동정을 바라는 미성숙한 어린아이와 같다. 그들이 그런 사실을 자각하지 못하는 한 더욱더 크게 그리고 더욱더 강하게, 더욱 독립적인 사람으로 성장할 수 있는 기회를 보지 못하고 말 것이다

더 이상 운수를 탓하지 말라. 운수 타령으로는 결코 당신의 목적지에 도달할 수 없다.

인내력을 실험정신과 접목해라

문예 컨설턴트이자 작가이며 비평가인 내 친구는 최근에 나와 대화를 나누던 중, 성공적인 작가가 되는데 필요한 조건에 대해 다음과 같이 말했다.

"오늘날 수많은 예비작가를 보면, 창작 욕구에 대한 진지한 태도가 결여되어 있음을 느끼게 된다네. 그들은 조금 노력하다가 그것이 만만찮은 일이라는 것을 알게 되면 금방 포기해 버린다네. 그들은 지름길을 원하지만 그런 것은 애당초 존재하지 않기에 나는 그런 사람들에게 그다지 인내심을 발휘하지 않지. 그렇다고 순수한 끈기만으로 충분하다는 의미는 아닐세. 사실 대

개는 그렇지 않지. 나는 지금 단편소설을 62편이나 써놓고도 그중에서 단 한 편도 출간하지 못한 친구와 함께 일하고 있다네. 그는 분명 작가가 되기 위한 끈기를 가진 사람이지. 하지만 그 친구의 문제는 자신이 쓰는 모든 글에 똑같은 접근방식을 적용한다는 점이라네. 그는 읽기 어려운 방식으로 스토리를 짜지. 그는 자신의 자료들, 즉 줄거리, 등장인물들 심지어 문체에서 새로운 방식을 실험해 본 적이 전혀 없다네. 그래서 내가 요즘 하는 일은 그 친구에게 새로운 접근방식과 새로운 기법을 실험해 보도록 설득하고 있지. 그는 능력이 많은 친구라네. 그래서 나는 그가 마음먹고 새로운 방식을 시도해 본다면 그의 많은 글이 팔릴 수 있을 거라 확신하지. 하지만 그렇게 되기까지는 출판사에서 계속 거부당하기만 할걸세." 그의 말은 맞는 얘기였다. 우리는 끈기를 가져야 하지만, 끈기는 성공 요소 중의 하나일 뿐이다. 우리는 노력하고 또 노력할 수 있지만, 끈기에 실험정신을 조합하지 않는 한 계속 실패하고 말 것이다.

에디슨은 미국에서 가장 끈기 있는 과학자 중의 한 명으로 평가받고 있다. 그는 전구를 개발하기 전까지 수천 번 실험했다고 한다. 여기서 주목할 점은 그가 실험했다는 사실이다. 그는 전구를 개발하기 위해 끈기 있게 연구 활동을 했다. 그리고 그런 그의 끈기가 실험과 조합을 이룸으로써 성과를 얻어내게 되었다. 이처럼 끈기만으로는 승리를 보장할 수 없다. 하지만 실험과 합쳐진 끈기는 성공을 보장한다.

최근에 나는 석유탐사에 관한 기사를 읽은 적이 있다. 그 기사에 따르면 정유회사들은 광구를 파기 전에 암반층을 주의 깊게 연구한다고 한다. 하지만 그런 과학적 분석에도 불구하고 통계적으로 8개의 광구 중 7개는 기름이 없는 곳으로 판명된다. 물론 정유회사들은 하나의 광구만을 터무니없이 깊이 파는 게 아니라 전문가들이 첫 번째 광구가 별 소득이 없으리라 판단하면 새로운 광구를 찾아 계속 실험해 보는 식으로 끈기 있게 유전을 개발한다.

당신의 목표를 끈기 있게 추구하라. 그런 자세에서 한 치도 물러서지 말라. 하지만 맨땅에 헤딩하는 일은 하지 말아야 할 것이다. 성과가 나오지 않는다면 새로운 방식을 시도해야 한다.

실험 능력을 개발하는 데 도움이 되는 두 가지 제안

불독의 고집을 가진 사람들, 일단 물면 절대 놓치지 않으려는 사람들은 근본적으로 성공할 수 있는 자질을 가진 사람들이다.

다음은 끈기와 합쳐질 때 성과를 이룰 실험 능력을 더 크게 개발하는 데 도움이 될 두 가지 제안이다.

첫째, 자기 자신에게 '길이 있다'고 말하라.

모든 생각은 자성을 띠고 있다. 따라서 당신이 '나는 패배했어. 이 문제를 해결할 길이 없어'라고 말한다면 다른 부정적인 생각들이 정말로 당신이 패배할 것임을 확신시키는 데 일조할 것이다.

반면, '이 문제를 해결할 길이 있다'고 믿는다면 진정한 해결책을 찾는데 도움이 될 긍정적인 생각들이 마음속에 물밀듯이 밀려들어 오게 되어 있다.

중요한 것은 바로 '길이 있다'는 믿음이다.

지금, 이 순간에도 수많은 신생기업이 생겨나고 있다.

그렇지만 그중에서 5년 후에도 살아남은 기업은 소수에 지나지 않는다. 그들의 대부분은 '경쟁이 너무 치열해서 이젠 그만둘 수밖에 없네요'라고 말하며 떨어져 나갈 것이다. 그러나 진정한 문제는 사람들이 역경에 부딪혔을 때, 패배만 생각함으로써 실제로 패배하게 된다는 데 있다. 하지만 길이 있다고 믿을 때, 부정적인 에너지는 자동으로 긍정적인 에너지로 바뀌게 된다. 문제는 그것이 해결 불가능하다고 믿을 때만 실제로 해결 불가능한 문제가 된다는 점이다.

해결책이 있다고 믿음으로써 해결책을 끌어들여라. 불가능하다는 것은 말은 물론이고 생각조차 하지 말라.

둘째, 뒤로 물러나 심기일전하라.

우리는 종종 새로운 해결책이나 접근방식을 보지 못할 정도로 너무 문제에 매달리는 경향이 있다.

몇 주일 전, 나의 엔지니어 친구가 새로운 의뢰를 받고 알루미늄 건축물을 설계했는데 그것은 지금까지 개발되거나 설계된 적이 없는 전혀 새로운 모양을 갖고 있었다. 며칠 전, 나는 그를 만나 어떻게 해서 그런 새로운 건물을 설계하게 된 것이냐고 물었다.

"그리 쉬운 일은 아니었네. 나는 설계 문제로 오랫동안 고심할 때면 사무실 밖으로 나와 새로운 아이디어가 마음속에 스며들도록 하지. 내가 나무 옆에 앉아 호스로 풀밭에 물을 줄 때 얼마나 많은 아이디어들이 떠오르는지 알게 되면 자네도 놀랄 걸세."

언젠가 아이젠하워 대통령은 기자회견장에서 주말 휴가를 자주 떠나는 이유에 대해 질문을 받았다. 그때, 그의 대답은 자기 창조력을 극대화하고자 하는 모든 사람에게 도움이 될 수 있는 충고인데 그 내용은 다음과 같다.

"나는 제너럴모터스의 경영자이든 미합중국의 경영자이든 그 누구라도 책상 앞에 앉아 서류만 보는 것으로 일을 가장 잘할 수 있다고 생각하지 않습니다. 그래서 분명 하고 훌륭한 판단을 내리기 위해 끊임없이 노력해야 한다고 생각합니다."

내가 전에 함께 일했던 한 동료는 늘 아내와 함께 도시 밖으로 휴가를 다녀온다. 그는 그렇게 생활전선에서 한 걸음 뒤로 물러나 심기일전하는 것이 정신적 능률을 높이고 그럼으로써 고객들에게 더욱더 가치 있는 존재가 되게 해준다는 사실을 발견했다.

비록 뜻하지 않던 장애에 부딪힐지라도 결코 모든 일을 포기하지 말라. 대신 뒤로 잠시 물러나 심기일전하라. 곡을 연주한다거나 산보하고 혹은 낮잠을 자는 것처럼 간단한 일을 해 보라. 그런 다음, 다시 도전한다면 대부분은 부지불식간에 해결책이 머릿속에 떠오르게 된다.

긍정적인 면을 보고 패배감을 극복하라

좋은 면을 바라보는 것은 중대한 상황에서도 효과를 발휘한다. 어떤 젊은이는 자신이 실직했을 때 좋은 면을 집중적으로 바라보는 과정을 나에게 다음과 같이 얘기해 주었다.

"저는 규모가 큰 신용 조회회사에서 일하던 중, 어느 날 갑자기 짧은 예고기간을 남겨두고 해고통지를 받게 되었습니다. 당시 경제 한파가 몰아치고 있었기에 그들은 회사에 별다른 가치가 없는 직원들을 해고한 것입니다. 그 직장은 월급이 그다지 많지는 않았지만 그래도 제 과거 기준에서 보면 썩 괜찮은 편이었죠. 처음 몇 시간 동안은 끔찍한 기분이 들었지만, 그 해고통지를 위장하고 찾아온 축복으로 바라보기로 했습니다. 사실 그 직장이 마음에 들지 않았기에 설사 해고되지 않았다 하더라도 저 자신이 그곳에 오래 있지는 않았을 것이기 때문입니다. 한 마디로 저는 원하는 일을 해볼 기회를 잡은 것이죠. 그런데 정말로 해고된 지 얼마 지나지 않아 과거 직장보다 훨씬 더 맘에 들고 월급도 많은 직장을 찾을 수 있었습니다. 신용조회회사에서 해고된 것이 저에게 일어난 가장 좋은 일이었던 셈입니다."

그 어떤 상황에서든 자신이 얻게 되리라고 예상하는 것을 얻는다는 점을 기억하라. 그러므로 긍정적인 면을 보고 패배감을 극복하라.

패배를 승리로 바꾸는 다섯 가지 지침

성공과 실패의 차이점은 역경, 장애, 좌절, 그밖에 실망스러운 상황들을 대하는 태도에서 나타난다. 패배를 승리로 바꾸는 데 있어서 다음의 다섯 가지 지침이 도움이 될 것이다.

1. 역경을 연구하여 성공으로 나아가는 길을 닦아라. 실패에서 배워라. 그러면 다음 번엔 승리할 수 있을 것이다.
2. 자신의 건설적인 비평가가 되는 용기를 가져라. 자기 잘못과 약점을 찾아내고 교정하라. 그것이 당신을 프로로 만들어줄 것이다.

3. 운수 타령을 그만하라. 각각의 역경을 조사하라. 무엇을 잘못했는지 알아내라. 운수 타령은 목적지에 도달하는데 하등의 도움이 되지 않는다는 사실을 기억하라.

4. 끈기와 실험 정신을 합쳐라. 끈기 있게 목표를 추구하되 맨땅에 헤딩하지는 말라. 새로운 접근 방식을 시도해 보라. 실험을 해 보라.

5. 모든 상황에는 반드시 좋은 면이 있다는 것을 기억하라. 그것을 찾아내라. 좋은 면을 발견함으로써 좌절감을 몰아내라.

Chapter 12

자기 성장에 도움이 되도록 목표를 이용하라

 **성공을 위한 목표**

목표설정의 의의

　인간의 모든 진보, 즉 크거나 작은 발명, 의학적 발견, 경제적 성공 등은 모두 처음에는 마음속에 그림으로 그려진 후 현실이 된 것들이다.

　목표는 곧 목적이자 결심이다.

　목표는 꿈 이상의 것, 즉 실행되는 꿈이다.

　목표는 막연하게 '그걸 해냈으면 좋겠어'라는 식의 바램을 뛰어넘는다.

　목표는 '그것이 바로 내가 이렇게 일하는 이유야'라는 분명한 목적의식이다.

　따라서 목표가 정해지기 전까지는 아무것도 그 어떤 진보도 이뤄질 수 없다. 목표가 없는 사람은 내내 방황만 할 뿐이다. 그들은 자신이 어디로 가는지 알지 못한 채, 비틀거리기 때문에 결코 그 어디에도 도달하지 못한다.

　우리가 살아가려면 공기가 있어야 하듯, 목표는 성공하는데 필수적인 요소이다. 그 누구도 목표 없이는 우연으로라도 성공할 수 없다. 그것은 우리가 공기 없이 살아갈 수 없는 것과 마찬가지이다. 그러므로 자신이 가고자 하는 곳을 분명히 파악하라.

　데이브 마호니는 광고회사의 우편실에서 주급 25달러를 받으며 일하던 신분에서 27세의 나이에 어느 에이전시의 부사장이 되었고 그 후, 33세에는 굿 유머 컴퍼니의 사장이 된 입지전적 인물이다.

　다음은 그가 목표에 대해 한 말이다.

"중요한 것은 당신의 과거나 현재가 아니라 당신이 어디로 가고자 하느냐이다."

진보적인 기업은 10년에서 15년을 내다보고 회사의 목표를 세운다. 일류 기업을 경영하는 중역은 반드시 이렇게 자문해 보아야 한다.

"10년 후, 우리 회사를 어느 위치에 갖다 놓을 것인가?"

그리고 그에 따른 자신들의 역량을 평가해야 한다.

보통 새로운 공장설비는 현재의 수요가 아닌 5년 내지 10년 후의 수요에 맞게 지어진다. 또한 연구 활동의 목표는 향후 10년 이내에는 나타나지 않을 신제품 개발에 초점이 맞춰진다.

현대의 기업들은 회사의 미래를 결코 운에 맡기지 않는 것이다. 당신이라면 그렇게 하겠는가?

이러한 자세는 개인에게도 마찬가지로 적용될 수 있다. 우리는 최소한 10년을 내다보고 계획을 세워야 하며 또한 그래야만 하는 것이다. 10년 후, 자신이 원하는 모습으로 되고 싶다면 지금 그 이미지를 마음속에 분명히 그리도록 하라. 이러한 생각은 당신의 삶에 있어서 결정적인 영향을 미친다.

미래의 계획을 무시하는 기업이 살아남는다 하더라도 별 볼 일 없는 기업이 되는 것처럼 장기적인 목표를 세우지 않는 사람은 별 볼 일 없는 인생을 살게 마련이다. 목표가 없으면 결코 성장할 수 없는 법이다.

그러면 진정한 성공을 거두기 위해 장기적인 목표가 왜 필요한 것인지 다음 예를 보며 생각해 보기로 하자.

지난주에 F.B.가 직업상의 문제점을 안고 나를 찾아왔다. 그는 예의 바르고 이지적인 인상의 소유자로 독신이었고 그가 현재 하는 일, 학력, 적성과 소질, 일반적인 배경에 대해 대화를 나누었으며 나는 그에게 이렇게 물었다.

"직업을 바꾸는 문제에 대해 도움을 받기 위해 나를 찾아왔단 말이지? 구체적으로 어떤 종류의 직업을 구하고 있는가?"

"글쎄요, 그게 바로 제가 교수님을 찾아온 이유이기도 합니다. 저는 제가 무엇을 원하는지 잘 모르겠습니다."

사실, 그 문제는 아주 흔한 문제이기도 했다. 하지만 나는 그 젊은이에게 여러 고용주를 소개해 면접을 보게 할지라도 지금 당장 그에게 별다른 도움이 안 되리라는 것을 깨달았다. 나는 그가 이직을 시도하기 전에 자신이 가고자 하는 곳을 확실히 알 수 있도록 도와주어야 한다고 생각했다. 그래서 이렇게 말했다.

"그러면 새로운 각도에서 자네의 이직계획을 생각해 보기로 하지. 앞으로 10년 후에 자네가 되고자 하는 모습을 나에게 설명해 줄 수 있겠나?"

그는 잠시 숙고해 보더니 마침내 말문을 열었다.

"글쎄요, 아직 많이 생각해본 것은 아니지만 저는 많은 사람이 원하는 것, 즉 월급이 많이 나오는 직장과 근사한 집을 원하는 것 같습니다." 나는 그처럼 막연하게 직업을 선택하는 자세는 마치 항공권 매표소에 가서 단순히 '비행기표 주세요.'라고 말하는 것과 같다고 설명하였다. 고객이 목적지를 정확히 말하지 않는 한, 매표소의 직원은 결코 비행기표를 내주지 않을 것이다.

그리고 나는 이렇게 덧붙였다.

"나는 자네가 자신의 목적지를 정하고 그것을 나에게 말해주기 전까지는 직장을 구하는 데 도움을 줄 수가 없네."

그 말을 들은 F.B.는 깊이 생각하기 시작했다. 그런 다음 우리는 여러 가지 직업의 장단점이 아닌, 목표를 정하는 방법을 놓고 2시간에 걸쳐 대화를 나누었다. 덕분에 그는 가장 귀중한 교훈, 즉 시작하기 전에 자신의 목적지를 알아야 한다는 것을 배울 수 있었다.

목표설정 순서

진보적인 기업처럼 당신도 앞을 내다보며 계획하라. 어찌 보면 당신도 하나의 기업이라고 할 수 있다. 당신의 재능, 기술, 능력은 당신의 '상품'인 것이다. 그리고 앞날의 계획이 바로 그 일을 해줄 것이다.

다음은 그러한 계획에 도움이 될 두 가지 단계이다.

첫째, 3가지 부문, 즉 업무 부문, 가정 부문, 사회 부문의 관점에서 미래를 그려 보라. 이런 식으로 당신의 삶을 나누는 것이 혼란과 갈등을 피하고 전체적인 그림을 보는 데 도움이 된다.

둘째, 자기 자신에게 다음과 같은 질문에 대한 분명하고 정확한 답변을 요구하라. '내 인생에서 무엇을 성취하길 원하는가? 나는 무엇이 되고 싶은가? 나를 만족시키는 데 필요한 것은 무엇인가?'

다음의 계획 지침은 당신에게 많은 도움을 줄 것이다.

10년 후, 나의 이미지 : 10년간의 계획 가이드

  A. 업무 부문 : 지금부터 10년 후

    1. 어느 정도 수준의 수입을 원하는가?

    2. 어느 정도 수준의 책임을 지길 원하는가?

    3. 어느 정도 수준의 권한을 원하는가?

    4. 일에서 어느 정도의 명성을 얻길 원하는가?

  B. 가정 부문 : 지금부터 10년 후

    1. 가족과 나에게 어떤 종류의 생활 수준을 제공하고 싶은가?

    2. 어떤 집에서 살고 싶은가?

    3. 어떤 휴가를 가고 싶은가?

    4. 청년기 자녀에게 어느 정도의 경제적 지원해주고 싶은가?

  C. 사회 부문 : 지금부터 10년 후

    1. 어떤 종류의 친구를 갖고 싶은가?

    2. 어떤 사회적 그룹에 가입하고 싶은가?

    3. 공동체에서 어떠한 지도적 위치에 서고 싶은가?

    4. 옹호하고 싶은 그리고 가치 있는 대의는 무엇인가?

당신의 미래를 마음속에 그려볼 때, 제발 터무니없는 몽상가가 되는 것을 두려워하지 말라. 요즘은 꿈의 크기로 그 사람의 그릇을 평가하는 시대이다. 그 누구도 자신이 성취하고자 정해 놓은 것 이상을 성취할 수는 없다. 그러므로 미래에 대한 포부는 일단 크게 가지도록 하라.

다음은 나에게 강의를 들었던 어느 수강생의 인생 계획에서 발췌한 내용이다. 이것을 읽어보고 그 친구가 자신의 미래를 얼마나 멋지게 설계했는지 살펴보기 바란다.

"집과 관련한 나의 목표는 우선 아름다운 전원에 땅을 소유하는 것입니다. 그리고 집은 이층 저택으로 새하얀 기둥을 갖게 될 것입니다. 집 주변에는 울타리를 두르고 그 안에 아내와 함께 낚시를 즐길 소형 양어장 한두 군데를 만들어둘 것입니다. 그리고 양옆에 가로수들이 쭉 늘어서 있는 가운데 길고 구불구불 이어지는 자동차 진입로 역시 내가 언제나 바라왔던 것입니다. 하지만 그 주택은 반드시 집으로 남아있을 필요는 없습니다. 나는 그곳을 단순히 먹고 자는 곳 이상의 장소로 만들기 위해 가능한 한 모든 것을 다해 볼 작정입니다. 그리고 10년 후, 나는 가족을 데리고 세계 일주를 떠날만한 위치에 도달해 있습니다. 가족이 결혼 등의 이유로 흩어지기 전에 꼭 그 일을 하고 싶군요. 세계 일주를 할 만한 시간이 없다면 휴가 여행을 4개에서 5가지 코스로 나눠 매년 세계의 각기 다른 지역을 방문할 생각도 있습니다."

이 계획은 5년 전에 작성된 것이다. 당시 그 수강생은 2개의 작은 가게를 갖고 있었는데 지금은 그 가게가 5개로 불어났다. 다시 말하지만 다른 부문에 가장 많은 영향을 미치는 부문이 바로 업무 부문이다.

자기 욕망에 충실하라

수천 년 전, 동굴 속에서 살며 주로 사냥으로 먹고살던 사람들은 사냥꾼으로서 최고의 성공을 거뒀을 때, 가장 행복한 가정생활을 꾸려나가면서 존경받는 인물이 될 수 있었다.

일반적으로 이와 똑같은 이치가 오늘날에도 적용된다. 우리가 가족들에게 제공하는 생활 수준과 사회적 명망은 대부분 우리가 업무 부문에서 거두는 성공에 달려 있다.

얼마 전, 맥켄지 경영연구 재단은 중역이 되는데 필요한 조건을 규명하기 위해 대대적인 연구 프로젝트를 수행한 적이 있었다. 당시 경제계, 정부, 과학계, 종교계의 지도자들이 설문조사에 응했고 연구자들은 다양한 경로를 통해 거듭거듭 다음과 같은 한 가지 답변을 얻을 수 있었다. "중역의 가장 중요한 자격조건은 성공하고자 하는 욕망이다." 여기서 존 워너메이커의 다음과 같은 충고를 기억해 두도록 하자. "인간은 자신이 추구하는 대의가 자신의 모든 것을 끌어내기 전까지는 치열하게 살았다고 할 수 없다."

제대로 통제된 욕망은 강력한 힘이다. 그런데 그러한 욕망을 충족시키지 못한다면 그리하여 자신이 가장 하고 싶은 일을 이루지 못한다면 평범한 인생으로 전락할 수밖에 없다.

나는 언젠가 대학 학보사에서 일하던 어느 전도 유망한 젊은 작가와 나눈 대화 내용을 지금도 기억하고 있다. 그 친구는 뛰어난 능력을 지니고 있었는데, 언론계에서 장차 주목받을 가능성을 보여준 사람을 꼽으라면 나는 단연 그를 지목할 것이다. 그러한 그가 학교를 졸업한 직후, 나는 그에게 다음과 같은 질문을 던졌다.

"댄, 이제 언론계에 뛰어들기 위해 무엇을 할 생각인가?"

그러자 댄은 나를 쳐다보며 말했다.

"뭐라고요? 물론 저는 글쓰기와 보도 활동을 무척 좋아하고 또한 학보사 활동을 아주 재미있게 했지만, 언론인은 매우 흔한 직업이고 저는 굶어 죽기 싫습니다."

나는 그 후 5년 동안 댄의 소식을 듣지 못했다. 그러던 어느 날 저녁, 우연히 뉴올리언즈에서 그를 다시 만날 수 있었다. 댄은 전자기기 회사의 인사부장 대리로 일하고 있으며 현재의 일이 몹시 불만족스럽다고 털어놓았다.

"사실 보수는 꽤 잘 받는 편입니다. 회사도 아주 좋고 일자리도 상당히 안정 되어 있죠. 하지만 제 마음은 그 분야에 있지 않습니다. 학교를 졸업했을 때 출판사나 신문사에 갔으면 얼마나 좋았을 거라는 생각이 듭니다." 그런 댄의 말과 행동은 현재 종사하는 분야에 대한 권태와 무관심을 십분 반영하고 있었다. 그는 수많은 일에 대해 냉소적으로 변해 있었다.

성공은 진심과 열정이 담긴 노력을 요구하지만, 진심과 열정은 자신이 진정으로 원하는 일에만 불어넣을 수 있다. 만약 댄이 자신의 욕망을 따라 갔다면 언론 분야에서 정상의 자리에 올라갔을지도 모른다. 그렇게 되었다면 장기적으로 볼 때, 그는 현재의 직업보다 훨씬 더 많은 돈을 벌고 더 깊은 개인적 만족을 얻었을 것이다.

하기 싫은 일에서 하고 싶은 일로 직업을 전환하는 것은 마치 10년 된 자동차에 500마력짜리 새 엔진을 다는 것과 같다.

욕망을 무너뜨리는 다섯 가지 요소

우리는 모두 나름대로 욕망을 지니고 있다. 즉, 자신이 진실로 하고 싶은 일을 꿈꾸는 것이다. 하지만 그 욕망에 따르는 사람은 소수에 지나지 않는다. 대부분의 사람은 그 욕망을 따르는 대신 그것을 살해하고 마는 것이다. 그것을 살해하는 데에는 보통 다섯 가지 무기가 사용되는데, 그것을 당장 파괴하라. 그것은 매우 위험한 것들이다.

- 자기 비하

당신은 주변에서 수많은 사람이 이렇게 말하는 것을 들어본 적이 있을 것이다. "나는 의사가 되고 싶었지만 그렇게 하지 못했어요", "나는 머리가 똑똑하지 못하죠", "설사 시도했다 하더라도 실패했을 거예요", "나는 교육을 제대로 받지 못했어요", "나는 경험이 부족합니다."

오늘날 수많은 젊은이가 이런 부정적인 자기 비하로 건전한 욕망을 파괴하고 있다.

- 안전 병

"현재의 자리가 안전하다"고 말하는 사람들은 안전 무기를 사용하여 자신의 꿈을 살해하고 있다.

- 경쟁

"그 분야는 이미 포화상태야", "그 분야에 뛰어든 사람들은 서로를 밟고 올라서야만 하지"라는 말들은 욕망을 빨리 죽여버린다.

- 부모의 지시

　나는 젊은이들이 직업 선택의 이유를 설명할 때 "나는 사실 다른 길을 가고 싶었지만, 부모님이 이것을 원하셨기에 어쩔 수 없이 이것을 선택한 것입니다"라고 말하는 것을 수백 번 이상 들어왔다. 물론 나는 대부분 부모가 자녀에게 의도적으로 특정 직업을 강요하는 것은 아니라고 믿는다. 모든 부모가 원하는 것은 자식들의 성공적인 삶이다. 만일 젊은이들이 자신이 다른 직업을 선호하는 까닭을 끈기 있게 설명한다면, 그래서 부모가 그 말에 귀를 기울인다면 그 어떤 갈등도 있을 수 없다. 부모가 젊은이의 직업을 선택할 때 염두에 두는 목적은 모두 똑같다. 바로 성공이다.

- 가족에 대한 책임

　"만약 5년 전이었다면 직업을 전환하는 것이 현명한 선택이겠지만 지금은 가족이 있어서 바꿀 수가 없다"라는 태도가 바로 이 욕망 살해 무기의 특징을 설명해 준다.

　이러한 살해 무기를 내버려라! 완전한 힘을 얻고 전력으로 자신을 개발할 수 있는 유일한 길은 자신이 원하는 일을 행하는 것이다. 욕망을 따르고 에너지, 열정, 정신적 활기 그리고 건강을 얻어라.

 **목표를 실천하라**

목표가 지니고 있는 힘

 진정으로 성공적인 사람들의 대다수는 주 40시간보다 훨씬 더 많은 시간을 일에 투자한다. 그렇게 초과근무를 하면서도 불평 한마디 하는 것을 들어볼 수 없다. 그들은 오로지 목표에만 초점을 맞추고 거기서 에너지를 얻기 때문이다.

 자신이 진정으로 원하는 목표를 세우고 그것을 이루기 위해 일하면 에너지가 증가하게 된다. 실제로 사람들이 목표를 세우고 그것을 이루기 위해 자신의 모든 것을 쏟아부을 때, 새로운 에너지를 발견한다. 목표는 권태를 치료한다. 심지어 목표는 수많은 만성적인 질환까지 치료한다.

 그러면 목표의 힘을 좀 더 깊이 살펴보기로 하자.

 욕망을 따를 때, 목표에 완전히 초점을 맞출 때, 당신은 그 목표를 이루는 데 필요한 육체적인 힘, 정신적 에너지, 열정을 얻게 된다. 게다가 앞서와 똑같이 귀중한 것, 즉 목표를 향해 직행하는데 필요한 '자동 조정기'를 갖출 수 있다.

 목표가 확고한 사람은 목표에 도달하는 길을 향해 계속 걸어갈 수 있다. 그 원리는 다음과 같이 작용한다.

 당신이 목표를 따르면 그 목표는 잠재의식의 작용에 영향을 미친다. 물론 당신의 잠재의식은 언제나 균형 상태에 놓여 있다. 반면, 표면 의식은 잠재

의식이 생각하는 것과 동일하지 않는 한, 균형을 이룰 수 없다. 그렇기 때문에 잠재의식의 완벽한 협조가 없으면 주저하고 혼란스러워하며 우유부단하기 마련이다.

그런데 이제 목표의 내용이 잠재의식에 흡수되면서 당신은 자동으로 올바른 길에 반응할 수 있게 된다. 이러한 잠재의식은 자유롭게 분명하고 올바른 사고를 할 수 있게 한다.

이제 두 명의 가상 인물을 사례로 하여 이러한 사실을 생각해 보자. 이 글을 읽어 나가다 보면 당신 주변의 실존 인물 중에서 그러한 사람들을 발견할 수 있을 것이다.

우선, 가상의 인물들을 톰과 잭이라고 하자. 그 친구들은 단 한 가지만 제외한다면 모든 면에서 유사한 인물들이다. 톰은 확고한 목표를 가지고 있지만 잭은 그렇지 못하다. 톰은 자신이 원하는 바에 대하여 분명한 이미지를 갖고 있었다. 즉, 10년 후의 자신을 부사장의 모습으로 그리고 있었다.

이제 톰은 자신의 목표를 따르고 그 목표는 잠재의식을 통해 그에게 '이것을 하라' 혹은 '이것을 하지 말라. 그것은 원하는 목적지에 도달하는 데 도움이 되지 않는다'는 신호를 보내고 있다. 그 목표는 끊임없이 말한다. "나는 당신이 실현하고자 하는 그 이미지이다. 목표를 반드시 실현하기 위해 해야 할 일이 있다."

톰의 목표는 결코 애매모호하게 그를 조종하지 않는다. 그것은 매사에 구체적인 지시를 내린다. 이를테면 톰이 옷을 살 때도 그 목표는 톰에게 현명한 선택안을 일러주는 것이다. 그것은 톰이 승진하는데 무슨 과정이 필요하며, 비즈니스 회의에서 어떤 말을 하고 갈등에 어떻게 대처하며 무슨 책을 읽고 무엇을 얻어야 하는지 깨닫는 데 도움을 준다. 톰이 바른길에서 조금이라도 벗어나면 그의 잠재의식에 안전하게 장치된 자동 조정기가 경보를 발령하며 제 길로 돌아오기 위해 해야 할 일을 일러준다. 톰의 목표는 그가 자신에게 영향을 미치는 수많은 힘에 대해 민감하게 반응하도록 만드는 것이다.

반면, 잭은 목표가 없기에 그를 인도해 줄 자동 조정 장치도 갖고 있지 않다. 그래서 그는 쉽게 혼란에 빠지곤 한다. 그의 행동은 무원칙한 삶의 자세를 반영하여 늘 어떻게 행동해야 할지 몰라 머뭇거리며 변덕을 부린다. 또한 목적의식에 따른 끈기가 없기에 평범한 인생의 틀에 박혀 발버둥 친다.

위의 글을 다시 한번 읽어 보라. 그리하여 그 개념을 잘 소화한 다음, 주변을 돌아 보라. 성공적인 사람의 최고 계층을 잘 연구해 보라. 그들이 예외 없이 자신의 목표에 전적으로 헌신하는 과정에 주목하라. 지극히 성공적인 사람들의 삶이 일정한 목적을 중심으로 통합되어 있는 모습을 눈여겨보라.

당신도 자신의 목표에 따라라. 진실로 목표를 지향하라. 그것이 당신을 사로잡고 목적지에 도달하는데 필요한 자동 조정 장치가 되게 하라.

목표의 마감 시한을 정하라

때로 우리는 아무런 계획도 없이, 토요일 아침에 눈을 뜰 수도 있다. 그런 날에 우리는 거의 아무것도 성취할 수 없게 된다. 그리고 무의미하게 시간을 보내다가 하루가 끝나는 것을 다행으로 여긴다. 하지만 우리가 분명한 계획을 세우고 하루를 시작한다면 뭔가를 이루면서 시간을 알차게 보내게 마련이다.

이것은 우리에게 귀중한 교훈, 즉 뭔가를 이루기 위해서는 사전에 계획을 세워야 한다는 것을 가르쳐준다.

제2차 세계대전이 일어나기 전, 미국의 과학자들은 원자 속에 갇혀 있는 잠재력을 알고 있었다. 하지만 당시만 해도 원자핵을 분열시키고 그 엄청난 힘을 방출시키는 방법에 대해서는 상대적으로 밝혀지지 않은 상태였다. 그러다가 미국이 전쟁에 참전하면서 선견지명이 있는 과학자들은 원자폭탄의 잠재력에 주목하기 시작했다. 그리고 단 하나의 목표, 즉 원폭 제조라는 뜻을 이루기 위해 단기적인 생산계획이 짜였다. 그 후, 그렇듯 집중된 노력은 원폭이 투하되고 전쟁이 끝나는 것으로 결실을 보았다. 하지만 목표 성취를 위한 단기 생산계획이 없었다면 원자핵 분열은 아마도 10년 이상 연기되었을지도 모른다.

결국 목표 설정이 그것을 그만큼 앞당긴 것이었다.

만일 생산부 중역이 목표를 설정하고 생산 일정을 고수하지 않는다면 우리의 생산체제는 어쩔 수 없이 난항을 겪게 될 것이다. 또한 현명한 영업부 중역은 영업사원들에게 적절하게 설정된 판매 할당량을 부과했을 때, 매출액이 훨씬 더 늘어난다는 사실을 알고 있다. 교수는 마감 시한을 정해놓았을 때, 학생들이 정시에 리포트를 제출한다는 걸 알고 있다. 그러므로 성공을 향해 나아가고자 한다면 목표, 즉 최종시한, 마감 시간, 자율 할당량을 정해 놓아라. 당신은 스스로 성취하기로 계획한 것만을 이룰 수 있다.

확고한 목표는 인간을 진정으로 살아있게 한다

　인간 장수 연구의 전문가인, 툴레인대 의대의 조지 E. 버치 교수의 말에 따르면 수많은 요인이 인간의 장수를 결정짓는다고 한다. 즉, 몸무게, 유전, 음식, 정신적 긴장, 개인적 습관 등의 요소들이 인간의 장수에 영향을 미친다.

　거기에 버치 박사는 이렇게 덧붙이고 있다.

　"종말을 향한 가장 빠른 지름길은 은퇴하여 아무것도 하지 않는 것입니다. 모든 인간은 살기 위해서라도 인생에 흥미를 느껴야만 합니다." 우리는 모두 나름대로 선택권을 갖고 있다. 그러므로 은퇴는 시작이 될 수도 있고 종말이 될 수도 있는 것이다. '아무것도 하지 않고 그저 먹고 잠자고 논다'는 자세는 은퇴 방식 중에서도 '자신을 가장 빠르게 죽이는' 일이다. 은퇴를 그저 의미 없는 삶의 최후로 인식하는 대부분의 사람은 그것이 바로 인생 자체의 최후임을 이내 깨닫게 되는 것이다. 아무것도 할 일이 없고 목표도 없는 인간은 빨리 노화되고 만다.

　반면, 현명한 은퇴 방식은 '나는 다시 시작할 거야'라고 마음을 먹는 것이다. 애틀랜타에서 오랫동안 은행의 부 은행장으로 있던 나의 친구 루 고든에게 있어 은퇴는 새로운 시작을 의미했다. 그는 은퇴 이후, 비즈니스 컨설턴트로 자리를 잡고 놀라운 속도로 일을 진행해나갔던 것이다. 60대인 그는 컨설턴트로서 수많은 고객을 상대할 뿐만 아니라 전국에서 알아주는 일류 연사가 되어 있다. 볼 때마다 젊어지는 그는 여전히 30대처럼 활발하게 활동하고 있다.

　확고한 목표는 확실히 인간을 살아 있게 한다.

나의 대학 동창의 모친인 D 부인은 아들이 불과 두 살배기였을 때 암에 걸렸다. 게다가 남편은 부인이 암 진단을 받기 불과 3개월 전에 세상을 떠난 상태였다. 의사들은 그녀에게 별다른 희망을 주지 않았지만, D 부인은 결코 포기할 줄 몰랐다. 그녀는 남편이 남겨준 자그마한 소매점을 운영하면서 두 살배기 아들이 대학을 졸업하는 모습까지 보기로 작정했다. 그 이후, 수많은 수술이 있었다. 그리고 매번 의사들은 "앞으로 몇 개월만 더 살 수 있을 뿐입니다"라고 말했다. 물론 암은 완치되지 않았지만, 그 '몇 개월'은 20년으로 늘어났고 그녀는 아들이 대학을 졸업하는 모습을 보고 나서 6주 후에 세상을 떠났다.

확고한 그녀의 목표가 20년 동안 죽음을 이겨낼 만큼 강력한 힘을 발휘한 것이다.

목표를 이용하여 자신의 생명을 연장하라. 장수에 관한 한, 이 세상 그 어떤 약도 뭔가를 하고자 하는 욕망만큼 큰 효과를 발휘할 수는 없으며 이것은 당신의 의사도 지지하는 사실이다.

한 걸음 한 걸음 전진하라

최대의 성공을 거둘 것이라고 작정한 사람은 진보가 반드시 한 번에 한 단계씩 이루어져야 한다는 것을 배우게 된다. 집을 지을 때도 벽돌이 한 번에 한 장씩 올라가게 되어 있고 미식축구 경기도 한 번에 한 경기에서만 승리하게 된다. 또한 백화점도 새로운 고객이 한 명씩 생겨날 때마다 성장하게 되어 있다.

모든 위대한 성취는 일련의 자잘한 성취가 모인 결과이다.

저명한 작가이자 기고가인 에릭 세바레이드는 1957년 『리더스다이제스트』 4월 호에서 자신이 지금까지 전해 들은 것 중에서 최고의 조언은 '다음 1마일'의 원리였다고 고백하고 있다.

다음은 그의 기고문 내용이다.

"2차 세계대전 중, 나와 다른 여러 전우가 타고 있던 수송기가 고장이 나서 미얀마-인도 국경지대의 산악 정글 속에 불시착한 적이 있다. 구조부대가 우리에게 도착하려면 수 주일의 시간이 걸릴 터였기에 우리는 인도의 문명사회가 있는 곳까지 정글 속을 고통스럽게 행군하기 시작했다. 즉, 우리는 8월의 살인적인 더위와 호우 속에서 장장 224킬로미터에 달하는 산악지대를 주파해야 하는 상황에 놓인 것이다. 그렇게 한 시간 정도를 행군한 나는 군화 못이 발바닥 속에 깊이 박히는 부상을 입었다. 그리고 저녁 무렵에는 양쪽 발에 생겨난 50센트짜리 동전 크기의 물집들에서 피가 흘러나왔다. '내가 과연 224킬로미터를 절름거리며 주파할 수 있을까? 나보다 형편이 더 안 좋은 다른 전우들 역시 그 거리를 끝까지 갈 수 있을까?' 하지만 생각을 바꿨다. 우리는 산등성이까지 절름거리며 갈 수는 있으며, 그날 밤은 근처의 우호적인 부락에서 보낼 수 있다고 긍정적으로 생각했다. 결국 그것은 우리가 그 모든 행군을 끝까지 해내는데 필요한 모든 것이었다..."

'다음 1마일'의 원리는 에릭 세바레이드에게 뿐만 아니라 당신에게도 효력을 발휘할 것이다.

이러한 단계별 처리 방식이야말로 그 어떤 목표든 성취할 수 있는 현명한 방식이다. 담배를 끊는 방법 중에서 내가 지금까지 들어본 최고의 방식은 내 친구들에게 효과를 발휘한 소위 시간별 금단 법이다. 이 방법에서는 궁극적인 목표, 즉 흡연으로부터의 완전한 자유를 이루려고 노력하기보다 단순히 다음 1시간 동안 담배를 피우지 않기로 결심하면 된다. 그리고 그 시간이 다 되면 다시 다음 1시간 동안 흡연하지 않기로 마음을 먹는 것이다. 이렇게 1시간이 2시간이 되고, 다시 하루가 이틀이 되면서 흡연에 대한 욕망에서 서서히 벗어나 결국엔 궁극적인 목표에 도달할 수 있는 것이다. 한 시간은 쉽지만 영원은 어려운 법이다.

이처럼 목표 달성은 단계별 방식이 필요하다. 하급 관리자는 개개의 업무가 겉보기에 아무리 시시해 보일지라도 그것을 앞으로 한 단계 진일보하기 위한 기회로 보아야 한다. 그리고 영업사원은 하나하나의 세일즈로 경영적인 책무를 맡을 자격을 쌓아나간다.

목사에게는 설교가 교수에게는 강의가 과학자에게는 실험이 회사 중역에게는 회의가 더 큰 목표를 성취하기 위한 것이다. 이것이 한 단계씩 앞으로 나아갈 기회이다.

성공은 한꺼번에 얻어지는 것이 아니다

때로는 단번에 성공을 거두는 것처럼 보이는 사람을 만날 수도 있다. 하지만 그 사람의 과거 전력을 조사해 보면 이미 나름대로 수많은 기초공사를 해왔음을 발견하게 된다. 그리고 처음에는 갑자기 성공을 거둔 듯하다가 다음 순간 그만큼 빠르게 명성을 잃는 사람들도 있다. 그들은 사실 기초공사가 부실한 가짜 성공자이다.

아무리 아름다운 건물일지라도 처음에는 시시해 보이는 벽돌 하나에서 시작되듯이 성공적인 삶도 그처럼 만들어진다.

당신이 맡은 일이 아무리 시시해 보인다고 할지라도 올바른 길로 나아가기 위한 하나의 과정으로 받아들임으로써 궁극적인 목표를 향해 전진하라. 그리고 매사에 다음과 같이 자문함으로써 자신이 행하는 모든 일을 평가하라.

"이것이 나의 목표를 이루는 데 도움이 되겠는가?"

그 대답이 '노'라면, 그 일을 취소하고 대답이 '예스'로 나온다면 진행하도록 하라.

한 가지 분명한 것은 우리가 단번에 커다란 성공을 거둘 수는 없다는 점이다. 우리는 한 번에 한 걸음씩 목적지에 접근하게 된다. 그러므로 훌륭한 계획을 달성하려면 매월 할당량을 정해두는 것이 좋다.

자기 자신을 점검하라. 더욱 유능한 존재가 되기 위해 자신이 해야 하는 일을 구체적으로 결정하라. 다음의 양식을 지침서로 삼도록 하라. 각각의 제목 밑에 당신이 향후 30일간 해나갈 일들을 적어 보라. 그런 다음 그 30일이 다 되었을 때, 일의 진척 상황을 점검하고 새로운 30일 목표를 정해 나가는 것이다. 큰일을 이뤄나가고 싶다면 언제나 '작은' 일들을 계속 이뤄나가야만 한다.

30일 개선 지침

지금부터... 까지, 나는 이렇게 하겠다.

- 다음 습관을 버리겠다.
  1. 일을 미루는 습관
  2. 부정적인 언어를 쓰는 습관
  3. 하루에 60분 이상 TV를 시청하는 습관
  4. 남의 험담을 늘어놓는 습관

- 다음 습관을 길러 보겠다.
  1. 나의 겉모습을 아침마다 점검하는 습관
  2. 밤마다 내일 할 일을 계획하는 습관
  3. 기회가 있을 때마다 사람들을 칭찬하는 습관

- 다음과 같은 방식으로 직장에서 나의 가치를 높이겠다.
  1. 부하직원들의 능력을 훌륭하게 개발시킨다.
  2. 회사에 대해, 즉 회사의 업무와 고객들에 대해 더 많이 배운다.
  3. 일의 능률을 높이는 데 도움이 될만한 구체적인 제안 3가지를 내놓는다.

- 다음과 같은 방식으로 내 집의 가치를 높이겠다.
  1. 지금까지 당연시해 온 아내의 집안일에 대해 좀 더 고마움을 표한다.
  2. 일주일에 한 번씩 가족과 함께 특별한 일을 해본다.
  3. 하루에 한 시간씩 내 가족에게 완벽하게 관심을 쏟는다.

> - 다음과 같은 방식으로 나의 정신을 개발한다.
>   1. 내가 속한 분야의 전문잡지들을 읽는데 매주 2시간을 투자한다.
>   2. 자신을 돕는(self-help) 책을 한 권 읽는다.
>   3. 새로운 친구 4명을 사귄다.
>   4. 날마다 최소 30분씩 조용하게 방해받지 않는 사색을 즐긴다.

앞으로 특별히 균형 잡힌 자세, 말쑥한 외모, 명석한 사고 등을 갖춘 유능한 사람을 보면 그 사람이 태어날 때부터 그런 것은 아니었다는 사실을 상기하라. 날마다 수없이 의식적으로 노력을 기울인 결과, 오늘날 그가 만들어진 것이다. 따라서 새로운 긍정적인 습관을 개발하면서 동시에 낡고 부정적인 습관을 떨쳐버리는 것은 날마다 이루어져야 할 과정이다.

지금 당장 당신만의 '30일 개선 지침'을 만들어 보라.

때로는 돌아가는 것도 필요하다

내가 목표설정의 필요성을 주장할 때는 흔히 이런 말을 듣게 된다.

"목표를 정해놓고 일하는 것이 중요하다는 것은 잘 알지만, 나의 계획을 망쳐놓는 일이 너무 자주 일어납니다."

외부의 수많은 불가항력적인 요소들이 당신에게 영향을 미치는 것은 사실이다. 그러므로 우리는 다음과 같은 원칙을 반드시 명심해야 한다.

언제든 크게 우회할 준비를 해라. 당신은 어떤 도로 위를 달리다가 도로 폐쇄를 알리는 팻말을 발견했을 경우, 개통될 때까지 거기에 죽치고 앉아 집에 돌아가지 않을 생각인가? 도로 폐쇄는 단지 현재의 길로는 원하는 목적지에 도달할 수 없음을 의미할 뿐이다. 이럴 때 당신은 다른 길을 찾아 원하는 목적지까지 가면 된다.

군 지휘관들이 하는 일을 생각해 보라.

그들은 어떤 목표를 이루기 위한 마스터플랜을 짤 때, 다른 대안도 동시에 기획해 둔다. 그리하여 불의의 사태가 일어나 계획 A가 실행 불가능한 상태가 되면 재빨리 계획 B를 실행시키는 것이다. 또한 자신이 탄 비행기가 내릴 공항이 폐쇄되었다 하더라도 비행기 안에서 편안히 쉴 수 있는 까닭은 바로 그런 경우를 대비하여 다른 대체 공항 착륙 계획과 여분의 연료가 준비되어 있기 때문이다.

길을 우회하지 않고 성공을 거두는 사람은 드물다.

그렇다고 길을 우회할 때, 자신의 목적지를 바꿀 필요는 없다. 단지 다른 길을 이용하면 된다.

자기 자신에 대한 투자

당신은 많은 사람에게서 다음과 같은 말을 들어보았을 것이다.

"오, 내가 그때 주식을 사두었더라면 얼마나 좋았을까. 그랬다면 지금쯤 돈방석에 앉아 있을 텐데…"

사람들은 보통 주식이나 채권, 부동산 그밖에 재산 형태의 개념으로만 투자를 생각한다. 하지만 세상에서 가장 수익성이 뛰어난 투자방식은 바로 자신의 정신력과 능률 개발에 돈을 투자하는 것이다.

진보적인 기업은 5년 후 회사가 가질 힘은 앞으로 회사가 하는 일이 아니라 오히려 회사가 투자하는 대상에 달려 있다는 사실을 알고 있다. 수익은 바로 한 가지 소스, 즉 투자처에서 나오는 것이다.

다음은 우리가 배워야 할 교훈이다.

수익을 내기 위해서는 그리하여 앞으로 '보통' 수입 이상의 성과를 얻어내기 위해서는 반드시 자기 자신에게 투자해야만 한다. 우리는 자신의 목적을 이루기 위해 투자해야 하는 것이다.

다음은 장차 상당한 수익을 낼 수 있는 알찬 자기 투자 방법이다.

- 교육에 대한 투자

진정한 교육은 자기 자신에 대한 가장 견실한 투자이다. 하지만 우선 교육이 진정 무엇을 의미하는지 이해해야 한다. 어떤 사람들은 학교에서 보낸 세월이나 졸업장, 자격증, 학위증의 숫자로 교육 수준을 평가하지만, 교육을 단순히 양으로 따지는 접근 방식으로는 성공적인 사람을 만들어낼 수 없다.

제너럴일렉트릭의 회장인 랄프 J. 코디너는 교육에 대한 최고 경영진의 시각을 다음과 같이 표현한 바 있다.

"우리 회사의 뛰어난 사장인 윌슨 씨와 코핀 씨는 대학 문턱을 밟아 본 적이 없는 사람들입니다. 물론 현재 간부 중에는 박사학위를 가진 사람들도 있지만 총 41명 중 12명은 대학 학위를 갖지 못 한 사람들이죠. 우리는 졸업장이 아닌 능력에 관심을 가집니다."

어떤 사람들에게 있어 교육은 두뇌에 축적해 놓은 정보의 양을 의미한다.

하지만 단순한 사실 수집의 교육 방식으로는 결코 당신이 원하는 목적지에 도달할 수 없다. 특히 오늘날에는 정보 수집을 위한 책, 파일, 기계에 대한 의존도가 점점 높아지고 있다. 이런 추세 속에서 고작 기계도 할 수 있는 일을 하는 데 그친다면 커다란 곤경에 빠지게 될 것이다.

투자가치가 있는 진정한 교육이란 바로 당신의 마음을 개발하고 교화하는 교육이다. 그리고 얼마나 교육을 잘 받았는가 하는 것은 마음이 얼마나 잘 개발되어 있느냐, 즉 얼마나 잘 생각하느냐로 결정된다.

생각하는 힘을 개발할 수 있는 것은 바로 교육이다. 그리고 당신은 여러 가지 방식으로 당신 자신을 교육할 수 있다.

내가 최근에 맡은 적이 있는 야간 강좌 반에는 12개의 소매점 체인망을 소유한 사장, 전국 음식 체인망을 사들인 두 명의 재력가, 대학을 졸업한 4명의 엔지니어, 공군 대령, 그밖에 이와 비슷한 사회적 지위를 가진 강습생들이 포진해 있었다.

요즘은 많은 사람이 이런 야간강좌를 통해 학위를 취득하고 있지만 궁극적으로 종이 쪼가리에 불과한 학위증은 이들의 주요 관심사가 아니다. 그들은 자신들의 마음을 단련하기 위해 학교에 나오는 것이며 그것이야말로 미래를 대비한 확실한 투자 방식이다.

당신의 총수입 대비 교육비의 퍼센트를 계산해 보고, "나의 미래가 이 정도로 작은 투자도 할만한 가치가 없을까?"라고 자문해 보라.

왜 지금 당장 투자 결정을 내리지 않는가? 교육은 당신을 진보적이며 젊고 기민하게 만들어줄 것이다. 또한 그것은 당신처럼 성공적으로 살아가는 사람들로 당신의 주변을 채워줄 것이다.

- 아이디어 촉매제에 대한 투자

교육은 새로운 상황에 대처하며 문제를 해결할 수 있도록 당신의 마음을 조형하고 활용할 수 있도록 훈련해준다. 그리고 아이디어 촉매제들은 이와 관련된 용도에 사용된다. 그것들은 당신의 마음에 음식을 먹이고 건설적인 사색 거리를 제공하는 것이다. 그렇다면 아이디어 촉매제들을 얻을 수 있는 가장 좋은 곳은 어디일까? 물론 그런 곳들은 많이 있지만 꾸준하게 양질의 아이디어 재료들을 얻고 싶다면 다음과 같이 해 보라.

매달 최소한 한 권 이상의 양서를 구입하고 아이디어 제공에 도움이 될 잡지나 저널 2개를 구독하라. 그러면 비교적 적은 금액과 적은 시간으로 최고 사상가들의 정신에 주파수를 맞출 수 있다.

다시 한번 강조하지만, 성공적인 사람들을 본받아라. 그리고 당신 자신에게 투자하라.

실천해 보자

우리가 실천해야 할 성공 수칙들은 다음과 같다.

> 1. 자신이 가고자 하는 곳을 분명히 파악하라. 앞으로 10년 후의 자신의 모습을 마음속에 그려 보라.
> 2. 10년간의 계획을 설계하라. 당신의 삶은 운에 맡기지 못할 만큼 중요하

다. 당신이 업무 부문에서 가정 부문에서 그리고 사회 부문에서 성취하고자 하는 바를 종이에 적어 보라.

3. 자신의 욕망에 따라라. 목표를 설정함으로써 더 많은 힘을 얻어라. 목표를 설정함으로써 일을 진행해라. 목표를 정함으로써 인생의 참된 기쁨을 발견하라.

4. 삶의 주요한 목표를 당신의 자동 조정 장치로 삼아라. 삶의 목표가 당신을 흡수하면 목표 실현에 도움이 될 올바른 결정을 자동으로 내리게 되어 있다.

5. 한 번에 한 단계씩 목표를 성취하라. 각각의 과업이 겉보기에 아무리 시시해 보여도 목표 실현을 위한 과정으로 받아들여라.

6. 30일간의 목표를 세워라. 날마다 기울이는 노력이 효과를 발휘할 것이다.

7. 우회로를 이용하라. 우회로란 또 다른 길을 의미할 뿐이다. 그것이 결코 목표 포기를 의미해선 안 된다.

8. 당신 자신에게 투자하라. 정신력과 능률을 개발하는데 돈을 쓰는 것이다. 교육에 투자하라. 아이디어 촉매제에 투자하라.

Chapter

리더의 자기 암시법

 **리더십을 가져라**

리더십의 네 가지 원칙

당신은 성공의 높은 레벨로 끌려 올라가는 것이 아니라, 당신의 옆에서 혹은 아래에서 일하는 사람들에 의해 '밀려 올라가는' 것이라는 사실을 다시금 상기하라.

다시 말해 최고의 성공을 거두기 위해서는 다른 사람들의 지원과 협조가 필요한 것이다. 그리고 다른 사람들의 지원과 협조를 얻기 위해서는 지도력이 있어야 한다. 성공과 남을 이끌 수 있는 지도력은 손에 손을 맞잡고 가게 마련이다.

앞에서 설명한 성공원리들은 당신의 지도력을 개발하는 데 도움을 줄 귀중한 도구들이기도 하다. 이제 우리는 중역실, 직장, 사교클럽, 가정 그 밖에 사람들이 모이는 어떤 장소에서든 다른 사람들이 우리를 위해 일을 하도록 만들 수 있는 네 가지 특별한 리더십의 원칙을 알아보고자 한다.

네 가지 리더십의 원칙은 다음과 같다.

> 제 1원칙 당신이 영향을 미치고 싶은 사람들과 마음을 주고받아라.
> 제 2원칙 일을 인간적으로 처리하려면 어떻게 해야 하는지 생각하라.
> 제 3원칙 진보를 생각하고 진보를 믿고 진보를 추구하라.
> 제 4원칙 당신 자신과 의논할 시간을 만들어라.

이상의 원칙들을 지킬 때, 당신은 반드시 성과를 얻을 수 있을 것이다. 즉, 일상적인 상황 속에서 이것을 실천할 때, 리더십의 신비를 걷어낼 수 있는 것이다.

이제 그 과정을 살펴보도록 하자.

 리더십의 원칙 - 마음의 교류

리더십 제1원칙 - 당신이 영향을 미치고 싶은 사람과 마음의 교류를 가져라

영향을 미치고 싶은 사람들과 마음의 교류를 갖는 것은 자신이 원하는 방식으로 사람들이 행동하게 만드는 마술적인 방식이다.

다음의 두 가지 사례를 비교해 본 뒤, 그 이유를 생각해 보라.

테드 B는 규모가 큰 광고 회사의 TV CF 카피라이터이자 감독으로 활동하였는데, 회사가 아동용 신발 제조업체를 새로운 고객으로 맞아들였을 때, 그들을 위한 여러 편의 TV CF를 개발하는 일이 테드에게 맡겨졌다. 그런데 테드가 만든 광고가 TV를 통해 한 달 정도 방영되었음에도 불구하고 시장에서 매출을 올리는 데 별다른 도움을 주지 못한 것으로 나타났다.

시청자 조사를 해보니 조사 응답자 중에서 그것이 대단하다고 생각한 사람, 그들의 표현대로 '최고'라고 말한 사람은 4% 정도 밖에 나오지 않았다. 나머지 96%의 응답자들은 대체로 그것에 무관심했거나 툭 터놓고 '신통치 않다'고 말했다. 더불어 다음과 같은 수백 가지의 지적들이 쏟아져 나왔다.

"리듬이 마치 구닥다리 음악 같아요", "우리 애는 TV 광고를 매우 좋아하는데, 그 광고가 나오면 채널을 돌려버려요", "내가 볼 때, 누군가가 머리를 너무 많이 굴린 것 같아요"

그 모든 조사 내용을 정리하여 분석해 보았더니 흥미로운 사실이 밝혀졌다. 그 CF를 좋아했던 4%의 응답자들은 수입, 교육 수준, 교양, 관심사 등의 측면에서 테드와 무척 비슷한 사람들이었다. 나머지 96%의 응답자들은 분명 테드와는 다른 '사회-경제' 계층에 속해 있었다. 그는 대다수 사람이 신발을 사는 방식이 아닌 자신이 신발을 사는 방식만을 고려하여 CF를 만들었던 것이다. 다시 말해 대다수 사람을 만족시킬 CF가 아닌 테드 자신을 개인적으로 만족시킬 CF를 제작한 셈이었다.

만약 테드가 대다수 평범한 사람들의 마음속으로 들어가 다음의 두 가지 질문을 자문했다면 앞서와 상당히 다른 결과가 나왔을 것이다. "내가 부모라면 어떤 종류의 CF를 보고 아이에게 광고에서 본 신발을 사줄 마음이 들까?", "내가 아이라면 어떤 CF를 보고 부모에게 광고에서 본 신발을 사달라고 말할까?"

조안은 20대의 이지적이고 교양 있는 그러면서도 매력적인 아가씨이다. 그녀는 대학을 졸업하자마자 중저가 백화점의 기성품 구매 담당 대리로 취직했는데, 그 당시 그녀는 적극적인 추천을 받았다. 그 추천서에는 '조안은 야심, 재능 그리고 열정을 갖고 있습니다. 분명 크게 성공할 사람입니다'라고 적혀 있었다.

하지만 조안은 크게 성공하지 못했다. 그녀는 불과 8개월 만에 그 일을 그만두고 소매업 분야가 아닌 다른 분야에서 일하게 되었다.

나는 그녀의 고용주를 잘 아는 처지였기에 무슨 이유로 그녀가 사임하게 된 것인지 물어보았다.

"조안은 훌륭한 여성으로 좋은 자질을 많이 갖고 있습니다. 하지만 그녀에게 한 가지 중요한 문제점이 있었죠."

"그게 뭡니까?"

"조안은 대부분 고객이 좋아하지 않는 물건인데도 자신이 좋아하면 구매를 해서 진열하는 버릇이 있었습니다. 그녀는 매장을 찾는 손님들의 입장은 전혀 고려 하지 않고 자신이 좋아하는 스타일, 색상, 재료, 가격을 선택했던 것이죠. 내가 그녀에게 이런저런 물건은 우리 매장에 맞지 않는 상품일지도 모른다고 지적하자 그녀는 이렇게 말했습니다. '아니, 손님들은 좋아할 거예요. 내가 좋아하거든요. 나는 이 상품이 빠르게 회전할 거라고 생각해요.' 조안은 부유한 집안에서 자랐고 원하는 만큼 최상의 교육을 받았습니다. 그런 그녀에게 있어 가격은 별로 중요치 않은 것이었죠. 그리하여 조안은 고객들의 시각으로 상품을 볼 줄 몰랐던 것입니다. 그래서 그녀가 구입해 온 상품들은 팔릴만한 물건이 못 되었던 것이죠."

타인에게 당신이 원하는 일을 시키기 위해서는 그들의 시각으로 사물을 바라보아야 한다. 그들과 마음의 교류한다면 그들에게 영향을 미칠 수 있는 비결이 밝혀지게 마련이다.

어느 성공적인 세일즈맨은 본격적으로 영업을 하기 전에 예상 고객이 자신의 프레젠테이션에 반응할 방식을 예상하는 데 많은 시간을 할애한다고 말한다. 연사도 청중과 입장을 바꿔놓고 생각해 볼 때, 훨씬 더 흥미롭고 호소력 있는 얘기를 구상할 수 있다. 마찬가지로 직원들과 마음의 교류를 한다면 관리자는 훨씬 더 효과적이고 잘 먹혀드는 지시사항을 내릴 수 있다.

어느 신용카드사의 젊은 중역은 이러한 기법이 자신에게 효과를 발휘한 과정을 다음과 같이 설명해 주었다.

"저는 신용카드 담당 대리로 이 매장에 배정받았을 때, 상환 독촉 통신업무를 맡게 되었습니다. 하지만 그 당시 매장에서 사용하던 상환 독촉 편지 양식은 실망스러웠죠. 그것은 아주 모욕적이고 강력하며 위협적인 내용을 담고 있었습니다. 저는 그것을 읽어보고 '만일 누군가가 나에게 이런 걸 보낸다면 아마도 나는 화가 머리끝까지 치밀었을 거야. 그리고 결코 돈을 지불하지 않을 거야'라는 생각이 들었습니다. 그래서 저는 고객의 입장에서 기꺼이 미불금을 지불하고 싶은 생각이 들도록 만들만한 편지 양식을 만들어 사용하기 시작했습니다. 물론 그것은 효과가 있었죠. 고객의 입장에서 편지를 쓴 덕분에 수금액은 놀라울 정도로 늘어났습니다."

정치판의 수많은 입후보자가 낙선하는 이유는 유권자의 마음에서 자신들을 되돌아보지 못하기 때문이다. 언젠가 상대 후보보다 모든 면에서 더 나은 자격을 갖추고 있던 어떤 후보자가 단 한 가지 이유로 엄청난 표 차이로 지고 말았다. 그것은 바로 그가 사용한 단어 하나가 유권자 중 극소수만이 이해할 수 있는 것이었다는 이유 때문이었다.

반면, 그의 상대자는 유권자의 관점에서 생각할 줄 알았다. 그는 농부와 얘기할 땐 농부의 언어를 사용했고, 공장 노동자와 얘기할 때는 그들에게 익숙한 언어를 이용하였다. 그리고 그는 언젠가 TV에 나왔을 때, 자신을 가리켜 대학교수가 아닌 전형적인 유권자라고 말한 적이 있다.

다음의 사실을 항상 유념하라.

"내가 만약 상대방이라면 이 일을 어떻게 생각할까?"

이것이 더욱 성공적인 행동의 길을 닦아준다. 자신이 영향을 미치고 싶은 사람들의 관심사를 생각하는 자세는 모든 상황에서 가장 탁월한 생각의 원천이 될 수 있는 것이다.

당신이 영향을 미치고 싶은 사람들과 마음을 교류할 수 있도록 당신의 힘을 개발하라. 다음은 그것에 도움이 될 훈련법들이다.

훈련법 상황	최고의 결과를 얻고 싶다면 자신에게 다음과 같이 물어 보라
누군가에게 업무	그 일을 처음 맡는 사람의 관점에서 볼 때, 내 뜻을 분명히 전달했는가?
광고문을 작성할 때	내가 전형적인 소비자라면 이 광고에 어떻게 반응하겠는가?
전화 매너	내가 상대방이라면 내 전화 통화 목소리와 예절을 어떻게 생각할까?
선물	이것은 내가 좋아하는 선물일까? 상대방이 좋아할 만한 선물일까?
지시를 내리는 방식	그들이 내 지시 방식으로 내게 지시를 내린다면 기꺼이 그걸 실행하고 싶을까?
아이 징계	내가 아이라면 그 아이가 받은 징계에 어떻게 반응했을까?
옷차림	상대방이 나처럼 옷을 입었을 때, 난 그를 어떻게 생각했을까?
스피치	청중의 배경과 관심사를 고려하여 내가 청중이라면 이 말을 어떻게 생각할까?
오락	내가 손님이라면 어떤 종류의 음식, 음악, 오락거리를 좋아하겠는가?

마음을 교류하는 방법을 훈련하라

마음을 교류하는 원리를 자신에게 이롭도록 활용하라.

1. 상대방의 상황을 고려하라.

 다시 말해 그의 입장에 서보는 것이다. 그의 관심사, 수입, 지성, 배경이 당신과 상당히 다르다는 사실을 기억하라.

2. 다음과 같이 자문하라.

 "내가 만약 그의 상황에 있었다면 그 일에 어떻게 반응했을까?"

3. 그런 다음 당신이 상대방이었다면 마음을 움직였을 만한 행동을 실행에 옮겨라.

리더십의 원칙 - 인간적인 방법

리더십 제2원칙 - 일을 인간적으로 처리하는 길은 무엇인가?

 사람들은 저마다 다른 접근 방식으로 리더십 상황에 대처한다. 그 중의 하나가 독재자의 입장에 서보는 것이다. 독재자는 자신의 결정에 영향을 받는 사람들과 의논하지 않고 모든 결정을 혼자서 내린다. 그는 결코 부하들로 부터 쏟아져 나오는 질문을 들으려 하지 않는 것이다.

하지만 독재자들은 오래가지 못한다. 직원은 잠시 거짓 충성을 바치지만 금방 혼란이 가중되고 만다. 즉, 최고의 직원들은 회사를 떠나고 남아 있는 사람들은 일치단결하여 독재자에게 대항하는 것이다. 그 결과, 조직은 제 기능을 상실하고 독재자는 그의 상사와 함께 궁지에 몰리게 된다.

두 번째 리더십 기법은 차갑고 기계적인, 즉, '내가 곧 규칙이다'라는 식의 접근 방식이다. 이러한 접근 방식을 사용하는 사람은 모든 것을 규칙에 따라 정확히 처리한다. 그는 모든 규칙, 방침, 계획이 일반적인 경우에 대한 지침 밖에 안 된다는 사실을 이해하지 못하는 것이다.

이러한 리더는 사람을 기계로 취급한다. 하지만 사람들이 싫어하는 것 중에서 1순위 혐오 대상이 바로 기계로 취급당하는 것이다. 따라서 능률적이지만 차갑고 비인간적인 전문가는 결코 이상적인 모델이 될 수 없다. 그를 위해 작동하는 '기계'는 오직 에너지의 일부분만을 개발할 뿐이다. 엄청난 리더십을 발휘하는 사람들은 대부분 소위 '인간 존중'이라는 제3의 접근 방식을 이용한다.

여러 해 전, 나는 규모가 큰 알루미늄 제조업체의 엔지니어링 개발 부서의 중역인 존 S와 함께 일한 적이 있다. 존은 '인간 존중' 접근 방식에 통달하여 그 성과를 즐기는 사람이었다. 그는 수십 가지의 자잘한 행동 방식으로 상대방에게 '당신은 인간입니다. 나는 당신을 존중합니다. 나는 모든 가능한 방법으로 당신을 돕기 위해 여기 있습니다'라는 메시지를 전달한다.

특히 다른 도시 출신이 그의 부서에 들어오면 존은 개인적으로 상당한 불편을 감수하면서까지 그가 적당한 집을 찾을 수 있도록 도와준다. 또한 자신의 비서나 다른 두 명의 여직원을 위해 사무실에서 생일파티를 열어주기도 하였다. 물론 그 작은 행사를 위해 소요되는 30분 정도의 시간은 단순한 낭비가 아니라 충성과 성과를 얻어낼 수 있는 일종의 투자였다. 그리고 직원이나 직원의 가족이 병에 걸렸을 때, 존은 잊지 않고 관심을 나타낸다. 또한 직원들이 업무 외적으로 뭔가 업적을 이루면 개인적으로 칭찬하는데 인색하지 않은 모습을 보여준다.

존의 '인간 존중' 철학의 가장 뛰어난 면모는 그가 해고 문제를 처리하는 방식에서 잘 드러난다. 존의 선임자가 고용했던 직원 중에서 맡은 일에 대한 관심과 소질이 결여된 사람이 있었다. 존은 직원을 자신의 방으로 불러 해고 사실을 통보하고, 15일에서 30일 후부터 회사에 나오지 말아 달라는 전통적인 방식을 사용하지 않았다. 대신, 그는 아주 흔치 않은 방법으로 그 일을 처리했다.

우선 그는 직원의 소질과 관심 분야에 맞는 새로운 직업을 찾는 것이 직원 자신에게 이익이 되는 이유를 잘 설명해 주었다. 또한 그는 그 직원과 함께 그의 앞날을 숙고해 보고 그에게 유명한 직업지도 컨설턴트를 소개했다. 그 다음 그는 자신의 의무와 전혀 상관없는 일을 해주었다. 그 직원의 기술을 필요로 하는 다른 회사 중역들과의 면접을 주선하여 그가 새로운 직장을 갖는데 결정적인 도움을 준 것이다. 그리하여 그 직원은 해고 상담을 나눈 지 불과 18일 만에 매우 유망한 환경의 새로운 직장에서 일하게 되었다.

나는 그 일에 흥미를 느끼고 존에게 어떤 생각으로 일을 그렇게 처리한 것이냐고 물었다. 그러자 그는 다음과 같이 대답했다.

"제가 직접 만들고 마음에 굳게 새겨둔 오래된 격언이 하나 있는데 그것은 바로 '누구든 내 밑에 있는 사람은 나의 보호를 받아야 한다'는 것입니다. 그는 그 업무에 맞는 친구가 아니었기에 애당초 우리는 그를 고용하지 말았어야 했습니다. 하지만 일단 그를 고용한 이상 그에게 다른 직장을 구해주는 것이 제가 해줄 수 있는 최소한의 배려였죠. 사람을 고용하는 것은 누구나 할 수 있는 일입니다. 하지만 진정한 리더십은 해고 문제를 어떻게 처리하느냐 하는 것이죠. 직원을 해고하기 전에 직장을 구할 수 있게 도와줌으로써 사내의 다른 모든 사람에게 안전감을 심어줄 수 있는 것입니다. 저는 그들에게 본보기를 보임으로써 제가 이곳에 있는 한, 그 누구도 차가운 길거리에 내동댕이쳐지지 않는다는 것을 가르쳐준 셈이죠."

존의 '인간 존중' 리더십은 분명히 효과를 발휘하고 있다. 그는 다른 사람들의 은밀한 험담에도 오르내리지 않을 뿐만 아니라, 직원들에게서 분명한 충성과 지원을 받아내고 있다. 또한 부하직원들에게 안전성을 제공함으로써 그 자신도 안전성을 누리고 있다.

나는 지난 15년 동안 밥 W.라는 친구와 가깝게 지내왔다. 50이 넘은 밥은 참으로 힘든 길을 걸어온 사람이다. 부족한 학력과 무일푼의 처지에서 직장에서 해고까지 당했다.

하지만 그는 언제나 스크램블러[1] 였다. 결코 가만히 주저앉아 있지 않았고 자신의 차고에 가구점을 차렸던 것이다. 그의 지칠 줄 모르는 노력 덕분에 사업은 번창하여 오늘날 그곳은 직원 300명 이상을 거느린 현대적인 가

---

[1] 골프에서 엉뚱한 샷을 치지만 과감하게 만회하여 좋은 성적을 거두는 사람

구 제조공장으로 변해 있다.

이제 밥은 백만장자이다. 돈과 물질은 더 이상 그의 걱정거리가 아닌 것이다. 하지만 그는 다른 면에서도 부자가 되어 있다. 그는 친구들은 물론이고 삶의 만족과 기쁨에서도 백만장자가 된 것이다.

밥의 수많은 장점 중에서도 남을 돕고자 하는 엄청난 욕망은 참으로 특별하다. 그는 다른 사람들이 대접받고자 하는 방식대로 남을 대접하는데 도통한, 진정 인간적인 사람인 것이다.

어느 날, 나는 밥과 함께 사람들을 비판하는 문제에 관해 토론을 벌인 바 있다. 그런데 얘기를 들어보니 밥의 비판 방식은 참으로 대가다운 공식이었다. 그는 그것을 이렇게 얘기한다.

"이 세상에 스스로 자신이 멍청이나 약골이라고 말하는 사람은 없을 겁니다. 그리고 저는 일이 잘 안 풀릴 때는 과감히 나서서 문제점을 해결합니다. 여기서 중요한 것은 제가 문제를 해결하는 방식이죠. 만일 직원이 뭔가를 잘못하거나 실수를 저지르면 저는 그들이 감정에 상처받는다거나 위축되고 당혹해하는 일이 없도록 평소보다 2배는 더 신중하게 행동합니다. 그러기 위해 다음의 4가지 과정을 밟아나가죠.

첫째, 저는 그들과 사적으로 얘기를 합니다.

둘째, 저는 그들이 잘한 일에 대해 칭찬을 해줍니다.

셋째, 저는 그들이 일을 더 잘할 수 있었던 순간을 지적하고, 개선 방식을 찾아내도록 돕습니다.

넷째, 저는 다시 한번 그들의 장점을 칭찬합니다.

이 4단계 공식은 분명 효과를 발휘하죠. 제가 일을 이런 식으로 처리할 때 사람들은 저에게 무척 고마워합니다. 왜냐하면 그것이 바로 그들이 좋아 하는 방식이기 때문이죠. 그래서 비판받은 사람들은 사무실에서 걸어나 갈 때, 자신들이 일을 잘한 면도 갖고 있을 뿐만 아니라 앞으로 더 잘할 수도 있다는 것을 상기하게 됩니다. 저는 평생 사람들에게 베팅을 걸어왔습니다. 그리고 제가 그들에게 잘 대해 줄수록 저에게도 좋은 일이 일어나곤 했죠. 저는 솔직히 일이 그런 식으로 풀리도록 계획해 본 적이 없습니다. 일이 저절로 그렇게 해결되어 온 것이죠. 한 가지 예를 들어 보죠. 약 5, 6년 전에 생산부서 직원 한 명이 술에 취해 출근했습니다. 공장 근로자들은 금방 동요하기 시작했죠. 그 친구는 19리터들이 래커 통을 들고 다니며 사방에 래커를 뿌려댔습니다. 그리하여 다른 근로자들이 그에게서 래커 통을 빼앗고 공장 관리인들이 그를 공장 밖으로 끌고 나갔죠. 제가 밖으로 나가 보니 그 친구가 거의 인사불성 상태로 건물 옆에 기대어 앉아 있더군요. 저는 그를 일으켜 세우고 제 차로 집까지 데려다주었습니다. 그의 아내는 대낮에 술 취한 남편을 보고 극도로 흥분해서 어쩔 줄 몰라했죠. 저는 그녀에게 모든 게 잘 될 거라고 안심시키기 위해 애를 썼습니다. 그러자 그녀가 이렇게 말하더군요. '당신은 이해 못 하실 거예요. 만약 저라면 직장에서 술에 취해 돌아다니는 꼴을 절대 용납하지 않을 거예요. 짐은 직장을 잃을 테고 그러면 우리 가족은 어떻게 해요?' 그래서 저는 짐이 해고되지 않을 것이라고 말했죠. 그녀가 그걸 어떻게 아느냐고 묻기에 그 이유는 바로 제가 사장이기 때문이라고 대답해 주었습니다. 저는 그녀에게 제가 공장에서 짐을 돕기 위해 할 수 있는 것은 뭐든 다하겠지만 그녀도 집에서 그녀가 할 수 있는 것을 하고, 내일 아침 남편이 출근할 수 있게 해주길 바란다고 말했습니다. 그리고 공장에 돌아가 짐의 동료들과 얘기해보았죠. 저는 그때 그들에게 이렇게 말했습니다. '자네들은 오늘 불쾌한 일을 보았지만, 이후로 그걸 깨끗이 잊어주길 바라네. 짐은 내일 직장에 복귀할 걸세. 그때 그에게 잘해 주게나. 그는 오랫동안 이곳에서 훌륭하게 일해준 사람이기 때문에 우린 그에게 제2의 기회를 줄 의무가 있네.' 결국 짐은 직장으로 복귀했고 두 번 다시 술로 말썽을 일으키지 않았죠. 저는 그 사건을 금방 잊었지만 짐은 절대 그러지 않았습니다. 2년 전, 노조 본부에서 사람들을 이곳에 보내 이 지역 노동자들 편에 서서 회사와 노동 협상을 벌이게 하면서 너무 황당하고 비현실적인 요구 조건을 내세웠죠. 그때 평소엔 조용하고 유순하던 짐이 갑자기 사람들의 지도자로 나섰답니다. 그리고 회사 안을 바쁘게 돌아다니며 동료들에게 자신이 저에게 공정한 대접을 받아왔으며 자신들의 일에 외부 인사의 코치를 받을 필요가 없다고 역설한 것입니다. 결국 그 덕분에 외부인들은 떠나갔고 우리는 평소와 같이 화기애애한 분위기 속에서 노사협상을 타결 지을 수 있었습니다."

인간적이기 위한 두 가지 방법

다음은 당신이 더 훌륭한 지도자가 되는데 활용할 만한 '인간 존중' 접근방식의 두 가지 양식이다.

첫째, 대인관계에서 어려운 문제에 직면할 때마다 "이 문제를 해결하는 인간 적인 길은 무엇인가?"라고 자문해 보라.

당신 부하직원들의 의견이 일치되지 않을 때 혹은 어떤 직원이 문제를 일으킬 때, 앞서의 질문을 잘 생각해 보라.

밥이 사람들의 실수를 교정하는 데 사용한 공식을 기억해 보라. 빈정대는 자세를 피하라. 냉소적인 사람이 되지 말라. 실수를 저질렀다고 해서 혼내주거나 다른 사람으로 교체하는 일은 피하라.

"이 사람들을 인간적으로 다루는 방법은 무엇인가?"라고 자문해 보라. 그것은 언제나 효과를 발휘한다. 때로는 빠르게 또한 때로는 느리겠지만 언제나 소득이 있는 것이다.

둘째, 인간 존중의 자세를 보여주어라.

부하직원들이 직장 밖에서 거둔 성취에 관해 관심을 나타내라. 모든 사람을 존엄한 존재로 대해 주어라. 인생의 주요 목적은 인생을 즐기는 것임을 상기해 보라. 일반적으로 관심을 보일수록 상대방도 당신을 위해 더 많은 생산성을 올리게 되어 있다. 그리고 그의 생산성은 당신을 더 크고 위대한 성공의 길로 데려다줄 것이다.

기회가 있을 때마다 당신의 상사에게 부하직원들에 대해 칭찬하라. 약자의 편에 서 있는 사람에게 감탄하는 것은 우리의 오랜 관습이다. 부하직원들은 당신의 칭찬에 감사하며 당신에게 더 많은 충성을 바치게 되어 있다. 상사의 시각에서 볼 때, 당신의 중요도가 떨어지지 않을까 두려워하지 말라. 오히려 겸허한 자세를 가질 만큼 도량이 큰 모습은 자신의 업적에 대해 강제적으로 남들의 주의를 끌려고 하는 불안한 사람보다 훨씬 자신감이 있어 보인다. 약간의 겸손은 큰 효과를 발휘하게 마련이다.

기회가 있을 때마다 부하직원들을 개인적으로 칭찬해 주어라. 그들의 협조를 칭찬하라. 칭찬은 당신이 사람들에게 줄 수 있는 가장 위대한 인센티브이며, 아무런 비용도 들지 않는다. 당신의 부하직원이 당신을 변호해 줌으로써 예전의 은혜를 갚을지 모르는 일이다.

사람들을 칭찬하는 훈련을 쌓아라.

올바른 방식으로 실수를 지적해 주어라. 인간적으로 행동하라.

리더십의 원칙 - 진보의 추구

리더십 제3원칙 - 진보를 생각하고 진보를 믿으며 진보를 추구하라

"아, 그 친구는 진보적인 사람이야. 그는 그 일에 적임자이지." 이러한 말은 사람들이 당신에게 해줄 수 있는 최상의 칭찬이라고 할 수 있다.

어떤 분야에서든 승진하는 사람은 진보를 믿고 추구하는 사람들이다. 그리고 각 분야의 리더들, 즉 진정한 지도자는 아직도 그 숫자가 모자라는 형편에 있다. 한마디로 말해 현상 유지파가 진보파 보다 압도적으로 많은 것이 오늘날의 현실이다.

엘리트 지도층의 한 사람이 되어라. 진보적인 시각을 개발하라.

다음은 당신이 진보적인 시각을 개발하는 데 도움이 될 두 가지 특별한 방법이다.

첫째, 행하는 모든 일에서 진보를 생각하라.

둘째, 행하는 모든 일에서 높은 기준을 고려하라.

몇 개월 전, 어느 중견업체의 사장이 중요한 결단을 내리는 데 도움을 달라고 요청해 왔다. 그 경영자는 혼자의 힘으로 회사를 일으켰고 지금까지 영업 실장의 일을 겸해 왔다. 그런데 이제 세일즈맨이 7명으로 늘어나자 그중에서 한 명을 영업 실장의 지위로 승진시켜야겠다는 결정을 내린 것이다. 그리하여 그 후보자를 3명으로 좁혔는데, 그들은 모두 경력과 실적 면에서 동등한 수준을 유지하는 인재들이었다.

그때, 나는 그들과 각각 하루씩 현장을 돌아다니며 그중에서 누가 리더가 될 자격을 갖추었는지 살펴보고 나의 관점을 이야기해 주어야만 했다. 그리고 그들 각자에게는 어떤 컨설턴트가 전반적인 마케팅 프로그램에 관해 의논하기 위해 찾아올 것이라는 소식이 미리 전달된 상태였다.

세 사람 중에서 두 사람은 껄끄러운 태도로 나를 맞이하였다. 그들은 내가 '뭔가를 변화시키기 위해' 그곳에 찾아왔다고 생각하는 모양이었다. 그들은 진정한 현상 유지파였다. 그들은 그때까지 진행되어온 일 처리 방식을 지지하였는데, 나는 영업 구역을 정하는 방식, 성과급 체제, 세일즈 홍보자료 등 마케팅의 모든 면에 관해 물어보았다. 하지만 그 모든 점에서 그들은 일관되게 '모든 것이 문제없다'는 식의 반응을 보였다. 그리고 특정한 부분에 관해 두 사람은 기존의 방식들이 변화될 수 없고 또한 변화되어서도 안 되는 이유를 설명해 주었다.

한마디로 말해 그들 두 사람은 현상 유지를 원하고 있었다. 게다가 그중의 한 명은 내가 묵고 있던 호텔에 들러 나에게 이렇게 말하였다.

"당신이 저와 함께 하루를 보낸 진정한 이유가 무엇인지 잘 모르겠지만, 사장님께는 모든 것이 문제없다고 말씀해 주십시오. 괜히 어떤 변화를 가져오려 애쓰지 마십시오."

그런데 세 번째 사람은 앞서와는 전혀 다른 반응을 보였다. 그는 회사에 만족하고 있었고 성장세를 자랑스럽게 생각했다. 하지만 완전히 만족한 것은 아니었다. 그는 회사가 더 나아지길 원했고 나에게 새로운 사업 창출, 고객 서비스 개선, 시간 낭비 감소, 더 많은 인센티브를 위한 급여체제 수정, 그 밖에 자신과 회사가 할 수 있는 모든 것들에 대한 아이디어를 털어놓았다. 또한 그동안 자신이 생각해온 새로운 광고 캠페인을 얘기해주기도 했다.

그리고 우리가 헤어질 때, 그는 이런 말을 남겼다.

"제 아이디어를 말할 기회를 얻게 되어 무척 즐거운 하루였습니다. 저는 우리가 지금도 잘하고 있지만, 앞으로는 더욱더 잘 해낼 수 있다고 믿습니다."

내가 사장에게 추천한 사람은 물론 세 번째 사람이었다. 그리고 그것은 그 회사의 사장이 생각했던 바와 정확히 일치하는 결론이기도 했다.

진보를 믿고 추구하라

확장, 능률, 새로운 제품, 새로운 과정, 더 나은 학교, 증가하는 행복을 믿어라.

진보를 믿고 추구하라. 그러면 당신은 지도자가 될 것이다!

어린 시절 나는 생각이 다른 두 지도자를 따르는 추종자들이 전혀 다른 성과를 거두는 모습을 직접 목격할 기회가 있었다.

당시 시골에서 초등학교에 다니던 나는 40여 명의 학생과 함께 선생님 한 분을 중심으로 사방이 벽으로 둘러싸인 교실에서 공부를 해야만 했다. 우리는 모두 8학년으로 구성되어 있었는데, 임기가 다한 선생님이 떠나고 새로운 선생님이 부임하게 되면서 학교 전체가 술렁거렸다.

특히 7학년 학생들은 8학년의 지휘에 따라 자신들이 새로운 선생님 밑에서 과연 어느 선까지 벌을 받지 않고 장난을 칠 수 있는지 알아보고자 했다.

그렇다고 그 아이들이 모두 비행 청소년이었다는 뜻은 아니다. 도둑질, 교내 폭력, 고의적인 위해 등은 결코 그들의 목표가 된 적이 없었다. 그들은 그저 활기찬 생활을 해나가는 건강한 아이들로서 억압되어 있는 자신들의 엄청난 에너지와 독창력을 발산할 분출구가 필요했을 뿐이다. 그리고 학년이 바뀌는 9월에 새로운 선생님이 부임했다.

그런데 새로운 선생님은 떠난 선생님과 전혀 다른 모습을 보여주었다. 우선, 그녀는 개개인의 자존심과 존엄성에 호소하였고 학생들의 건전한 판단력을 격려해 주었다. 그리고 학생들 개개인에게 칠판을 닦는다거나 지우개를 털어 오게하고 저학년생들의 시험 채점을 돕는 등의 특별과업을 맡겼다. 그 선생님은 지금까지 학생들이 잘못 사용되어온 에너지가 제대로 사용되도록 창조적인 방법을 발견하신 것이다. 그녀의 교육 프로그램은 인격 함양에 초점이 맞춰져 있었다.

그렇다면 왜 아이들이 한 해에는 악마처럼 행동했고, 또 다른 해에는 천사처럼 행동했던 것일까? 그 차이는 바로 리더, 즉 그들의 선생님에게 있었다. 솔직히 말해 아이들이 1년 내내 장난을 친 책임은 아이들에게 있지 않았다. 대부분의 경우 그런 분위기를 조장한 사람은 바로 선생님이었다.

우선 첫 번째 선생님은 아이들의 진보에 아무런 관심이 없었다. 학생들에게 별다른 목표를 정해주지 않았고 격려도 하지 않았다. 특히 그녀는 가르치는 걸 좋아하지 않았기에 학생들도 배우는 걸 좋아하지 않았다.

하지만 두 번째 선생님은 긍정적인 기준을 갖고 계셨다. 그녀는 아이들을 진심으로 좋아했고 그들이 더 많은 것을 성취하길 바랐다. 더불어 그녀는 개개의 학생들을 인격적으로 대해 주었다. 그녀가 쉽게 규율을 잡을 수 있었던 이유는 그녀 자신이 매사에 규율 바른 사람이었기 때문이다.

그리고 학생들은 단지 선생님이 보여주는 본보기에 따라 자신들의 행동을 맞춰갔을 뿐이다.

어떤 본보기를 보이고 있는지 점검하라

2차 세계대전 당시, 군 장성들은 지휘관이 '여유 있고', '느긋하고', '무른' 사람일 경우 휘하 부대의 사기가 낮아진다는 사실을 발견하였다. 반면, 군율을 공정하고 올바르게 적용하는 높은 기준을 가진 군 지휘관 밑의 군대는 정예 부대로 성장하였다.

대학생들도 교수들의 예를 본받는다. 교수에 대해 존경심이나 신뢰감을 느끼지 못하는 학생들은 자주 수업을 빼먹고 리포트를 베껴서 제출하며 제대로 공부하지 않고도 과목을 이수할 수 있는 여러 가지 방법을 생각해낸다.

그런데 똑같은 학생들이 다른 교수 밑에서는 하라고 하지 않아도 자발적으로 더 열심히 공부하곤 한다.

직장에서도 우리는 직원들이 상사의 사고방식을 닮아 가는 모습을 발견하게 된다. 일단의 그룹을 자세히 관찰해 보라. 그들의 습관, 특유한 버릇, 회사에 대한 태도, 윤리관, 자제심 등을 잘 살펴보아라. 그런 다음 그것을 그들 상사의 행동 방식과 비교해 보면 놀라울 정도로 유사하다는 것을 알게 된다.

매년 침체 상태를 면치 못하던 수많은 기업이 다시금 기운을 차리는 이유는 대부분 정상의 자리에 앉아 있던 몇 안 되는 중역들을 교체한 덕분이다. 회사의 물갈이는 밑으로부터가 아닌 위에서부터 성공적으로 이루어져야 한다. 왜냐하면 윗사람들이 생각을 바꿀 때, 자동으로 아랫사람들의 생각도 바뀌기 때문이다.

이 점을 항상 명심하라. 당신이 어떤 그룹의 지도자가 되었을 때, 그 그룹원들은 즉각 당신이 정해놓은 기준에 자신을 맞추기 시작한다. 물론 이것은 처음 몇 주 동안에는 눈에 띄게 드러나지 않는다. 하지만 그들의 주 관심사는 당신에게서 실마리를 얻고 당신을 기준으로 삼으며 당신이 자신들에게 바라는 바를 알아내는 데 있다. 그리하여 그들은 당신의 일거수일투족을 지켜본다.

그리고 그들은 이렇게 생각한다.

'그가 나를 얼마만큼 풀어줄까?', '그는 일이 어떤 식으로 처리되길 원할까?', '그를 만족시키려면 어떻게 해야 하나?', '내가 이것저것을 하면 그는 뭐라고 말할까?'

그런 다음, 일단 이상의 질문에 대한 답변을 얻으면 그들은 그에 따라 행동한다. 그러므로 당신 자신이 어떤 본보기를 보여주고 있는지 점검해 보라.

"어떤 세상으로 변할까? 그 안의 모든 사람이 나와 같이 된다면."

이제, '세상'이라는 단어를 '회사'로 바꿔 읽어보자.

"어떤 회사로 변할까? 그 안의 모든 사람이 나와 같이 된다면."

모든 그룹 사람들이 당신과 같이 되었을 때, 어떤 종류의 클럽, 어떤 종류의 공동체, 어떤 종류의 학교, 어떤 종류의 교회가 될지 자문해 보라. 당신이 직원들에게 바라는 생각, 말, 행동, 삶의 방식대로 생각하고 말하고 행동하고 살아가라. 그러면 그들 역시 그렇게 행할 것이다. 부하직원들은 상사의 복사판처럼 되는 경향이 있다. 그러므로 최고의 성과를 얻어내는 가장 간단한 길은 스스로 모방할 만한 가치 있는 원판이 되는 것이다.

나는 진보적으로 생각하는 사람인가? 점검 리스트

1. 나는 나의 업무에 대해 진보적으로 생각하는가?
   - 나는 '어떻게 하면 더 일을 잘할 수 있을까?'라는 태도로 나의 일을 평가하는가?
   - 나는 회사와 동료 그리고 제품에 대해 기회가 있을 때마다 칭찬하는가?
   - 성과의 질과 양에 대한 나 자신의 개인적인 기준이 3개월이나 6개월 전보다 더 높아졌는가?
   - 나는 부하직원들, 동료들 그리고 함께 일하는 다른 사람들에게 훌륭한 본보기가 되고 있는가?

2. 나는 내 가족에 대해 진보적으로 생각하는가?
   - 내 가족은 3개월이나 6개월 전보다 훨씬 더 행복한 편인가?
   - 내 가족 삶의 기준을 향상할 계획을 실천하고 있는가?
   - 내 가족은 집 밖에서 삶에 자극이 될만한 여러 가지 다양한 활동들을 충분히 즐기고 있는가?
   - 내 자녀들에게 '진보적인' 본보기이자 진보의 후원자가 되고 있는가?

3. 나는 나에 대해 진보적으로 생각하는가?
   - 지금의 나는 3개월에서 6개월 전보다 더 가치 있는 존재라고 말할 수 있는가?
   - 나는 타인에 대한 나 자신의 가치를 늘리기 위해 자기 개선 계획을 이행하고 있는가?
   - 나는 앞으로 최소 5년 후의 목표를 세우고 살고 있는가?

4. 나는 내가 속한 공동체에 대해 진보적으로 생각하는가?
   - 지난 6개월간 내가 속한 공동체에서 개선할 만한 일을 한 적이 있는가?
   - 나는 가치 있는 공동체 사업에 대해 비판하고 반대하고 불평하기보다는 후원하는 편인가?
   - 나는 내가 속한 공동체를 가치 있게 개선하는 일을 주도한 적이 있는가?
   - 나는 이웃과 동료 시민들에 대해 좋게 말하는 편인가?

리더십의 원칙 - 자신에 대한 투자

리더십 제4원칙 - 시간을 투자하여 자기 자신과 상의하고 최상의 사고력을 개발하라

　리더십은 일이 한창 진행되는 현장에서 더욱더 많이 요구된다. 그렇기 때문에 지도자들은 늘 바쁜 것처럼 보인다. 하지만 우리가 간과하고 있는 사실은 지도자들은 상당한 시간을 혼자 보낸다는 점이다. 조용히 오직 자신만의 사색 도구를 갖고 혼자 시간을 보내는 것이다.

　역사적으로 명성을 날린 정치 지도자들 역시 고독 속에서 통찰력을 얻은 사람들이다. 프랭크린 D. 루즈벨트가 소아마비에 걸렸다가 그 병마를 극복해낸 전력이 없었다면 과연 그처럼 비상한 지도력을 개발할 수 있었겠느냐는 흥미로운 의문도 제기되고 있다. 또한 해리 트루먼은 소년 시절뿐만 아니라 성인이 된 후에도 많은 시간을 미주리주의 농장에서 홀로 보냈다.

　오늘날 일류 대학들도 교수들의 강의 시간을 주중 5시간 정도로 짧게 배정함으로써 생각할 수 있는 시간을 많이 갖도록 배려하고 있다.

　일류 기업의 중역들은 대개 날마다 조수, 비서, 전화 그리고 보고서들에 둘러 쌓여 살고 있다. 하지만 그들의 일상생활을 철저히 분석해 보면 그들은 일정한 시간에는 그 누구의 방해도 받지 않는 사색으로 보낸다는 사실을 알게 된다.

　어느 분야에서든 성공적인 사람은 시간을 내어 자기 자신과 상의한다. 지도자들은 홀로 있는 시간을 이용하여 문제를 정리하고 해결책을 강구하거나 계획을 세우는 등, 한마디로 말해 최상의 생각을 해낸다.

반면, 많은 사람이 자신들의 창조적 지도력을 개발하지 못하는 이유는 다른 사람, 다른 상황과는 상의하면서도 정작 자기 자신은 상담 대상에서 빼놓기 때문이다.

당신도 이런 종류의 사람을 잘 알 것이다. 그는 혼자 있지 않기 위해 무슨 짓이든 하는 사람이다. 자기 주변을 사람들로 채우기 위해 극단적으로 행동하는 것이다. 사무실에서도 혼자 있는 것을 견디지 못하고 다른 사람들을 보러 돌아다닌다. 저녁에도 홀로 있는 적이 거의 없다. 그는 깨어있는 순간에는 늘 누군가와 함께 있어야 한다는 강박관념을 느끼는 것이다. 이러한 사람이 어쩔 수 없이 혼자 있게 되면 그들은 정신적으로라도 혼자 있는 것을 피하는 방법을 찾아낸다.

혼자 사색하는 시간을 가져라. 성공적인 지도자는 혼자 있는 시간을 이용하여 자신의 최고의 힘을 개발한 사람들이다. 당신도 그렇게 할 수 있다.

이제 그 방법을 살펴보기로 하자.

자기 자신만의 시간

언젠가 나는 직업개발 프로그램의 일환으로 13명의 연수생에게 2주일 동안 하루에 한 시간씩 자신만의 시간을 갖도록 하였다. 물론 그 시간에는 마음을 산만하게 만들 외부의 모든 요소를 차단하고 마음에 두고있는 문제를 건설적으로 생각하도록 주문하였다. 그렇게 2주일간의 훈련을 마치고 나자, 연수생들은 모두 그 경험이 실제적이면서도 가치 있는 것이었다고 보고하였다. 어떤 친구는 회사의 다른 중역과 관계 단절의 직전까지 몰려 있었다가 홀로 생각하는 시간을 통해 문제의 원인과 해결책을 찾아냈다고 말했다. 다른 사람들은 직업전환, 결혼 문제, 주택 구입, 10대 아들의 대학 선택 등과 같은 다양한 주제들과 관련한 문제를 해결했다고 말했다. 또한 그들은 그런 시간을 통해 자기 자신을, 즉 자신의 강점과 약점을 이전보다 훨씬 더 잘 이해할 수 있었다고 열광적으로 보고했다.

연수생들은 그 밖에도 아주 중요한 점을 발견했는데 그것은 바로 그러한 시간에 내린 판단이나 결정이 신비할 정도로 100% 정확하다는 사실이었다! 연수생들은 마치 눈앞의 안개가 걷히면서 올바른 선택이 자명하게 드러난다는 사실을 알아낸 것이다.

자유로운 사색은 분명한 효과를 발휘한다.

사색은 올바른 답을 끌어낸다

날마다 자신만의 시간 최소 30분 정도는 따로 떼어놓겠다고 결심하라. 어쩌면 다른 사람이 일어나기 전인 새벽 시간이 당신에게 가장 적합할 수도 있고 아니면 늦은 저녁 시간이 더 좋을 수도 있다. 중요한 점은 자신의 마음이 새로워지고 외부의 산란한 요소들에서 벗어날 수 있는 때를 고르는 것이다.

우리는 이런 시간을 이용하여 두 가지 유형의 생각, 즉 지향성 사고와 무지향성 사고를 해야 한다. 우선 지향성 사고를 하기 위해서는 자신이 직면한 주요 문제를 되짚어 보아야 한다. 그처럼 홀로 있는 시간에 당신의 마음은 문제를 객관적으로 살펴보고 올바른 답을 끌어낼 것이다. 그리고 무지향성 사고를 하기 위해서는 마음이 저 스스로 원하는 것을 생각하게 하라. 그런 순간에 당신의 잠재의식은 기억 창고의 문을 열어 표면 의식에 음식을 제공한다. 이러한 무지향성 사고는 자기평가를 하는 데 있어서 대단히 유익하다. 그것은 '어떻게 하면 더 잘할 수 있을까? 나의 다음 행보는 무엇이 되어야 할까?'와 같은 아주 근본적인 문제를 파고 들어가는 데 도움이 된다.

　리더가 하는 일 중에서 무엇보다 중요한 것이 '생각하는 것'임을 기억하라. 그리고 리더십을 위한 최상의 대비책도 생각하는 것이다. 날마다 자유로운 사색을 위해 시간을 투자하여 성공을 생각하라.

리더십의 원칙을 활용하는 방법

　보다 더 유능한 지도자가 되기 위해 다음의 네 가지 리더십 원리를 실천하라.

1. 당신이 영향을 미치고 싶은 사람들과 마음의 교류를 나누어라. 그들의 시각에서 사물을 바라볼 때, 당신이 원하는 일을 하게 하기도 더 쉬워진다. 행동하기 전에 다음의 질문을 자문해 보라. "내가 상대방의 입장이라면 이것을 어떻게 생각할까?"
2. 사람을 상대할 때 '인간 존중'의 원칙을 적용하라. "이 일을 인간적으로 처리하는 방식은 무엇일까?"라고 자문해 보라. 행하는 모든 일에서 인간 제일주의를 나타내라. 당신이 대접받고 싶은 방식으로 남을 대접하라. 분명 그만한 보답을

받을 것이다.

3. 진보를 생각하고 진보를 믿으며 진보를 추구하라. 행하는 모든 일에서 진보를 생각하라. 당신이 행하는 모든 일에 높은 기준을 적용하라. 부하직원들은 상사의 복사판이 되는 경향이 있다. 그러므로 복사될만한 가치 있는 원판이 되도록 하라.

4. 시간을 내어 당신 자신과 상의하고 최상의 사고력을 계발하라. 자유로운 사색은 그만한 소득이 있다. 그것을 이용하여 당신의 창조력을 일깨워라. 모든 위대한 지도자들이 이용했던 사색의 기법을 활용하라. 자기 자신과 의논하라.

삶의 결정적인 상황에서 크게 생각하는 방법

크게 생각하는 데에는 마법이 숨어 있지만, 사람들은 흔히 그 사실을 쉽게 잊어버린다. 그 어떤 방해에 부딪히면 당신의 생각이 작아질 위험이 있는 것이다. 그렇게 되면 당신은 패배하고 만다.

다음은 소심한 접근 방식을 사용하고 싶은 유혹을 받을 때, '크게' 생각하도록 도움을 주는 간단한 지침들이다. 좀 더 간편하게 참고하고 싶다면 작은 카드에 이 내용들을 적어 놓고 활용해도 좋다.

1. 소심한 사람들이 당신을 끌어내리려고 애쓸 때, 크게 생각하라. 이 세상에는 당신이 패배하길 불행해지길 질책당하길 원하는 사람들이 있다. 하지만 당신이 다음의 사항들을 기억한다면 그것이 결코 당신의 가슴에 상처를 줄 수 없을 것이다.

- 생각이 작은 사람들과는 싸우지 않는 것이 이기는 것이다. 생각이 작은 사람

들과 싸우다 보면 당신의 생각도 그들의 수준으로 줄어든다. 항상 생각이 큰 사람으로 남아 있어라.
- 저격받을 것을 예상하라. 그것은 당신이 성장하고 있다는 증거이다.
- 저격수들은 심리적으로 병든 사람들임을 상기하라. 크게 되어라. 소심한 사람들의 공격에 면역이 될 만큼 충분히 크게 생각하라.

2. '나는 필요한 조건을 갖추지 못했어'라는 감정이 고개를 쳐들 때, 크게 생각하라. 자신이 약하다고 생각하면 실제로 그렇게 된다는 것을 기억하라. 자신이 부적격하다고 생각하면 실제로 그렇게 되는 법이다. 또한 자신이 이류 인생이라고 생각하면 실제로도 그렇게 된다. 자신을 헐값에 팔고자 하는 성향을 다음과 같은 수단으로 고쳐 나가라.
- 중요하게 보여라. 이것은 당신이 중요한 생각을 해내는 데 도움이 된다. 겉으로 어떻게 보이느냐 하는 것은 내적으로 어떻게 느끼느냐와 많은 상관관계를 가진다.
- 자신의 자산에 초점을 맞춰라. 자신을 최고로 충전시켜라. 자신의 긍정적인 자아를 알라.
- 상대방을 올바른 시각으로 바라보라. 상대방은 또 다른 인간일 뿐이다. 왜 그를 두려워하는가? 크게 생각함으로써 자신이 얼마나 훌륭한지 깨달아라.

3. 논쟁이나 다툼이 불가피하게 보일 때, 크게 생각하라. 다음과 같은 방식으로 논쟁을 벌이고 싸우고 싶은 유혹을 성공적으로 극복하라.
- "이것이 진정 논쟁거리가 될 만큼 중요한 문제인가?"라고 자문해 보라.
- 논쟁으로는 아무것도 얻지 못하고 항상 뭔가를 잃게 된다는 사실을 상기 하

라. 논쟁, 다툼, 불화, 흥분으로는 자신이 가고자 하는 곳에 도달하는데 아무런 도움도 되지 않는다는 것을 알 만큼 크게 생각하라.

4. 패배감을 느낄 때, 크게 생각하라. 고난과 역경 없이 커다란 성공을 거둔다는 것은 불가능하다. 하지만 남은 생애 동안 패배하지 않고 사는 것은 가능하다. 크게 생각하는 사람들은 다음과 같은 방식으로 역경에 반응한다.
   - 역경을 수업으로 받아들여라. 그것에서 교훈을 얻어라. 그것을 연구하라. 그것을 이용하여 앞으로 나아가라. 모든 역경에서 뭔가를 건져내라.
   - 끈기와 실험정신을 합쳐라. 뒤로 물러서서 새로운 접근방식으로 새롭게 시작해 보라. 패배는 마음 상태에 지나지 않으며 결코 그 이상이 될 수 없다는 사실을 알 만큼 충분히 크게 생각하라.

5. 낭만이 사라지기 시작할 때, 크게 생각하라. 부정적이고 소심하게 '그녀가 나에게 부당하게 대했으니 앙갚음해주겠어'라는 식의 사고는 낭만을 죽이고 당신의 것이 될 수도 있는 애정과 호의를 파괴한다. 사랑 전선에서 일이 잘 풀리지 않을 때, 다음과 같이 해 보라.
   - 당신이 사랑하고 싶은 사람의 가장 좋은 자질에 집중하라. 시시한 자질들은 그것이 속해 있는 자리, 즉 시시한 고려 대상에 집어넣어라.
   - 상대방을 위해 뭔가 특별한 일을 해주어라. 그것도 자주 해주어라. 결혼의 기쁨에 이르는 비결을 알아낼 만큼 충분히 크게 생각하라.

6. 직장에서 당신의 성장세가 둔화하고 있다고 느껴질 때, 크게 생각하라. 무엇을 하든, 무슨 직업을 가졌든 높은 지위와 수입은 한 가지 요소, 즉 성과의 질과 양을 높이는 데서 나온다. 다음과 같이 해 보라.

- "나는 더 잘할 수 있다"라고 생각하라. 최고의 상태란 결코 있을 수 없다. 언제나 일을 더 잘할 수 있는 여지는 남아있게 마련이다. 이 세상의 그 무엇도 최고의 방식으로 이뤄질 수는 없다.
- "나는 더 잘할 수 있다"라고 생각할 때, 더 잘할 수 있는 길이 나타나게 마련이다. 왜냐하면 "나는 더 잘할 수 있다"라는 사고방식이 당신의 창조력에 발동을 걸기 때문이다.

서비스 제일주의로 나갈 때, 돈은 저절로 따라오게 된다는 것을 알 만큼 충분히 크게 생각하라.

푸블리우스 시루스는 다음과 같이 말했다.

"지혜로운 사람은 자기 마음의 주인이 되지만 어리석은 사람은 노예가 될 것이다."